古典儒学的生存论阐释

（增订本）

郭美华／著

广西师范大学出版社
·桂林·

图书在版编目(CIP)数据

古典儒学的生存论阐释／郭美华著. -- 2 版，增订本.
桂林：广西师范大学出版社，2025. 6. -- ISBN 978 - 7 -
5598 - 8433 - 6

Ⅰ. B086

中国国家版本馆 CIP 数据核字第 2025UV4072 号

古典儒学的生存论阐释(增订本)

GUDIAN RUXUE DE SHENGCUNLUN CHANSHI(ZENGDINGBEN)

出 品 人：刘广汉
策划编辑：刘孝霞
责任编辑：李　远
装帧设计：李婷婷

广西师范大学出版社出版发行

（ 广西桂林市五里店路 9 号　　　邮政编码：541004 ）
（ 网址：http://www.bbtpress.com ）

出版人：黄轩庄

全国新华书店经销

销售热线：021 - 65200318　021 - 31260822 - 898

山东新华印务有限公司印刷

（济南市高新区世纪大道 2366 号　邮政编码：250104）

开本：690 mm ×960 mm　　1/16

印张：14.75　　　　字数：198 千

2025 年 6 月第 2 版　　2025 年 6 月第 1 次印刷

定价：68.00 元

目　录

序论：智慧学的生存论意涵

——论精神在智慧学中的本体论意义

　　"生存论"这一术语的使用，可能被要求予以"定义式"的清晰阐释。不过，就我在此所要表达的意涵而言，这个要求首先就是需要被摈除的。就术语来源而言，生存论与德国哲学家海德格尔、雅斯贝尔斯以及法国哲学家萨特的思考有着联系。雅斯贝尔斯用德语"Existenz"表达与英语"existence"含义有所区别的"生存"："生存（Existenz）是那绝不会变成对象的东西，是我思想和行为的源头，是我在不分辨任何东西的观念中所言及者。"①作为思的片面发展的认知，往往对一切加以对象化的把捉。生存却是不能被对象化的，而是作为思得以可能的根源性的东西。此所谓"论"，却不是关于生存的讨论，而是生存的自身绽放。生存本身不能作一种历史性的理论溯源，仿佛在此之生，可以在先于自身的某种历史性中寻得其起始。所以，此所谓生存论，就是生存的自身绽放，"是一种使人生成

---

① 　［德］卡尔·雅斯贝尔斯：《哲学》第一卷，1932年，第15页。转引自尼古拉斯·布宁、余纪元编著《西方哲学英汉对照词典》，人民出版社，2001年，第348页。

为可能的学说"①,这种可能是一个"童贞的未来"②。而未能的可能作为
自觉了的自身绽放,总是属我的,是我的生存本身,而非概念化的普遍存
在:作为我们自己的"存在者的存在总是我的存在。这一存在者在其存在
中对自己的存在有所作为"③。如此表述,显然较为明显地受到海德格尔
哲学的影响。可是,"我"的生存绽放与海德格尔的哲学思辨之间的关联
则是奥赜而幽深的。"我"无疑阅读过海氏著作,此一阅读使"我"多方面
受益;但"我"与"海氏哲思"之间的关系,并不能用简单的单线性影响来加
以厘定。"我"的阅读以及相应的受益可能是"海氏哲思"之绽放的一种样
式;但也可能,"海氏哲思"只是"我"的生存绽放的一种样式;或者,"我"与
"海氏哲思"都是某种包裹我们的力量自身的绽放。在一定意义上,三者
"混而为一,不可致诘"。

　　就广义而言,一切现实的哲思都奠基于两个根源:一是思者的活生生
的生存本身,二是思者所撷取的思的传统。但是,反过来,一切现实的思
者的活生生的存在,以及作为思之活的源泉的传统,二者只有融于现实的
哲思,才是真实的。而真实的思者与真实的思及其传统的真实性,其根源
性之处就在于自觉意识与自由行动的统一。而这一统一,在冯契先生看
来,就是中国传统哲学的主题——性与天道的问题的核心内容。虽然冯
契先生并不使用如上"生存论"的概念,但他强调本体论与认识论和逻辑
学的统一。如果我们将之回置到中国哲学自身的性与天道的道德生存论
传统,突出自由行动与自觉意识的统一,我们不妨可以在宽泛意义上使用
生存论来理解冯契智慧学。

　　本书关涉的"生存论"旨趣,并不就其学究意义而论,它展示的是本书

---

① 〔法〕让-保罗·萨特:《存在主义是一种人道主义》,周煦良、汤永宽译,上海译文出版社,
2008年,第2页。

② 同上书,第10页。

③ 〔德〕马丁·海德格尔:《存在与时间(修订版)》,陈嘉映、王庆节译,生活·读书·新知三
联书店,1999年,第49页。

的致思者("我")在其自身而展开的思考本身——切己之生而思或经由思而切己生存。它用以强调一种哲学学派的自觉,即"我"受到的哲学思考训练,源自冯契先生开创的哲学传统。①

冯契哲学的主旨是寻求智慧,而智慧学的任务,"就是要根据实践唯物主义辩证法来阐明由无知到知,由知识到智慧的辩证运动"②。此一辩证运动过程蕴涵着从无知到知、从知识到智慧两个飞跃。从无知到智慧的飞跃,根源于并回归于从自然到人为、从人为到自由(更高的自然)飞跃的过程。智慧学将这两个飞跃过程视为同一个统一过程的两个方面:"一个是从无知到知,一个是从知识到智慧。也可以说这就是由自然到人为,再达到自由。达到自由就仿佛复归自然。"③本质上,这意味着智慧学将认识论植根于生存论,并以二者的统一为基础来阐释如上飞跃过程。因此,智慧学被称为广义认识论,一方面是将生存论作为认识论的基础,另一方面也是通过认识论的考察来阐明精神在二者统一并展开的整个过程中的意义。也即,在生存论与认识论统一的基础上,智慧学认为,精神在如上飞跃过程中逐渐具有本体论的意义。冯契强调,精神在如上飞跃过程中逐渐生成为本体或者说逐渐具有本体论意义,这是智慧学的基本思想:"精神……就像黄宗羲说的'心无本体,工夫所至,即是本体'(《明儒学案·序》),可以说在不断的发展过程中间它越来越具有本体的意义……在价值界中,精神为体,价值为用,价值是精神的创造。因此我讲化理论为德性,精神成为自由个性,它就具有本体论的意义。"④"精神即自我本

---

① 我在此并不是要尝试在学理上将海德格尔存在论与冯契智慧学冶为一炉,而是说在一种活生生的运思中,尽管有许多的致思资源以及不同的阅读经历,但我自觉而自愿地归属于冯契智慧学传统。就本书的意义而言,这种归属感,主要是指对于古典儒学的生存论阐释基于智慧学关于精神认识与生存活动之统一的洞见。在更宽泛的意义上,本书所谓生存论的意蕴,指向智慧学与中国传统哲学更为基础的观念,即思与在的活生生的统一。

② 冯契:《认识世界和认识自己》,华东师范大学出版社,1996年,第16页。

③ 同上书,第83页。

④ 同上书,第84—85页。

来不是本体,是本体的作用,但工夫所至,就是本体,因而在认识的发展过程中,精神越来越具有本体论的意义。这就是本篇的基本思想。"①实质上,如上两重飞跃统一的过程也就是"转识成智"的过程,而此过程在总体上首先体现为从源初感性生存活动经由认识环节的充分展开最后回到自由的感性活动(亦即自由劳动或自由的生存活动)。②因此,精神作为逐渐生成的本体,其本体论意义就展现在从源初感性生存活动到认识论,再从认识论回到自由劳动(自由生存活动)的完整过程之中。在过程的观点下,生存论与认识论统一与展开的完整过程,其内在的精神自觉与行动自由的关系,是理解精神之本体论意义的基石。而智慧学的基本思想,就在于经由精神逐渐生成为生存活动的本体而造就的自由生存状态。

一、精神性认识作用在源初感性存在活动中有其根源

从过程的观点来看,合理而深刻的起点的确定是整个智慧学的基础。智慧学在生存论(本体论)上从性与天道的交互作用出发以关注人自身的存在③及其展开,并认为生存论(本体论)与认识论是统一的,而且需要一

---

① 冯契:《认识世界和认识自己》,第108页。

② 有的学者在对"转识成智"的思考中侧重其在认识论意义上的逻辑一贯的展开,似乎没有注意到冯契智慧学所谓"转识成智"首先是要求从活生生的源初感性实践活动出发,最后回到活生生的自由劳动,从而相应地忽略了感性存在活动自身的飞跃性超越了单纯认识论的视域。

③ "存在"与"生存"在其一般意义上,有一定的区分:"存在"常常指作为逻辑思辨中心的那个"being",但"生存"则是关涉人自身的"existence"。在本书中,基本的倾向是从人自身而言,所以主要使用"生存";不过有时候由于习惯,也说"人自身的存在",这与说生存是同样的意义。从而,在行文中,往往有"人的自由存在""自由生存""生存活动""存在活动"等用语的交替使用。

个认识论的基础。一方面,生存论(本体论)之所以要有认识论作为基础,可以说是人类的本质和哲学的历史决定的——认识论标志着精神性之觉在人自身存在过程中的本质性作用①;另一方面,认识论自身又是人整体存在中的样式或方式之一,植根于人的整个存在本身,并以之为基础。由此而言,在人自身的整体存在与认识方式之间,在整个过程中,有一个互为基础和前提的循环。众所周知,智慧学诉诸广义认识论来弥合此一循环。广义认识论作出了双重肯定:一方面肯定以认识论的独立性和纯粹性为突出表征的精神力量对人自身整体存在的必然性与本质性;另一方面肯定人自身感性存在活动整体的根源性。就此而言,智慧学在其起点上将生存论(本体论)与认识论的循环问题推进到了一个全新的高度。冯契明确指出,智慧学以"实践与感性直观的统一"为基础。②实践侧重的是人的动态的整体生存;感性直观侧重的是人的认识能力(感觉)对于对象的再现。二者统一,意味着人的感性直观是对自身感性生存活动的呈现。在单纯认识论的领域,认识将其对象外化,作为在主体之外的独立存在,那就是马克思所批评了的、忽视了人的感性能动活动的、机械唯物主义的立场。在智慧学看来,正是立足于"实践与感性直观的统一"这一个基础,生存与认识的相互循环问题,就可以在中国传统哲学的"体用框架"内予以解决。那就是,人的感性生存活动的整体是体,认识是用,用是体的展开的必然表现。正因此,认识在作为用的相对独立意义上,才获得了根源性支撑。意义相对独立的认识作用,是蕴涵在人的感性生存活动整体中的矛盾展开的体现。简言之,认识作为精神性作用,在人作为主体的感性生存活动整体中有其根源,或者说精神性的认识作用在人自身的存在中

---

① 关于主体的精神力量,冯契在《人的自由和真善美》中进行了一个区分,即在认识论领域的狭义理性与包括知识领域在内的所有精神力量的广义理性。因此,对广义认识论的智慧学来说,所谓"精神"或者"精神性",是在后一意义上来说的。参见冯契《人的自由和真善美》,华东师范大学出版社,1996年,第151—153页。

② 冯契:《逻辑思维的辩证法》,华东师范大学出版社,1996年,第50页。

是根源性的东西。①

　　人源初混沌的感性生存活动整体就蕴涵精神性认识作用,因此,它也就必然能展开认识与对象的分立。对此,冯契有一个具体的说明:"有客观实在感是认识实体的开端,但只是开端而已,只是肯定客观实在是'有',这个'有'虽然是具体的,可是又是贫乏的。它具体的内涵是些什么,都还在黑暗之中,这就是知和无知的矛盾的开端,也可说是由无知向知飞跃的开端。有了这一个开端,混沌就被剖开了,种种的性质、关系,这个那个的分别,等等,随后就被感觉、知觉所把握,显得明白起来。"②"有物存在"或者直观着"有",是人类的感性生存活动与直观的统一所直接蕴涵的。它透露的是人自身感性生存活动的本然矛盾——需要(主体)与满足(对象)的矛盾——的必然绽放。人自身存在的展开及其更好的展开,要求对于那个"有"更为确切而清晰地把握,于是,追问"这个有点什么,究竟是什么?"——有点什么而不确切知道究竟是什么恰恰就是无知与知之矛盾的原始状态——成为源初混沌自我剖开或自我绽放的裂缝。混沌整体的剖开,就是精神根源于感性生存活动整体自身的矛盾而将对象置放到自身对面来加以打量和考量,以观其种种性质、关系

---

　　① 这里,需要提起注意的一点是:以"实践和感性直观的统一"为基础来理解精神性认识作用有其在人自身存在中的根源性,其中还蕴涵着对认识主体与对象的一个全新的观点。这里,我们已经说明,认识是用,人自身的生存活动是体。因此,在认识中主体与对象的划分,本身仅仅是在"用"的范畴下的划分。这就意味着,无论是精神性的认识,还是物质性的认识对象,本身都是人类自身生存活动之"体"的"用"的两种不同表现。因之,无论是"知无体,以物为体",还是"心无本体,工夫所至,即是本体",说的都是在人感性存在活动的根源性之"体"上的派生出来的东西。用传统的体用哲学来回应认识与存在的关系,这里的分析注重在精神的根源性。其实,同样的道理,物质性的东西,在人的生存活动中也有其根源性基础。所以,冯契认为,从无知到知的飞跃是对实践与感性直观源初那个的混沌统一的剖分:"从无知向知跨出了一步,混沌就被剖开了,于是就有了精神和物质的对立,就是认识主体和客观实在的对立。"(冯契:《认识世界和认识自己》,第109页)意思就是说,作为认识主体的精神与作为认识对象的客体,源初统一于同一个混沌整体中,具有同一个根源,即人的活生生的感性生存活动之整体。

　　② 冯契:《认识世界和认识自己》,第121页。

等,使之对于主体的生存实践活动变得明白起来。这样对象化的过程之所以可能与必要,二者都恰恰在于精神性认识根源于感性生存活动与直观的统一整体。①

精神性认识作用对感性存在活动的整体追问"有之为有之究竟",在认识论的意义上,就表现为"疑问"的绽出自身。从单纯思辨或者认识的角度看,历史上许多哲学家都将"为思想而思想"的纯粹精神性诧异看作哲学的起点和基础。这多少遮蔽了哲学之思的真实根源。从感性生存/实践活动出发,疑问作为真实的问题,本身有其客观的根据——它来自现实生活的矛盾本身:"问题(如果是真实的而不虚假的)总有其根据,它是实际生活中的矛盾的反映。"②伴随感性生存/实践活动的自身矛盾的展开,疑问就以自然绽放的方式撕开了混沌。撕裂、剖开的混沌,使其内在矛盾更为清晰地呈露。它体现为两个方面:一方面,"从主观意识方面来说,发现问题的人感到有种疑难";另一方面,"有疑问就表示对对象的无知",而"既然发现问题了,就是有所知"③。疑问或者问题,将感性生存活动中混沌的矛盾自觉化、清晰化,实质上也就以自身展开的方式将自身精神化——疑问是生存活动的精神性特征。就此而言,精神根源于认识论自身领域的开启处,亦即在源初感性生存活动中有着根源,从而具有其本体论意义。④

---

① 奠基于人的感性生存活动,囿限于单纯认识论领域的所谓无知与有知的认识悖论就消解了。柏拉图在《枚农篇》中借苏格拉底的口表达了认识悖论:"一个人不可能去寻求他所知道的东西,也不可能去寻求他不知道的东西。他不能寻求他知道的东西,是因为他已经知道了,用不着再去寻求了;他也不能寻求他不知道的,是因为他也不知道他应该寻求什么。"([古希腊]柏拉图:《柏拉图对话集》,王太庆译,商务印书馆,2004年,第171页)

② 冯契:《认识世界和认识自己》,第220页。

③ 同上书,第219页。

④ 严格来说,"X具有本体论意义"并不等于"X就是本体"。但是,在辩证的展开过程中,"具有本体论意义的X"与"作为本体的X",并不截然相分。

二、精神通过认识论性质的明觉作用彰显人存在的自由本质

感性生存活动的混沌整体之被剖开,其实是其自身的自我展开。换句话说,感性生存活动的混沌被剖分,是精神之光的劈裂。此一精神之光对源初混沌的劈裂具有两个层次不一的后果:一方面是精神与生存活动整体的对应,另一方面是单纯精神与从现实生存活动中抽离出来的物的对应。这两个方面凸显了智慧学作为广义认识论的重要意义之一,即强调必须经过"认识"或者说"知识"的环节而达到生存的自由状态(自由生存)。而认识论的展开过程,其实质即在于证成精神之光对人的生存活动及其相关物的自觉照耀——此即广义认识论四个认识论问题之展开的实质。①混沌的剖分或者精神之光的劈裂,是感性生存活动整体自身矛盾的辩证展开;而在此基础上对现实生存活动及其相关物的认知把握,也是生存活动的辩证性开展。以将自身劈裂的方式来凸显精神之光对自身的把握并实现自身的进展,这无疑就是以"曲通"(为在更高阶段达到自由生存活动,而以精神与生存活动整体相对立、精神与生存活动整体中的相关物相对立为方式和过程)、辩证的方式证成精神的本体论意义。

在智慧学中,精神在起点上的如此根源性,昭示着人的存在之自由性本身。在感性生存活动的基础上,认识论上的精神对混沌整体的劈裂,是从无知到知;与之相应,生存活动自身则是从自在的自由到自觉或自为的

---

① 广义认识论的四个问题是:(1)感觉能否给予客观实在?(2)普遍必然的科学知识何以可能?(3)逻辑思维能否把握具体真理?(4)人的自由何以可能(理想人格何以可能)?就其以人的自由存在为认识论的归宿而言,认识论的展开过程就是以"曲通"的方式来证成精神性的本体论意义。参见:冯契《认识世界和认识自己》,第85—86页;冯契《中国古代哲学的逻辑发展(上册)》,上海人民出版社,1983年,第39—40页。

自由。正因为与人的自由生存相关,认识才显示为"曲通"的方式。因此,冯契反对金岳霖将"元学态度"与"知识论态度"截然分开,认为那样就在知识论研究中撇开了人自身的存在,将人视为"干燥的光"。反对将人视为"干燥的光",而在关注人的整体存在的意义上,将认识论拓展为智慧学,这是智慧学作为广义认识论的重要特质,如此它才成为智慧之学。认识是精神性的作用,它是人自由生存的表征,因此,认识离不开人的自由存在。由此,智慧学用"以得自现实之道还治现实"来取代金岳霖"以经验之所得还治经验",也就是突破了狭隘认识论论域而突出了人的自由生存活动的展开贯穿于认识论过程之中并处身其根底。

与人的自由生存相联系而讲认识论,智慧学认为须将如上"以得自现实之道还治现实之身"的活动,分成"自在"与"自为"两个层次来理解:"智慧是关于宇宙人生的真理性认识,它与人的自由发展有内在联系,所以认识论要讲自由,而自由不仅是自在,而且是自为。基于实践的认识过程,是一个由自在而自为的过程。它不仅是一个自然过程,也是一个实现人的要求自由的本质的活动。人在本质上要求自由,人的认识过程也体现了这一要求。"①从人的自由存在的自在性维度,智慧学对精神在人自身存在中的根源性作出了深一层的表述:人生存的自由,与认识一道,首先是一个自然而然的、自发的过程。反对将人视为"枯燥的光",深层的理由即在于反对单纯的知识论眼光以给定的、脱离人整体生存活动的抽象理性能力为推演的基础。而在将认识回植到人自身的整体生存活动中时,为认识论所分化为彼此对立的主客关系,其源初实情倒是没有缝隙的交互作用的混沌整体。这一整体的展开,是一个具有自身法则的客观过程,在其自然而然的展开过程中,其源初之点就是自由和认识(自由生存活动与精神自觉领悟)二者的统一。正因为人源初地、自发自在地就从自由展开(源初的感性生存活动本身就是本然的自由活动过程),人才能自觉地要求实现自己的自由本质(展开中的基于认识与生存实践交互作用的自为

---

① 冯契:《认识世界和认识自己》,第72—73页。

的自由活动过程)。智慧学将自由看作自在与自为的统一,颠覆了旧唯物主义"以独断的必然世界为根基,而将人的自由视为人以后起的精神性作用从外面对于必然世界的开凿"这样的虚构。在旧唯物主义视野下,必然性世界的支配在先,自由显现为人在后,逐渐开始获得并慢慢展开的东西,在智慧学的如上眼光看来,不但不是人获得自由,反而是自由获取了人自身。但是,智慧学"自由获取人自身"与唯心论的表述方式有着本质的差异——唯心论的表述方式将自由视为脱离人的现实生存活动的抽象本质,而智慧学所说的获取人的自由恰是那个现实的感性生存活动本身。与旧唯物主义和唯心论相区别,智慧学在自在与自为统一的基础上所说的自由,是作为人之本质的生存实践的自由:"人的实践在本质上是要求自由的活动。"①无疑,智慧学所谓自由的自在与自为相统一,即显现了精神的本体论意义的一个更为本质的方面。

需要注意的是,精神在智慧学展开过程起点上的如上本体论意义,以自然而本然的感性生存/实践活动为出发点,以自由而自然的感性生存/实践活动为归宿,精神是在此过程中才具有自身的本体论意蕴的。因此,认识与生存的统一,表现为精神认识与自由存在的辩证统一过程:源初的感性生存/实践活动自在地、自然而然地涌现出自由,通过展开过程又重新回到(上升到)自觉而自然的自由存在状态,精神在此过程中以劈裂源初混沌而获得明觉的方式来彰显人存在的自由本质,从而具有本体论的意义。

三、认识论意义上的觉以曲通方式突出了精神之觉在存在整体中的本质性

根源于感性生存活动整体的精神性认识作用的展现,与人的自由存

---

①   冯契:《认识世界和认识自己》,第75页。

在的展开是统一在一起的。在认识论的展开中,智慧学将金岳霖"以经验之所得还治经验"转化为"以得自现实之道还治现实"①,并将此"得-还"的认识活动视为充满矛盾的辩证运动,"是天与人、性与天道的交互作用,是实践基础上认识世界和认识自己的交互作用,表现为由无知到知、由知识到智慧的辩证发展过程"②。在这一"得-还"的过程中,精神的本体论意义,表现为一个具有"觉"的主体统率着整个过程的展开:"'以得自现实之道还治现实'这句话省略了一个主词——我,'取得'和'还治'的认识活动当然有一个主体,即'我'。我以得自所与者还治所与,化所与为事实,同时就是我用判断把事实与思想结合起来,于是,我有了'觉'。人类在进行知觉和思维活动时,有个'我'统率着知识经验的领域,这个'我'借用康德的术语就叫'统觉'。这个具有统觉的我,不仅有关于客观的事实和条理的意识,而且在与他人交往中,自证其为主体,是有自我意识的。我有意识地认识世界,逐步把握现实之道,同时也就意识到我是主体,并在意识活动中逐步认识自己、认识自己的本性。"③"觉"作为主体之人的精神观照,一以贯之地在整个认识过程中保持其为主宰者与统率者。因为作为统觉的"我"不仅与对象相应,而且贯穿在包括交往活动、自我德性生成等整体生存/实践活动中,所以智慧学此处所说之"觉",实际上已经超出了单纯认识论视域的认知,而扩及人的整个存在。智慧学在"认识论"上视"觉"为思与事的结合,以"觉"在认识过程中的展开来实现和突出精神性作用对人自身存在过程的观照之"觉"。由于认识将物和自身都对象化,从而确定自身的自觉的意识,这也可以说是精神以通过"物"的环节,即曲通方式,实现着自身对于人的整个存在的本质性作用,亦即"我"作为精神性统觉在与"物"和"他人"的交接中,须臾不可离地时刻自证为主体。

---

① 冯契:《认识世界和认识自己》,第 35 页。

② 同上书,第 34 页。

③ 同上书,第 36 页。

在认识论上,有一个主体与对象的一致性问题。在智慧学中,认识作为根源于源初感性生存活动自我展开的"曲通"方式,对主客一致性问题的回答给出了一个更为深刻而合理的说明:"在实践中间能所的关系是内在的,而在认识中间能所关系是外在的……只有在实践中和对象发生内在的关系,才能够在认识中和对象发生外在的关系。"①所谓"内在关系"与"外在关系"本身是逻辑实证论的一个区分,在认识论上,对主体与对象的关系,单纯内在关系说与单纯外在关系说都不能很好地说明二者何以一致。智慧学在这里揭示的恰好就是主体(能、认识能力)与对象(所、被认识客体)二者源初统一于一体之中,亦即感性生存/实践活动中。二者的相互对立、相互作用,是在同一源初统一整体自身分化的基础上的展开。因为原本一体,所以内在;而一体必然分化,所以取得外在的表现形式。作为精神的主体与对象的外在化、彼此对立,这是对源初一体内容的展现。就此而言,精神通过对源初与己一体,而在分化之后推到外面、对面去加以把握的对象(客体)的把握,恰好就是以"曲通"方式显示人之为主体的主体性。如此"曲通",是基于感性生存/实践活动的精神之本体论意义的重要环节。

认识论上主体与对象的关系,基于感性生存/实践活动来理解,亦即从人和世界的交互作用这个基础来理解。由此,冯契对王夫之——"色、声、味之授我也以道,吾之受之也以性。吾授色、声、味也以性,色、声、味之受我也各以其道"②——人与对象(性与天道)之间的交相授受给予很高的评价:"正是通过感性活动这一桥梁,精神主体('我')与自然界交互作用,命日受而性日成,自然不断地人化。而'我'即精神主体起着关键的作用,因为这正是'我'进行权衡取舍,以求成身成性,循情定性,实现自己理

---

① 冯契:《认识世界和认识自己》,第 80 页。
② 王夫之:《尚书引义》,《船山全书》第二册,岳麓书社,1998 年,第 409 页。

想的过程。"①在人作为能动存在的展开过程中,人成其为主体,就是因为"我"作为精神主体在其中决定着自身的展开以及展开的伴随物,精神主体的如此决定作用是"关键性"的。交相授受作用本身可以视为人生存活动的完整整体,精神通过以自身为主体而执取对象并认识外物的曲通方式彰显自身,构成了人之整体生存活动中的本质性环节。就此而言,这一关键性,正是精神的本体论意义在存在展开过程中的重要表现,亦即精神作为主体是人作为主体性存在的特出之点。

因此,在智慧学中,即便是相对独立的认识论环节的展开,也一刻不能离开感性生存/实践活动的整体来理解;而在充盈着内在矛盾的交互作用活动中,精神才彰显了自身对于决定人之为主体存在的本体论意义——这是认识论以"曲通"方式展开人的活生生感性生存活动整体的本质所在。

四、精神通过认识与实践的辩证运动逐渐成为价值世界的创造根据

经过认识论环节的展开,精神的生成性的本体论意义更加显明。智慧学认为:"精神……就像黄宗羲说的'心无本体,工夫所至,即是本体'(《明儒学案·序》),可以说在不断的发展过程中间它越来越具有本体的意义。"②精神越来越具有本体论的意义,表明精神并不是源初的本体,而是在感性生存活动整体自身展开的过程中,以"曲通"方式而逐渐生成的、对感性生存活动本身越来越具有决定性的力量(此即精神的生成性的本

---

① 冯契:《认识世界和认识自己》,第 377 页。
② 同上书,第 84 页。

体性意义)。作为在过程中逐渐生成的本体,它虽然不是源初的本体,但在源初的整体中有其根源;而作为在源初整体中根源性的力量,它越来越取得某种殊胜的意义,乃至于它被视为本体。冯契常举的黄宗羲"心无本体,工夫所至,即是本体",具有双重蕴涵:一方面,"如果能如实地反映现实世界的秩序,在实践中达到我与时代精神为一,心与天地造化为一,即越来越认识现实世界的秩序而与之相一致,这就是'工夫所至,即是本体'"①。经过认识与实践的辩证展开过程(作为工夫),人达到对这一过程本身根本之道的把握(本质上是认识之光的照耀),而工夫经由自身展开而达到的道,在一定意义上作为工夫的内容而与工夫具有一致性(行动本身即是道的实现),由此"达到"与"一致"而言,工夫"触及"了本体,此亦即所谓"工夫所至,即是本体"。另一方面,"精神……可以越来越具有一种坚定、一贯的性格,成为独特的自由个性。自由的个性通过评价、创作来表现其价值。在价值界中,精神为体,价值为用,价值是精神的创造。因此我讲化理论为德性,精神成为自由个性,它就具有本体论的意义"②。认识与实践过程的展开,作为一个相互作用的活生生的过程,塑造着主体自身,使精神成为主体德性,成为主体一种恒常不变的品质,成为一种自己之为自己而区别于他人的内在规定性,并由此而创造属于自己的价值世界或者意义世界。就创造个性化的价值、意义世界而言,精神在一定意义上就是本体(价值或意义世界的根据)。两方面统一起来看,精神性作用在人生存活动展开过程中的殊胜意义在于:它从在根源中蕴涵的东西生成为人自身存在进一步展开的根源性东西(但要注意精神作为根源性的东西不等于根源自身),而这也就是其本体论意义的体现。

　　精神在人自身整体生存中的本体论意义,从源初感性生存活动整体开始经由基于性与天道交相授受的感性活动的认识论展开而获得殊胜意

---

① 　冯契:《认识世界和认识自己》,第84页。

② 　同上书,第84—85页。

义。这样的殊胜意义,作为精神本体性的表现,一个重要方面在于(另一个更为重要的方面见下文),精神构成了人生存活动真正自由的本质性基础。如前所述,因为从无知到知的飞跃过程与自由从自在到自觉自为的飞跃密不可分,所以,智慧学走向自由而智慧之境是自由与知识的更为高级的统一,它包括两个方面:"在物质方面是趋向自由劳动的进步;在精神方面是趋向以发展人类本质力量(知、意、情等)为目标的'真正自由之域'的进步。"①值得注意的是,这里所谓物质指向自由劳动,主要是就其非单纯精神性而言,指人类的感性存在活动;而精神则注重与感性活动的盲目相对而言其自觉。两者的统一,才意味着真正的自由——也就是精神慢慢获得对于整个生存活动的本质性构成作用:使精神在照亮人的感性生存活动整体的同时更加敞亮自身,从而使人充分自觉化以达到真正的自由存在。由此,自觉之思与自由之在融洽为一,精神自觉与自主行动融和为一,而抵达真正的智慧之在。

在精神使人真正实现自由存在的意义上,精神具有本体论意义;然而,精神的本体论意义恰恰昭示着它的相对性,亦即精神不单是从源初感性生存活动整体中开启出来的,不单是在展开过程中一刻也不能脱离感性生存活动的整体,而且,它的殊胜意义也恰恰只能植根于感性生存/实践活动的整体才能实现自身为本体。与精神作为本体的相对性相应,精神作为相对性的本体也反过来使源初感性生存活动作为存在开启的根源也具有了相对性。智慧学在认识与实践、精神与生存、性与天道、思与在交相作用的辩证过程中来理解本体,过程性的观点使本体具有相对性。借用传统哲学的术语来说,就是体用之间具有相对性:"体和用之间是相对的,这是中国哲学家讲体用不二的时候的一个很重要的思想……在价值创造的过程中间,自由的精神是体,而价值的创造是用。因此我们说自我或自由的精神或自由的个性它就具有了本体的性质。这就是我常引用

---

① 冯契:《认识世界和认识自己》,第58页。

的'心无本体,工夫所至,即是本体'。"①本体自身具有相对性,不是绝对的东西。②在体用关系下,二者彼此相依而不可分,相对于"用"而言,"体"对于"用"的依赖意味着"体"具有相对性,而"体"的相对性使得"体"也具有"用"的一面;因而,"用"作为"体"之所依赖,也就具有"体"的一面。就生存论意义而言,源初感性生存活动作为根源是"体",而心物作为其内在的构成因素以及二者的相互作用,是"用"。而源初感性生存活动之依赖于心物二者的辩证展开以实现自身,心物二者又有其"体"之一面,源初感性生存活动又表现出"用"的一面;同时,心物二者在展开过程中又互为体用。究极而言,体用之整体及其展开才真正是人的生存本身。因此,在过程中,本来属于"用"的精神也可以在一定程度上成为本体。换句话说,经过如上辩证过程的展开,精神作为相对性的本体展现自身,即精神逐渐成为人创造自己生存世界(价值与意义世界)的本体,这是智慧学的基本思想:"工夫和本体统一,可以说物质的本体即现实世界在认识过程中展开,而精神即自我本来不是本体,是本体的作用,但工夫所至,就是本体,因而在认识的发展过程中,精神越来越具有本体论的意义。这就是本篇的基本思想。"③在交互作用的基础上,人的自由存在必然要在自在世界中进行创造,造就一个自为的世界。区别于盲目的自在世界,自为世界是一个明觉了的、充盈价值与意义的世界。而价值与意义,只能由精神创造。因此,精神在更高的程度上,亦即实现价值与意义创造的意义上,是人真正

---

① 冯契:《认识世界和认识自己》,第110页。

② 本体具有相对性,只能在相对的意义上来理解。这是理解智慧学精神本体论意义的前提。用马克思主义哲学的话语来说就是:"存在和意识、物质和精神的相互作用,在这种相互作用里边,物质的东西一般地表现为主要的决定的作用,而精神对物质的反作用在一定的条件下可以表现为主要的决定的作用。这里存在着两个'决定作用',两者是有区别的,物质决定精神是就全过程来说的,而精神的反作用也总是有的,它在一定条件下起决定作用则是就发展过程中某个环节而言的。"(同上书,第82页)首先,这里所谓"物质"首先是指人的活生生的现实生存活动,而相互决定也就意味着彼此相对性。

③ 冯契:《认识世界和认识自己》,第108页。

实现自身为人的根据和本体。

总体来看，所谓精神的本体论意义，包含着精神作为本体的相对性与精神作为本体的渐得性或者生成性两个相互关联的方面，而以实现自身对价值与意义创造的根据为主要意涵。

五、精神扬弃单纯认知方式的取向而回到感性 生存活动成为自由个性的本体

然而，就精神越来越具有本体论意义是智慧学的基本思想而言，它表明其中也蕴涵着绝对性的维度，这即是精神作为本体的另一个重要方面——精神成为自由个性的本体性质。冯契提出"化理论为方法，化理论为德性"，而所谓"化理论为德性"，其关键在于"通过身体力行，化为自己的德性，具体化为有血有肉的人格"，这样的人格，有自我的"亲切感受"和"个性化的形态"。①它强调通过行动（身体力行）将普遍化理论或方法个体化为有血有肉、亲切感受的个性化人格，将个性化的生存状态提升到最高的高度。而有血有肉的个性化人格，作为真正自由个性化的人格，以精神为本体论依据。

智慧学的逻辑指向，是人的终极存在状态的追求。在冯契的哲学里，人存在的最终理想之境是自由劳动——充满审美意义的生存劳动/活动状态。②这离不开对人性的讨论，而讨论人性问题，与讨论一般物的性质问题，具有本质的不同。但是，其中又具有复杂性。一方面，"讲人性着重注意的是人类之所异于禽兽的类的本质、特征，如理性、意识、进行劳动、建

---

① 冯契：《认识世界和认识自己》，第 20—21 页。

② 智慧学对庄子哲学中"庖丁解牛"的诠释，就认为它代表着自由劳动或者自由存在活动。

立社会制度和有伦理道德等等——这是人类所特有的,是人所具有的共相、共性"①。就人性作为共相、共性而被把握和追问而言,这与对一般自然物的研究具有相似性:"在自然界,我们做科学的考察、研究时,通常是注重共相而忽视个性。因为从人的观点来说,通常需要注意自然现象的共同的本质。"②但是,对物之共性的把握,可以说是从人的观点——基于人类生存实践需要而从使用或资取的工具意义出发——对物的把握。正由于人不能被单纯视为工具或手段(虽然人永远有作为工具或手段的一面),所以人性的研究显然不能仅仅注意到一个人(作为个体)与人(作为类)相同的共相和共性:"关于人性的研究,情况有些不同。注意共性固然也重要……但更重要的,要把人看作一个个活生生的个性来对待。"③对人,也和对物一样,有一个认识的需要。在认知方式下,人和物都仅仅展现了其共相和共性。如果说认知的曲通方式的积极意义在于经由物的环节而证成主体精神的本体论意义,那么,其消极意义在于它可能并且实然地将人和物都普遍化而虚无化,从而取消人自身的精神创造性、独特个体性。对于物之自身的独特性、个体性,人自身的存在无法通达(主体的人最多只能在审美意义上逼近物的多样性或丰富性)。在生存论的视野下,就不能把人归结为普遍本质的表现或者共同类的分子,其独特性、个体性既是实然,也是应然。因为,人作为主体,单纯精神的类本质仅仅是其一个侧面。活生生的人从认知中回到感性生存活动自身,也就是概念方式的扬弃,从而也就必然是感性生存活动本身的更高层次的朗现,即达到自由生存活动(自由劳动)。

认知方式自身的曲通本质,就在于它是使人回到自身源初状态的必然环节。这一环节的必然性是双重的:既是经由的必需,也是扬弃的必

① 冯契:《认识世界和认识自己》,第358页。
② 同上书,第358—359页。
③ 同上书,第359页。

需。这样的方式,即精神曲通的认知方式的扬弃,它回到感性生存活动中,让个别化的个体自我实现——如此自我要实现,在扬弃的意义上,不是舍弃了精神,而是精神必然地构成了、引向了真实的个体。唯有经由精神,个体才有可能。因此,人自身存在的个体性维度,精神的先行展开是其本体论前提。智慧学正是在精神构成自由个性的本体根据的意义上,强调精神的本体论意义的。自由的人格,"是自由的个性,这是说他不仅是类的分子,表现类的本质;不仅是社会关系中的细胞,体现社会的本质;而且具有独特的一贯性、坚定性,意识到在'我'所创造的价值领域里是一个主宰者,他具有自由的德性,而价值正是他的德性的自由表现"①。所谓自由个性,简单说,就是他不单是一个具有类本质的"人",而且还是一个超出了"人"的"自己"或"自我"。这样的"自己"或"自我",具有独一无二的、与众不同的独特德性(虽然不排除具有与众相同的普遍性),创造自己的存在价值,主宰自己创造的并生存于其中的整个充满价值的世界。他的世界,或者说"我的世界",是"我的德性"的实现或表现。对于"我属性"的整个世界,精神性的"我"无疑是其主体或本体。

那个确定特定个体之为自身而区别于别的个体的东西,就是作为精神性凝结的心。心保持主体人格的绵延统一与持久恒定,使自由人格成为真实个体。冯契认为:"灵明觉知的主体就是心,不是在灵明觉知的精神活动之外另有个主体;精神主体,就是在精神活动中间的一贯之体。就心依存于物来说,心,并非像物质一样的实体。但就像黄宗羲讲的:'心无本体,工夫所至,即是本体。'(《明儒学案・序》)'工夫'即能动的精神活动中确实形成了一种秩序、结构,有种一贯性的东西,我们所以把它叫作'心之体'。正是在精神活动之中,随着灵明觉知的发展,形成着灵明觉知的主体,即心灵。"②主体本质上是一种处于交互作用中的动态存在物,但是,

① 冯契:《认识世界和认识自己》,第60页。
② 同上书,第355—356页。

在这个过程中,主体之为主体,就在于其精神性维度在自身展开中趋向于一个定体,并以之为自身之体(一贯之体)。在此过程中,主体由此一贯之体贞定着自身的"一贯性",并且由于这个"一贯性"担保而持续地展开自身。这样的"一贯性",就是主体作为个体性人格的本质要义,亦是精神作为本体的要义。

就终极的存在状态而言,精神作为本体,是自由与个性的统一:自由即个性,个性即自由,二者都是精神性的创造物并在精神性的创造中进一步自我造就。而在自由与个性的统一意义上的精神本体,不是单纯、孤另的精神受用状态,而是感性的自由生存活动状态。作为智慧学最终指向的自由个性即是自由劳动(自由的生存活动),它是从源初混沌的感性生存/实践活动整体开启,经过人与世界、心与物、思与在、性与天道的交互作用,由自在而自为,最终达到更高层次的感性生存活动——自由劳动。作为自由劳动的自由个性即是自由人格。自由个性与自由人格,是知、意、情的统一整体,通过"理性直觉、思辨综合、德性自证",以"自明、自主、自得"的方式持守着劳动(自由生存活动)的自为而自由的本质。①在此意义上,精神作为本体的意义在于揭示如此存在状态:主体充分自觉与明了、完全自主与自得、彻底个性化的自由生存活动状态。

总而言之,智慧学中精神的本体论意义就是,在体用不二的感性生存活动的展开过程中,强调自觉之思与自由之在的浑融统一中,精神对证成人自身作为自由生存者的本质性意义。

————————

① 在此,有两点补充:一是关于自由与个性的关系问题,在密尔的《论自由》中,以中国为例,说明强求一致性自由的缺乏彼此相因(参见[英]约翰·密尔《论自由》,程崇华译,商务印书馆,1959年,第77—78页),从反面昭示了自由与个性的彼此相因,而冯契自身的存在经历的结晶"始终保持心灵的自由思考"(参见冯契《认识世界和认识自己》,第16—20页),则从正面积极地证成了二者的统一。二是关于理性直觉的问题。这个问题很复杂,不过,这里仅仅提一个简单的注意之点。冯契明确说,所谓理性直觉是指"在理性照耀下具体生动的体验",是"渗透了理性的感性活动"(同上书,第430—431页),显然,它的含义是指主体由混沌的源初感性活动,经由认知环节的充分展开,达到明觉而自由的感性生存活动——自由劳动。

　　恰适地理解精神本身在人的感性生存活动整体中的地位和意义,是从生存论出发展开一切哲思的前提和基础。在智慧学-生存论视野下,本书对古典儒学展开了尝试性解读。经由生存论视野下的解读,古典儒学绽露出深邃而富于生机的气息。

　　第一章对《论语》首章"学而时习"的阐释,强调在精神自觉与感性生存活动统一的基础上来理解"学而时习"的生存论意义。作为整部《论语》开篇的"学而时习",传统注疏都关注于"学"字,而且以"记诵或诵习传统经典"来界定其内容。这一传统诠释路径遮蔽了"学而时习"的真意。其实,"学"作为"觉或悟","习"作为"行",注目于"行"本身的角度,"学而时习"的首要意蕴,在于强调人自身源初行动与对此行动之主体性觉悟的统一:一方面是不间断的行动中的觉悟,另一方面是觉悟着的不间断的行动之展开。这一源初状态及其后续展开,具有一种不可诘问的源初肯定性,所以为深沉而内在的"悦";朋友相与之外在的乐、一般他者不知的无动于衷(不愠),就是在一种递减的意义上昭示"学而时习"的这一奠基意义。如此,"学而时习"奠定了整部《论语》或孔子哲学的基石。

　　第二章以"十有五而志于学"章为中心,并结合孟子"尽其心者,知其性也。知其性,则知天矣"来加以阐释,强调孔子道德生存论注重基于主体活生生的道德生存活动的展开来理解人与天命的反向合一关系。倘使没有生存活动的勠力展开,人根本就不能遭遇天命;倘若没有能动的自尽其心的自身实现,人就不配彰显天命,更不用说言说天命。人之自由,在经由自身的主体性实现而彰显天命界域的意义上,得到更为深沉的揭示。其中,自觉地划界而在(而非天人本质一贯)具有本质性意义。道德主体性活动并不消解天的界限,而是在道德生存的展开过程中,领悟自身界限,并不断突破自身界限。界限的弹性与模糊性,彰显着生存的自由性。道德生存活动的深邃化与广袤化,将如此弹性而模糊的边界不断突破,就如一个膨胀的球形存在物,它在拓展自身,从而越是富有内容地实现自身,它也就越是深刻而富有内容地理解了作为界限的天之意义。

　　第三章对《论语》中君子人格的两个基本规定,即守义与知命作了生存论的阐释。孔子所肇始的儒学,一个重要之处就在于突出了基于主体能动性的道德生存,以之为人类自身存在的本质之处。从人自身的能动性的道德生存而言,这是操之在我的"守义"。但是,守义的道德生存,并不穷尽人的生命的全部,更不穷尽世界自身的全部。因此,在守义的道德生存展开过程中,如何经由领悟天命而持守界限,以释放人自身乃至天地世界自身的"无穷未知性",就成为"知命"的本质内容。在此意义上,君子的守义标志着人之存在的有限积极性一面,而君子之知命则标志着君子存在的无限消极性一面。就道德生存论而言,前者就是道德生存的界域,后者则是自然(或天地世界)的界域。守义是君子的重要道德规定性,知命则是更高的道德规定性,即知命是使守义得以可能,并使超越守义得以可能的规定性。守义可以说是经由人的道德活动而成就自身、成就世界;知命则是超越人的道德生存而敞开自身、敞开世界。进而言之,义的持守,命的领悟,以及守义与知命两者之间的界限持守,就是君子人格的基本规定性。如此规定性,其根本的意义在于昭示:一方面,守义是对人自身的道德挺立,凸显人的道德价值与存在尊严;另一方面,知命是对人自身生命存在之幽深的敞开,凸显人之现实存在的卑微与谦卑,绽露世界的无穷广袤与他者的无限差异性。

　　第四章以孟子的抱负为例,强调了士者必须有一种基于人禽之别的生存论担当。在被利益与权势扭曲的世界,孟子"如欲平治天下,当今之世,舍我其谁也?"这一诘问的本质何在? 其真意彰显在孟子"羞比管、晏","好辩"与"愿学孔子"的生存抱负之中。"羞比管、晏"意味着一般存世状态中对权势的超越,"好辩"则在思想言说之域严辨人禽之别,"愿学孔子"则是以自身的完满实现来担当人的本质。孟子的抱负是士者存在的本质态度,是可贵的传统之一。今天,"我们需要传统"以重建士者的生存伦理,彰明不断被湮没的人及人的本质。人类生活被诸多力量主宰,在历史与现实之中,权势的支配性往往引人注目。当权势与利益以令人触目惊心的方式在当代勾结一体时，对权势的批判与超越就更为艰难。对士者而言，为权势所裹挟者多，独立且批判权势者少。孟子常常被视为读书人的"骨气"所在，这一"骨气"的生存论本质表现在文化对于权势的超越。一个真正的士者，应当在个体自觉的具体处境中去实现其自身。扭曲、滑失了的无道世界反而更需要士者"以身殉道"，将人禽之辨实现于自己之一身，由自己拥有世界而实现世界本身的属人本质。

第五章以《孟子》"鱼与熊掌"章为中心，就道德与生命存在的关系而言，在生存论视角下，深入探讨孟子"舍生取义"的内蕴，突出生命自身的存在对于道德应当的优先性。从生命哲学角度来理解《孟子·告子上》"鱼与熊掌"章，"舍生取义"显示的是经过想象性故事情境以获得道德纯粹性体验。它并不突出抽象的普遍原则与先天道德本体，而是强调了在心事相融的具体行事活动中，主体的能动选择及自由行动，是生命存在的真正道德性所在。道德与生命并不处在一种简单的对峙中，相反，生命本身构成了道德自身道德性的基础，二者统一融摄于生命及其更好的绵延展开过程中。

第六章对《孟子》"不动心"章的阐释，则强调孟子哲学在道德生存论上突出心思之觉悟与不断之行事的统一，从而突破了传统上对孟子"不动心"境界的认知主义解释框架，而在道德-生存论立场上加以重释，认为孟子"不动心"的境界以心、气一体的整体性世界为本体论基础，并强调此一整体性世界以具体行事作为根据。由此，"不动心"展开为五个方面意蕴的统一：第一，心在心、气一体的整体性世界中具有主体性；第二，养气即是将心、气之本然一体转化为道德性的浩然之气；第三，在自觉的具体行事活动中获得普遍性的义；第四，知言是在社会性存在中明理分辨而自觉担当人之类本质；第五，"不动心"的最终意蕴是经过整体性而成就自身的个体性。这五个方面，基于"必有事焉"的具体行事，既是纵的历程，也是横的统一。

第七章从生存论角度重新阐释了荀子"明于天人之分"的意蕴，认为基于人的知行活动整体的"人之明"在荀子对天人关系的阐释中发挥着根本性的作用。荀子的天人观包含着由"人之明"所开显的"天人合一"和"天人相分"这相互连结的两个方面，"明"并非空无之明，而是呈现于真实之全体——"道"——不断到来的过程中。同时，"明"亦有其内在的有限性，人之"明"未能抵达之域就是"天"，固执于一隅之"明"而不能领悟其有限性，就使得"明"反而成为"蔽"。领悟"明"在认识论上有限的一面，让"道"从虚寂中不断地得以在无数有限之"明"中到来，就是"去蔽"。在不断克服"明"之有限性与保持"道"得以到来的可能性的过程中，天人的分分合合就扬弃了理智的抽象假设而回归于世界的真实根底。

　　第八章对《大学》中的"三纲领、八条目"从政治生存论角度作阐释。《大学》以教为中心，建构了一个道德-教化-政治一体化的世界。朱熹以天理为中心，将道德-教化-政治的一体化理解为普遍本质对于个体道德与普遍政治的贯穿与一致。王阳明则以仁心感通为基础，将道德-教化-政治的一体化理解为个体道德与普遍政治甚至天地万物的浑然整体。尽管王阳明克服了朱熹进路中的道德个体向政治整体跨越的认知间断，以及道德-教化-政治一体化生存的起点或根源问题，但究其根本而言，二者一样恪守着个体道德与政治秩序之间的一体性，从而显示出共同的缺失，即缺失了世界及其秩序的自在性与自然性、人类社会自身的自在性与他者的差异性，以及道德、教化与政治的彼此分界、相对独立，最终使得隐逸生存的可能性完全丧失。

　　第九章对《中庸》首章"天命之谓性，率性之谓道，修道之谓教"，从生存论视角对天命-性-道-教的关联加以解析，力图消解天命的形上超越性，而将四者统一在人的活生生的感性生存活动基础之上，突出生存展开过程源初绽开的入口是由人自身内在的多样性可能共同造就的。在某种意义上，"天命之谓性"，不是一种人格意义上的命令式赋予，相反，它意味着认知诘问的终结，即人之所以成为一个能自造其性的存在者，在认知上是没有理由的，人只能是命定自由而自主地担当生存责任的存在者。

第十章就《易传》所谓人在天地万物之间的存在而言,其所谓易道作为"三材之道",奠基于人自身主体性生存活动及其展开。只有在动态交遇之"际"的意义上,才能对《易传》"三材之道"作出准确的理解。在以往的知解式理解中,易道成为异在于人自身的自在法则,它陷入与《易传》自身整体的矛盾之中。实质上,《易传》的道是经由人自身的活动而切近于人自身,并在天、地、人相遇的能动性活动中生成的。在天、地、人三相遇的活动中,生成了属人的世界及其秩序(即道),此世界及其道的本质,在于它以展开主体性活动之人为其中正之心。

一切现实的哲思都是与活生生的"我"的生存活动一体的,无思的存活固然不是属人的生存活动;但脱离切己生存活动的哲思,也不是属人的。本真性的生存论致思,一方面拒斥缺乏思之觉悟的物性人生,另一方面更为坚决地拒斥否弃感性生存活动、抽象而虚幻的精神本体与神性世界。本质上,二者都是非人的、非生存论的。为了凸显生存论视野下的思考与智慧学的深刻关联,除了序论的铺陈之外,本书附录收入《论冯契哲学自由个性之本体论意义的三重维度》,在内容上与序论基本一致,但更为深入细致,既体现了作者不间断地资取于智慧学的思考实践,也体现了本书首尾衔接而一以贯之的内在脉络。冯契智慧学将自由个体视为具有本体论意义的存在,这是中国现代哲学本体论的一个创造性说法。这一说法主要体现在三个方面:一是自由个体作为本体并非先天的设定或呈现,而是在现实生存活动过程中逐渐生成的;二是自由个性之本体论意义的生成,基于充分的认识论展开过程,而非神启式呈现;三是人自身内在多重性的释放与世界之多层性的开放彼此相应,消解某种单一实体对人和世界的囚禁。从而,冯契的智慧学的自由个体本体论与牟宗三的道德形上学相比,敞开了走向真实存在的可能道路。一言以蔽之,基于智慧学与生存论结合的哲学致思,以阐释古典儒学要绽露的真实、平凡而自由的个体性生存。

第一章　论"学而时习"对孔子哲学的奠基意义

——对《论语》首章的生存论解读

整部《论语》的第一句话,其文本是人们所熟知的:

> 子曰:"学而时习之,不亦说乎? 有朋自远方来,不亦乐乎? 人不知而不愠,不亦君子乎?"

不过,对文本的熟知也许仅仅是形式性的,而形式性的熟知恰恰是对契合文本真蕴的最大妨碍。从形式性熟知出发,《论语》的这句开篇话语,被普遍而流行地诠释为对"学习"的强调。以钱穆先生《论语新解》为例,他说:"孔子一生重在教,孔子之教重在学,孔子之教人以学,重在学为人之道。本篇各章,多务本之义,乃学者之先务,故《论语》编者列为全书之首。又以本章列本篇之首,实有深义。"①虽然钱穆先生以"学为人之道"和"当知反求诸己"来强化他的学习论解释,但是,在学习的本意被知识传递扭曲之后,"学习论"解释导向对圣贤话语的语录式记诵(如下文将论述的

---

① 钱穆:《论语新解》,生活·读书·新知三联书店,2007年,第3—4页。

那样,这是传统注疏之学的主流解释),无疑将《论语》首章乃至由其奠基的整部《论语》的哲学意义遮蔽了。

当然,无论成书情形如何,《论语》将"学而时习"章放在全书之首,的确具有深义;但不应从"学"的意义上来解释,而应从"行"的角度来关注。在清代阮元的解释中,我们可以看到一点端倪。"孔子呼曾子告之曰:'吾道一以贯之。'此言孔子之道皆于行事见之,非徒以文学为教也"①,而"时习之习,即一贯之贯,贯主行事,习亦主行事"②。阮元认为"贯"和"习"都是行事的意思,他将传统的注重诵习的解释,融入对"切实行事"的解释之中,并认为这是孔子哲学的主旨。

单纯从一种深厚的文化传统来说,学习论解释有着某种合理性。但将"学"与"习"(行)结合起来,以"行"为基础加以新的解释,庶几如阮元所说更能揭示整部《论语》或孔子哲学的内蕴。

一、"学"的本义是对自身之缺失或缺陷的"觉-悟"

从影响的广泛程度看,朱熹的解释具有代表性。"学而时习"的"学",朱熹注为"效",意即后觉"效法"先觉为"学":"学之为言效也。人性皆善,而觉有先后,后觉者必效先觉之所为,乃可以明善而复其初也。"③显然,朱熹是在学习论角度,即主要从知识得以传递的可能来解释。不过,朱熹的解释具有一个困难:如果"学"的意义是后觉"效法"先觉,那么,这个"效法"本身何以可能呢? 从学习论或知识传递出发,"后觉效法先觉的可能

---

① 阮元:《揅经室集》上,邓经元点校,中华书局,1993 年,第 54 页。
② 同上书,第 49 页。
③ 朱熹:《四书章句集注》,中华书局,1983 年,第 47 页。

性"问题是得不到答案的。

实质上,这涉及教-学活动的更为本质的方面。对此问题,孔子在《论语·述而》中有两句值得关注的话语:

子曰:"自行束脩以上,吾未尝无诲焉。"(第一句)
子曰:"不愤不启,不悱不发,举一隅不以三隅反,则不复也。"(第二句)

两句紧连,具有内在义理上的关系。前一句,孔子之意是说,教诲的前提是受教者之自行主动来学。"自行束脩以上"表达的是受教者的求学的源动性;"吾未尝无诲"表达的则是施教者(孔子)施予教诲的普遍平等性,只要其来求学,则无有区别地、平等地对其施予教诲。在一般诠释中,对第一句话,人们可能注重孔子无不教诲的教育家情怀,而没有注意到受教者的求学源动性/主动性/能动性/主体性。朱熹注释说:"盖人之有生,同具此理,故圣人之于人,无不欲其入于善。但不知来学,则无往教之礼。故苟以礼来,则无不有以教之也。"①在此,就"学"与"教"的矛盾,朱熹似乎就要抵达二者矛盾关系的一个合理解决了,亦即"教"只能在"学"自身的先行开展之后才能启动。倘若将其中的"礼"字忽略,二者的合理关系就是"不知来学,则无往教"。如此解释,就切中了"学"先行能动展开自身的本质。可是,朱熹说的是"不知来学,则无往教之礼",因此,似乎"来学"只要满足"礼"的形式性要求,"教"就可以展开。在一定意义上,"礼"作为繁文缛节的形式,往往以强制或虚而不实的方式掩盖了"礼"之后的行为的内在实情。因此,朱熹尽管以"来学与往教"的矛盾及区别注意到了孔子之"学"的内在意蕴,却没有透显出孔子原话中"自行束脩以上"强调的"学"之源动性/主动性/能动性/主体性。"自行束脩

① 朱熹:《四书章句集注》,第95页。

以上"对施教者而言即是"知来学",而对求学者而言则是"知往学"。朱熹从形式性的"礼"看到"知来学",但未从求学者的源动性看到"知往学"。实际上,施教之所以可能,必须建基于求学者的"知往学"。"知往学/来学"意味着一种"觉悟",即一种自觉缺乏而意欲拥有的意识。在"学"的意义上,就是觉悟自身之不知而欲自知之。简言之,由于侧重"束脩之礼",朱熹似乎没有将"自行"而有的"知往学/来学"的意蕴完全显露出来。

　　其实,朱熹在这句话的注释上对真意的失之交臂,根源于传统注疏对"束脩之礼"的片面关注。流传的注疏大多忽略"自行"二字的要义。刘宝楠在《论语正义》中,对《论语集解》中孔注"言人能奉礼,自行束脩以上,则皆教诲之"的解释,关注点主要集中在"束脩"上,以为"束脩"乃合于受教或施教之"礼",也将孔子这话归结为教之"礼"的问题:"谓以脩为挚见其师也……不行束脩者,未尝有所教诲,是束脩为挚礼也。"[1]因为关注"礼",所以"自行"的意蕴被遗忘了。不过,刘宝楠引包慎言论古鲁《论语》所说,则似乎有所见,可惜刘氏本人对之表示否定:"郑注云,诲,鲁读为悔字……案《鲁论》,则束脩不谓脯脡。《易》曰'悔吝'者,言乎其小疵也。又曰'震,无咎'者,存乎悔。圣人戒慎恐惧,省察维严,故时觉其有悔。自行束脩以上,谓自知谨饬砥砺,而学日以渐进也。恐人以束脩即可无悔,故以'未尝无悔'以晓之。案鲁论义不著,包说但以意测。"[2]训"诲"为"悔",《经典释文》以为是古说。刘宝楠不以之为确切之解,是尊重传统对"教"之"礼"的关注。不过,对"自行束脩以上"解为"自知谨饬砥砺",刘宝楠一概否定,则失之偏颇。程树德在《论语集释》中,以"束脩"为"教"之"礼"是"正解"。但他在将上面刘宝楠所引包慎言的解释作为"别解一"之后,又在"别解二"中引《陔余丛考》从《汉书》所引证例子说:"'自行束脩以上',

①　刘宝楠:《论语正义》,上海书店,1992年,第138页。

②　同上。

谓能饬躬者皆可教也,于义亦通。"①程氏如此做,兼顾了"自行"之意,但是,他主要是通过对"束脩"的"束身修行"解释来实现的,其实并没有看到"自行"蕴涵的源动性/主动性/能动性/主体性。

如果我们完整地理解孔子这一话语以及教-学的真意,显然必须把由"自行"给出的源动性/主动性/能动性/主体性作为基础。并且,在对如上第一句的进一步申说中,孔子第二句话无疑有着对"自行"之义的深入绽露。愤、悱、启、发诸字的含义,朱熹讲得比较清楚:"愤者,心求通而未得之意;悱者,口欲言而未能之貌。启,谓开其意;发,谓达其辞。"②根据朱熹的解释,愤与悱是内在的精神或意识状态,在此状态下,意识主体"求通而未得""欲言而未能"。亦即愤、悱意味着意识主体自知自身之所向而未能得其所向的状态。简言之,处在自知其自身缺陷/缺失而意欲弥补的状态。如果第一句"自行束脩以上"说的是"教学活动"中受教者/求学者在行动上的"源动性",那么,第二句的"不愤不启,不悱不发",则是对受教者/求学者内在意识自觉的强调。这两句话合在一起,昭明了孔子对"学"之含义的规定:内在自觉缺失/缺陷而主动往求。

由此而言,即使"学"被理解为"效法",其关键似乎也不在于"效法"本身,而在于"自觉到"要去并能去"效法"之"觉"。所以,这里关键是要注意到:"学"必以"觉"为本。在《白虎通》中,"学"与"觉"具有本质同一性,它以"学"为"觉":"学之为言觉也,以觉悟其所不知也。"(《白虎通·辟雍》)清人陈立在《白虎通疏证》中说:"《御览》引《礼记外传》曰:'学者,觉也。'《论语》'学而时习之',皇《疏》:'学,觉也,悟也。'《说文》:'斆,悟也。'……学、觉叠韵为训。"③皇侃在其《论语义疏》中,就以"觉"与"学"的本质一致性来解释《论语》首篇第一章。④"觉"与"学"的本质一致性,首先

---

① 程树德:《论语集释》第二册,程俊英、蒋见元点校,中华书局,1990年,第447页。

② 朱熹:《四书章句集注》,第95页。

③ 陈立:《白虎通疏证》上,吴则虞点校,中华书局,1994年,第254页。

④ 皇侃:《论语义疏》,高尚榘点校,中华书局,2013年,第2页。

在于"觉"的本质内涵着"学"并且"学"的本质内涵着"觉"。从"觉"而言,"觉"之为"觉",是对"缺乏/缺陷"的一种自我警醒。"觉"从来不是空无内容的孤另的精神之光,而是对某种内容的特殊指向,以自身尚欠缺的方式指向某种内容。如此指向,是一种"引而使近"的行动。当"觉"将自身意向到的、当下尚缺的内容引而使近时,也就是一个"学"而增加自身内涵的过程。从"学"来看,朱熹在《答张敬夫》中解释"学而"之学,说:"以事理言之,则凡未至而求至者,皆谓之学。"①按照朱熹的这个解释,"学"作为"未至而求至"即是"觉其缺陷而趋求"。就此而言,朱熹似乎也已经逸出单纯形式性之"礼",注意到了"学"的源动性维度。在对《论语·泰伯》中"民可使由之,不可使知之"一句的解释中,朱熹对由"学"而有"知"具有的内在源动性说得更为清楚,他明确反对外在的"使之知":"盖民但可使由之耳,至于知之,必待其自觉,非可使也。"②陈荣捷认为,这一点是朱熹给出的一个具有新意的解释:"朱子侧重在一'使'字……是以必须自动追求,乃可知之。于是重心不在圣人而在民,必待自觉自知。此不特为'知之'之无上条件,而亦'由之'之无上条件也。此是多方面之新义。"③据此,从主动而自觉的意义看,朱熹前文的"不知来学,则无往教之礼"的"礼",如果换为"不知来学,则无往教之理"的"理",则意义大明。

"学"今天被衍化为"知识累积"之意而作为知识的单纯累积增加,显然更多地是一种外在的填鸭,而失却了"学"作为"觉"的源动性/主动性/能动性/主体性。所以,对《论语》首章的解释,必须奠基于"学"作为"觉"的本义,"学"即是"觉","觉"也是"学"。换言之,"学"的本质就是对自身缺乏/缺陷而求的觉悟。

---

① 朱熹:《朱子全书》第二十一册,上海古籍出版社、安徽教育出版社,2002 年,第 1401 页。

② 朱熹:《朱子全书》第二十二册,第 1768 页。

③ 陈荣捷:《朱子新探索》,华东师范大学出版社,2007 年,第 216 页。

二、"学而时习"是"在不间断的切实行事中的觉悟" 与"在觉悟中的不间断切实行事"的统一

如上所说，"学"作为"觉而趋求"不是单纯的孤另的精神之光或纯粹内在意识状态，"学"通过"而"与"时习"相连。此所谓"时习"，朱熹引《说文》注为："习，鸟数飞也。学之不已，如鸟数飞也……既学而又时时习之，则所学者熟，而中心喜说，其进自不能已矣。程子曰：'习，重习也。'……谢氏曰：'时习者，无时而不习。'"①据此，"时"当为"时时、每时"之意，即无有间断之意。"习"，朱熹解为"鸟数飞"，表示心及其对自身内容不断地切实演练之意。朱熹在《答张敬夫语解》中说："时习者，乃所以为无间断之渐也。"②如此理解，则"时习"是一种不间断的切实之行、一种动态延展的无有间歇。"习"之繁体"習"从羽从白，似乎意指"明白地飞"或者"飞而明白"。如果"学"作为"觉"的本义是"学是对于自身当下缺失的觉悟"，那么，"学而时习"就是对于当下切实习行的觉悟或者觉悟着的当下切实习行。

不过，朱熹如大多传统注释一样，倾向于将"习"的内容落实为"诵习""温习"之意，把"习"作为"当下切实之行"的意义遮蔽了。朱熹在《与张敬夫论癸巳论语说》中说："'习'者，重复温习也。"③皇侃《论语义疏》认为"习"是"修故"④，《论语注疏》则引马融注解为"诵习"⑤，将"习"理解为"修

---

① 朱熹：《四书章句集注》，第 47 页。
② 朱熹：《朱子全书》第二十一册，第 1343 页。
③ 同上书，第 1357 页。
④ 皇侃：《论语义疏》，第 2 页。
⑤ 何晏注，邢昺疏：《论语注疏》，《儒藏·四书类·论语属》（精华编）本，北京大学出版社，2005 年，第 9—10 页。

故""温习"或"诵习","习"就成了单纯的口耳之学,不再具有切实行事的意义。在以修读经典为文化传承的主要方式下,孔子作为"文之传承者",后世似乎觉得他在此是对"效法先贤而能温习诵习其经典"的强调。因此,尽管朱熹以"效"解"学"受到了毛奇龄的批评,但程树德强调:"'学'字系名辞,《集注》解作动辞,毛氏讥之是也。惟其以后觉者必效先觉之所为为学,则精确不磨。"①在这里,尽管"学"究竟是名词还是动词还可以争论,但程氏将"后觉效法先觉"作为"精确不磨"之解,似乎凝结着两千多年来的传统看法,所以说得如此断然。然而,所谓"后觉者"之"效法""先觉者","学"的意义实质上就是在历史传承中,以后世学者诵习先贤经典为表现;由此,"时习"不过是不断学习经典、温习经典之意。这样,在"学而时习"中,"学"也是"习","习"也是"学"。如此,就造成了双重错失:一方面,"学"作为"觉"的本意被消解了;另一方面,"习"作为当下切实行事的绵延之行的含义也被消除了。

对此,阮元特别指出:"'学而时习之'者,学兼诵之、行之……《尔雅》曰:'贯,习也。'转注之习,亦贯也。时习之习,即一贯之贯。贯主行事,习亦行事。故时习者,时诵之,时行之也。《尔雅》又曰:'贯,事也。'圣人之道,未有不于行事见而但于言语见者也。故孔子告曾子曰:'吾道一以贯之。'一贯者,壹是皆行之也。又告子贡曰:'汝以予为多学而识之者与?予一以贯之。'此义与曾子同,言圣道壹是实行,非徒学而识之。两章对校,其义益显。此章乃孔子教人之语,实即孔子生平学行之始末也。故学必兼诵之、行之,其义乃全。马融《注》专以习为诵习,失之矣。"②阮氏此论,确乎道出了《论语》的精义。他对此非常自信:"故以'行事'训'贯',则圣贤之学归于儒,以'通彻'训'贯',则圣贤之学近于禅矣。鄙见如此,未

---

① 程树德:《论语集释》第一册,第4页。

② 阮元:《揅经室集》上,第49—50页。

知有误否？敢以质之学古而不持成见之君子。"①所谓"壹是皆行之"，不单是说，对学习经典(前圣先贤之言语)而得来的知识要切于自身去践履、修身而实诸己，还进一步说明，对每一个自觉的求学者而言，"学"作为"觉"是源于每一个人自身的"一贯之行事本身"。人生而无时不行，不是去听了圣贤言语或读了经典语录之后，才来行。在接触经典、聆听圣贤教诲之先，人就切实而行、绵延不断地行事。在此切实行事中，主体觉悟自身之行，乃有对自身缺陷/缺失的觉悟。如果诵习经典具有某种意义或价值，显然，它必须源于诵习者自身切己行事而有的缺失之觉悟。简言之，传统主流注释将"学而时习"理解为"时时诵习经典"，必须以"觉悟于自身切实行事之缺失"为基础。

阮元强调，"学而时习"是"孔子生平学行之始末"，将"学而时习"理解为贯穿孔子自身真实存在历程的"学-行"统一体，亦即，主体之"学"作为"觉"是实有其"学-觉"，实有即在于它源自主体源初切实之行并贯穿其一生切实之行。换言之，"学而时习"是在源初就有的觉悟着的切实行事或切实行事中的觉悟，并且，觉悟着一切延展开去的切实行事或在一切延展开去的切实行事中觉悟着。这样的"觉而行"或"行而觉"，包含着"经典之诵习或对圣贤言语之聆听"。因此，阮元将"诵习"也视为"学而时习"的内容之一，可以说，在给出新意的基础上，兼顾吸取了传统。

在文本中，"学-觉"与"行"的统一，是通过"而"字实现的。《说文》："而，颊毛也，象毛之形。"段玉裁注说："而之训曰'须也，象形'。引申假借之为语词，或在发端，或在句中，或在句末。或可释为然，或可释为如，或可释为汝。或释为能者，古音能与而同，假而为能，亦假耐为能。"朱熹说："'而'者，承上起下之辞也。"②综而言之，在此，"而"置于句中，表示一种递进的关联，以及一种深入的焊接。通过"而"字对两者的连接，"时习之行"

---

① 阮元：《揅经室集》上，第 54 页。

② 朱熹：《朱子全书》第二十一册，第 1357 页。

与"学-觉之神"透露出"行"与"觉"的源初统一：人之切实行事是觉悟着的行事，而觉悟是在人之切实行事中的觉悟。"觉"一开始并不是一种精神性的单纯涌出或生成，"学"也并不是一种精神性的单纯延展，"觉"与"学"统一在一种活生生的源初切实行事的活动状态之中，是这一源初活的整体的一个侧面展现；行事一开始也并不是懵懂暗昧之冲撞，而是在此源初行事中，就有着对此行事之缺陷/缺失的觉悟，或者说对完善/升华/深入延展此一行事的觉悟。

换言之，"学而时习"是人自身的源初活动状态：人一开始就是能觉悟自身存在活动及其缺陷/缺失的存在物，或者说，人是在其源初行事活动中就能觉悟其缺陷/缺失的存在物。即使"学"有着朱熹的"效法"意义，它也是在这一源初存在状态进一步的展开中的衍生物。如果离开这一源初实情，"效法"与"诵习"结合在一起成为后世的"经典/知识学习"，就扭曲并遮蔽了效法与诵习自身之所以可能的真正根据。

三、"学而时习"作为本源之乐是对人之存在的源初肯定

"学而时习"作为源初觉悟着的切实行事与切实行事中的觉悟的统一，是一种自身肯定的状态。由其源初而言，可以称为源初肯定。觉悟而切实行事或切实行事而觉悟的源初自身肯定，就是"学而时习"处在"悦"之中。在《学而》首章，与"学而时习"并举的是"有朋自远方来"和"人不知"。"学而时习"是一种"悦"，"有朋自远方来"是一种"乐"，"人不知"仅仅是"不愠"。显然，"学而时习"之"悦"，与"有朋自远方来"之"乐"不完全相同，与"不愠"更是意蕴相别。"学而时习"的真蕴，在三者的对比中可以得到进一步的彰显。

皇侃《论语义疏》说："'悦'者，怀抱欣畅之谓也……'悦'之与'乐'俱

是欢欣,在心常等,而貌迹有殊。悦则心多貌少,乐则心貌俱多。所以然者,向得讲习在我,自得于怀抱,故心多曰'悦'。今朋友讲说,义味相交,德音往复,形彰在外,故心貌俱多曰'乐'也。"①皇侃将《学而》首章分为"学习"的三个时期,认为"学而时习"讲的是幼年初学时,"有朋远来"是学业稍成时,"人不知而不愠"是学业已成时,三个阶段是递进的,因此,他认为"乐"高于"悦"。不过,如此解释,已然是处在一种前见之中的解释,即他已经把"流俗所谓的学习展开先行看成一个递进的过程"这一观点,当作解释这一话语的前提。钱穆先生将此章与"十有五而志于学"章结合起来,将"学而时习之悦"、"有朋远来之乐"与"人不知而不愠"视为层次逐渐递进的三个为学境界:"学而时习,乃初学事,孔子十五志学以后当之。有朋远来,则中年成学以后事,孔子三十而立后当之。苟非学邃行尊,达于最高境界,不宜轻言人不我知,孔子五十知天命后当之。最后一境,本非学者所望。学求深造日进,至于人不能知,乃属无可奈何。圣人深造之已极,自知弥深,自信乃笃,乃曰'知我者其天乎',然非浅学者所当骤企也。"②就通常的意义而言,学习、修养当然是一个逐渐上升的过程。但是,更深一层看,《论语》首章显然不是在说学习或修养的层次升华过程。从如上揭示的本质意义的学-行统一而言,如果历史和现实不是那么顺承地延展,而是不断地遮蔽和扭曲(恰如传统注疏对此章的注释那样),那么,"学而时习之悦"、"有朋远来之乐"与"人不知而不愠"三者与其说在敞露学习、修养的升华递进,不如说是在凸显人源初"学而时习"的觉-行统一状态的不断倒退、滑失。因为,从义理上看,升华与递进说不能合理地说明"悦"的内在性与"乐"的外在性的区别、"乐"与"不愠"的区别。即就"不愠"与"乐"相比而言,"不愠"仅仅是一种无所谓欢欣的平和状态,没有在从"悦"到"乐"的基础上递进。

---

① 皇侃:《论语义疏》,第3—4页。
② 钱穆:《论语新解》,第4页。

皇侃虽然以不愠高于乐、乐高于悦的解释失之偏颇，但他指出"悦"重在"内心"之喜，"乐"则在于与人交往之欢，道出了一个重要的意思：也就是说，"悦"是"学而时习"自身内在之乐，而"乐"则是与人论学交往彼此影响的容颜之欢（乐趣）。由"悦"的内在性与"乐"的外在性二者对比来看，"学而时习之悦"无疑具有更为根本的意义。邢昺在《论语》疏中注意到了这一义理，他说："谯周云：'悦深而乐浅也。'一曰：'在内曰说，在外曰乐。'言'亦'者，凡外境适心，则人心说乐，可说可乐之事，其类非一。此'学而时习'、'有朋自远方来'，亦说乐之二事耳。"①悦是深而内在之乐，乐则是浅而外在之乐。因为"学而时习"是源初切实行事，所以，此所谓"悦"，是"学而时习"自身内在、源初之乐，与"学而时习"的源初行事同其源初；而"乐"则是相对外在、衍生意义上的乐，是从源初行事上滑开而有的友朋讲论之乐趣。当然，外在衍生意义的乐趣，与"学/觉-行"的含义仍然具有内在相关性。因为，"学"意味着自觉地将自身尚缺者引而使近，需要有他者作为对照的背景。"觉"而欠缺并引而使之近，只能相与于同等的他者才有可能发生。然而，处身在与他者的共在之中，并不是所有他者都能与自己的"学/觉-行"发生本源意义上的牵引关系。在"学/觉而时习"的过程中，能捎来"乐"的他者，只是来自一种特殊共同体——学习的友朋。这里"朋"就是朋友。朋，指同门；友，指同志。合而言之，就是"学/觉而时习"的相与者。就其本质而言，所谓相与者，是指相互自觉并觉他且彼此牵引启发的共同切实行事者。就"学而时习"与"有朋自远方来"二者的关系来说，不但不是"学而时习之悦"升华到"友朋相与之乐"，而是相反，是"学而时习之悦"使"友朋相与之乐"得以可能。

由此而言，有朋自"远"方来之"乐"中，此"远"不是空间意义的"远"，而是与源初的"学/觉而时习"之"悦"的"近"在咫尺相比，它显得"远"。但此"远"正在"来"，也就是说，它正在"变近"。"远"本身并无"乐"，可"乐"

---

① 何晏注，邢昺疏：《论语注疏》，第10—11页。

的是"远"之可变而"近"。"远"之可变而使"近",一方面,在源初的"学而时习"作为"觉悟与切实行事"统一的状态中,切实行事本身就是相与于他者的;另一方面,"远"而使"近"就是使得自相与者的东西进入个体化的觉悟着的切实行事中(切实行事着的觉悟中)。因此,远者虽然能变而使近,但无论变得多么近,与源初内在于此切实行事之中源初性的"悦"相比总是外在的,因而它总是更远。《论语》首章,就是通过与"远"而可"近"之"乐"的对比映衬,显露"学/觉而时习"之"悦"为源初性在"此"。它就在这里,是一切"远"之可"近"而"乐"的根据,而本身无所谓远近而内在于最初的切实行事。

朋友虽自"远"而"近",但还是真正的相与者。与相与者相与共在行事,其衍生性"乐"与源初性"悦"还可以说同气相应。与可能"远"在他方的朋友相对照,也有"近"在身边的他者,他们作为一群没有特定称谓的"人",在本质上应该成为真正的相与者,相互启发与激励彼此的切己行事,但在历史与现实中,他们并未作为真正的相与者。与这些非相与者共处而展开自身行事,不同于"有朋远来"之能牵引启发,反而易于使人陷溺。因此,自警于同这些非相与者的共处,不能求"乐",而只能在反显的意义上自我持守于"不愠"的平和心境之中。

邢氏《论语》疏认为,"人不知而不愠"的解释可以有两种:其一,学者为己,得而在内,他人不知,己不怒;其二,君子不求备于人,为教之时,人虽愚钝不知,也不怒。①后世诠释家多取前者,认为愠是怒、怨,不愠即是不怒于或不怨于他人之不"知"己。这一传统的解释值得尊重,但是,它错开了由"学而时习之悦"与"有朋远来之乐"对比映衬烘托的整体意境。"不愠"意味着一种情绪/情感状态,就《学而》第一章来说,它与"悦"和"乐"处在一种连续性的意境关联之中,而三种情绪/情感主要与切实行事的不同状态相对应。内在性之"悦"是"学而时习"自身自我肯定的绽露,外在性

_____

① 何晏注,邢昺疏:《论语注疏》,第11页。

之"乐"是"有朋远来"牵引启发而从"悦"之上衍生出来的。在此,"不愠"与"人不知"相应。因此,关键在于,何谓"知"? "知"在《说文》中从口从矢。似乎"知"本身意味着口耳之学,而失去真蕴。就一般义理而言,"知"本身是以与所知者撕裂分开的方式来把握对象。所以,如果"学而时习"就是"觉悟于切实行事",那么,"知"的本质就是无法觉悟切实所行之事。本来,在衍生的意义上,"学/觉"内涵着"知",但是,此处明确将"我之自学/觉"区别于"他人之知我"。它透露出:"知"不同于"学/觉",是一种对象化而撕裂的取向;"学/觉"却持存自身于切实行事的源初统一整体中。正由于"知"的此一撕裂本质,在一定意义上,对人的源初切实行事而言,"知"就是不相应的方式,从而也不是真正的知(作为"觉"的本义)。与朋友相对的"一般人",对每一个源初的行事主体而言,都是一种分裂的远观知解,它不能切中行事主体的实情,因此,它作为"知"本质上其实就是"不知"。

朋友之自远而近之"乐"已经彰显了"学/觉而时习"之"悦"的源初性在此,而非真实相与的他者的撕裂而远观的"知",以异样的方式使人警觉于自身,并排斥对于此"悦"的可能背离而不跃出自身。当他者的撕裂远观之"知"成为牵引的力量时,在此之"悦"就滑落错失自身。"不愠"于他者的撕裂远观之"知"(本质上就是不知),就持守了"悦"的内在与绵延。此处之不"愠/怒",首先针对的不是他者之"不知己",而是针对"撕裂而观乃知"的"知"之方式本身。当"悦"持守于自身时,它当然不"愠/怒";只有在"悦"自我丧失之后,本身也以外在撕裂的方式对待自身时,才有所谓"愠/怒"。"学而时习"作为一种绝对性的"悦",永远不能将自身撕裂而对象化,它显现自身作为人存在的绝对状态:既是源初的状态,也是源初之展开的状态,更是展开趋向的状态。

如果"知"是一种撕裂之后而站在外面的驻足远观,孔子明确否定这样的"知";那么,"学/觉而时习"就是一种没有裂开的源初整体,它作为这样源初的存在状态,本身是一种内在性的、绝对性的"悦"。此"悦"是对切实行事本身的绝对性的肯定。后世常常追问"孔颜乐处",其所谓"乐"就在此"悦"上。因此,"学"本身是审美意义的、诗性意义的,或者说存在论意义的,而不是认知意义的。这样源于自身源初"觉而行"或"行而觉"的"乐",即是对人之源初存在展开的源初肯定。如此肯定就是一切无穷倒退式追问"何以可能"的终止,它显示出人就是这样的存在物,源初沉沦而"乐于此"——"觉悟着自己存在活动并在活动中不断深化着其觉悟且经由觉悟而不断提升着自身的存在活动"而"乐"。

　　由上而言,《学而》的第一章,作为《论语》的开篇言说,三个文句作为反问组合,首先以具体的意境逼显着一种浑沦气势。三个语句之间,通过从"悦"而"乐"、从"乐"而"不愠"的层层勾连与映现反衬(三句话绝不是简单的并列的关系,绝不是对三个等同事例的同等言说),突出"学而时习"之"悦"本身超越"乐"与"不愠"的源初性。"学而时习"之"悦",将人的源初实情展现为一个觉悟了的活生生的存在展开活动,或者展开着自身的存在活动的不断的自我觉悟。如此,它奠定了整部《论语》或孔子哲学的基石。

第二章　过程与划界

——《论语·为政》"十有五而志于学"章的生存论诠释

就生存论的视野而言,在古典儒学中,道德生存活动与天命之间的真实关联并非清晰显明的。迄今为止,通常的理解大多过于颟顸,而陷于抽象理智的"本质合一观"。本章以《论语·为政》"十有五而志于学"章为中心,突出道德生存活动的现实展开过程是理解天命与道德生存活动关联的基础,并由此二者的关联给出一种全新的诠释,即基于生存论划界的"反向合一观"。

简言之,从生存论的角度来理解基于道德生存活动的展开过程,以及通过道德生存活动与天命的划界来理解二者之间的关联,就要摈弃抽象理智以天命为人生之本源或本体的所谓"天人合一"观。

一、基于主体性力行的自我实现是孔子道德生存论的基本取向

如何理解人的生命存在及其展开? 孔子标举一个"仁"字,而"仁",其基本意涵,则在于行。在道德生存论上,孔子关于行的基本取向则是自

觉、自主、自为的主体性,即强调"为仁由己":"为仁由己,而由人乎哉?"(《论语·颜渊》)行仁只能"由己",而非"由人"。行仁一般意指活生生的生存活动本身,而非单纯的抽象思辨活动;"由己"意味着出于自身、为了自身,并自觉领悟、主宰和支配;"由人"则意味着不出于自身,而为自身之外的他者(他人或环境或虚构的超越物)所支配、主宰,自身丧失了自为目的的生存。

这彰显了一种道德生存论的主体性取向,其间蕴涵着类似康德三大道德律令的基本意趣:其一,"为仁由己"与"克己复礼为仁"(其具体德目则是非礼勿视、勿听、勿言、勿动)是统一的。礼作为普遍性规范,用以约束自己的行为,是道德主体自觉、自主的选择与坚持,这就内设了道德主体的意志自由与行动自由。仅当主体有如此自由,真正的道德生存才得以可能。其二,主体自由而自觉地选择并坚持普遍规范,以约束自己的具体行为,"一日克己复礼"与"天下归仁焉"的指向相联系,表明为仁由己是一种"普遍立法"——道德主体选择一定规范用以约束自己的行为,是因为此规范可以被所有其他主体选择,并引致天下"同归于仁"。其三,在孔子看来,为仁由己与人自身目的性价值的确定是一致的。《论语》关于人自身的目的性价值,有两个维度的界定:一方面,是人自觉自身与牛马(禽兽)相区别的高贵性价值或尊严,这表现在《论语·乡党》中,马厩失火,孔子问伤人与否而不问马;另一方面,是人自觉自身与鬼神相区别的现实生存维度,所以孔子强调"敬鬼神而远之"(《论语·雍也》),"未能事人,焉能事鬼?"(《论语·先进》),"不语怪、力、乱、神"(《论语·述而》)。

实质上,孔子对人自身目的性价值的强调,即是一种生存论的划界,也即为人自身的道德生存活动划定了界域:人的道德生存活动展开于禽兽与鬼神之间——人既不能"禽兽不如",也不能"装神弄鬼"。在这个界域之中,人以区别于动物和鬼神的方式实现自身。如此实现自身,就是"自觉的力行"。孔子特别强调"为仁由己"是经由自觉的主体性行动的自我实现活动:

冉求曰："非不说子之道,力不足也。"子曰:"力不足者,中道而废。今女画。"(《论语·雍也》)

子曰:"我未见好仁者,恶不仁者。好仁者,无以尚之;恶不仁者,其为仁矣,不使不仁者加乎其身。有能一日用其力于仁矣乎? 我未见力不足者。盖有之矣,我未之见也。"(《论语·里仁》)

对道德生存论而言,所谓"力不足以行仁"的说法,其中所含的悖谬在于:似乎"仁"是一个外在悬设的"标准"或"目标",由于"仁"的外在性及对自身行动的超越,使"我"不能或无力去达成。在孔子看来,"仁"本身就是切己行动及其觉悟的统一,"仁"完全是内在的:自觉而行动即是"仁","仁"即是在此自觉之行中的当下实现,而非在自觉行动之外悬设一个抽象的精神规定性作为行动的目标。所以,孔子说"求仁而得仁",并强调说"仁远乎哉? 我欲仁,斯仁至矣"(《论语·述而》)。道德生存论上的"求之"之活动与其"所得"之间,具有一种"内在的必然关联":它不单是说"求之"的道德生存活动可以得到一个活动过程终点意义上的"结果"(当然这也是其中应有之义),而且是说"求之"之活动,当其作为自觉之行而展开之际,就是自身的实现,它自为目的而自我实现。"求之"之活动展开在时间之流的每一环节,而时间的真实性,相应于行动展开中的主体精神意识的自觉状态。如此行动着的自觉意识,或自觉领悟着的行动,以及二者的统一,就是生存的本真内容。"每一日"用力于行,生命之本质就实现在自身之力行中,无所谓"力不足"之论。因此,"仁"作为"求之"之自觉之行的本质内容,二者就具有最为本己而切近的关联——古典儒学所谓近而非远的生存论意义,就是这种内容内在性的强调。在此意义上,孔子的仁学是,以"求之"之行动来阐明人的生存是"一种行动的和自我承担责任的伦理学"①。

表面上看,"力不足"论认为一切行动的展开,需要以对理智的清晰认

---

① [法]让-保罗·萨特:《存在主义是一种人道主义》,第16页。

识为前提,这似乎有些道理。但是,如此说法在根源上就是扭曲而错失的:理智自身的任何真实的内容,都只能源自切己的生存活动,并以生存活动的进一步展开为皈依;理智脱离这一作为其本质内容与真实归宿的生存活动本身,在自身之内虚构出某种扭曲的精神思辨物,并以之为生存活动展开的基础和源出之处。用理智以理解生命存在,而将生存活动理解为理智之外的展开,由此,才有可能视生存活动"无力"践行理智的某种虚妄规定性。就生存论意义而言,觉-行统一,或说精神的自觉领悟与切己行动的统一,亦即思与在(精神觉悟与本己行动)的浑然一体,消除了抽象理智与生存活动的分离,所谓"力不足"论也就消解了。

孔子对力行的强调,在孟子那里得到进一步坚持和强化。孟子强调:"强恕而行,求仁莫近焉!"(《孟子·离娄上》)活着抵达于其自觉,"仁"就最为切近而在;此自觉就是自我勠力的"强恕而行"——人的道德实现是一种自由自主的勠力之行。

二、存在的展开过程

基于孔子在道德生存论上对主体性力行的强调,我们可以对"十有五而志于学"章作较为细腻的阐释。《论语·为政》:"吾十有五而志于学,三十而立,四十而不惑,五十而知天命,六十而耳顺,七十而从心所欲,不逾矩。"这段话的蕴意至为深刻,"是孔子自道其平生进学之序"①。

作为孔子本己生存历程的回顾与概述,这段话可以说是"自有生民"以来,迄今最为精到的"哲学自传"。套用历史哲学"一切历史都是当代史"的说法,我们可以在生存论上给出一个类似的说法:一切过去的生命

---

① 熊十力:《原儒》,《熊十力全集》第六卷,湖北教育出版社,2001年,第645页。

历程都是当下生存活动的内容。孔子在生命暮年对过去人生的"回忆性概述",当然不等同于已经作为过去生命活动的那个陈迹本身,而是基于"现在"对过去的再现。

这段对生命存在的回顾性概述,首先就是从"生命的今天"来看,"我"自身的生命存在的"真正开始"何在。"十有五"与古典时代的男子成年礼俗相关,于此并不具有实质的意义,更关键的是"志于学"。作为对自身生命存在回顾性概述的第一个陈述,"志于学"彰显了自身生命存在的"真正开始"。对此,熊十力解释说:"朱注:'心之所之,谓之志。'余谓心之所存主,谓之志……学字有二义:一、学者,觉义。见《白虎通》'蔽觉谓之惑,去蔽谓之觉。'(人心息息与天地万物同流本来自觉,但习于懈怠不肯求知,则蔽其觉;私欲私意憧憧往来更常蔽其觉,此其所以惑也。然本心之觉未尝不在,终能照惑而克治其蔽,自然通于天地万物而无闭塞之患矣。十五志学,志于觉也。觉即是仁。觉受蔽而不显,即麻木不仁。上蔡以觉言仁,深得古义,朱子非之,则朱子之误也。)二、学者,效义。效者,取像之谓。取像事物的轨则,而无任意见以虚造是谓效。觉者,学之本;效者,学之术也。"①"志"作为有所指向的、有内容的精神觉悟,以"觉-效"作为自身的目标。"志"作为一种精神目标的绽现,就其本意而言,以一定程度的"觉"作为基础。在孔子"志于学"的陈述中,作为"觉-效"的"学",却因"志"之以之为"志之所之"(朱熹注"志"为"心之所之"②)而成其为"学"。"志"与"觉(学)"的如此关联,就不能在单纯理智限度内来理解,而是绽露了一个生存论的事实:有所觉悟的生存活动以对自身的这一觉悟作为生存的真正起点。这一起点上的"觉悟"蕴涵着几个基本的识见:第一,自我觉悟的绽现作为生命存在的开始,是不可再行"科学式"或"理智式"究诘的。就生存论而言,对生命存在的真正开始,不能作生物主义或医学意义上

---

① 熊十力:《原儒》,《熊十力全集》第六卷,第641页。
② 朱熹:《四书章句集注》,第54页。

的追问。第二,富有内容的自身觉悟之绽放,是内涵对于自身之自觉的"取效",这意味着真正生存论意义上的"为学"之本质在于自我领悟自身之所欠缺而欲以取效他物(人和物)来弥补、充实、完成自身。因此,"志于学"绽露的生存论意味,就在于这种对自身有所欠缺的自觉领悟,并以弥补这个欠缺作为生存活动展开的内在驱动力。第三,"志于学"作为对自身欠缺及其克服的领悟,是人之生存的真正开始。如此精神觉悟内在于生命存在展开的活动中,相应于生存展开的过程,精神觉悟的内容及深度和广度都不断呈现新的样式。由此而言,"志于学"作为人之生存的开始,也就意味着人之生命存在的重要之点即在于它可以在任何时刻"重新开始"。人之外的生物存在,只能一次性开始其存活,但人自身可以无数次地不断地"重新"开始其存在。如此具有内容的自我觉悟之行,是理解人自身生存的"源初真理":"在能找到任何真理之前,人必须有一个绝对真理,而这种简单的、容易找到的、人人都能抓住的真理是有的,它就是人能够直接感到自己。"①

　　然而,这一"不断重新开始"的生命存在活动,并非每一次都将前行阶段清零的重新开始。(严格言之,道德生存活动自始就不是从零开始,而是富于内容的绽放。)人之生命存在的不断开始是一种内容的连续与间断的统一。"圣人自十五至七十其学大成,中间绝未误入歧途。自十五志学以往,逐层得力处,皆是彻始彻终,彻下彻上。逐层功力,只有发展,益精益熟。学问之道是由多方面积累,交融而成。若以为如登梯然,前上一步,便无事于后步,便大谬。朱子杂禅家风趣,乃谓三十有立便无事于志,四十不惑便无事于守,五十知天命则不惑又不足言。此类语直教后学坠迷惘中,惜不得起朱子而质之也。"②因此,所谓生存的不断重新开始,其深层的意涵是指环环相扣的生存活动的展开,相续绵延之生存活动内容的不断深化与升华。生命存在的开始,是一种对自身缺乏性、有限性的领

---

① 〔法〕让-保罗·萨特:《存在主义是一种人道主义》,第17页。
② 熊十力:《原儒》,《熊十力全集》第六卷,第645页。

悟,经由生存活动相当长时间历程的展开,达到自身有所造就、有所持守的阶段,此即"三十而立"。①"志于学"的自身觉悟,还仅仅是源初的、内容

---

①　以"志于学"为起点而至于"不惑",主体的生命存在之展开就是一种自我肯定的活动,这就是善的根本意义。如上所说,"志于学"就是"仁"的存在,"志于学"与"志于仁"是一致的。孔子说:"苟志于仁矣,无恶也。"(《论语·里仁》)王夫之解释说:"'苟志于仁矣,无恶也。'物之感,己之欲,各归其所,则皆见其顺而不逾矩,奚恶之有! 灼然见其无恶,则推之好勇、好货、好色而皆可善,无有所谓恶也。疑恶之所自生以疑性者,从恶而测之尔。志于仁而无恶,安有恶之所从生而别为一本哉! 言性之善,言其无恶。既无有恶,则粹然一善而已矣。有善者,性之体也。无恶者,性之用也。从善而视之,见性之无恶,则充实而不杂者显矣。从无恶而视之,则将见性之无善,而充实之体堕矣。故必志于仁,而后无恶。诚,无恶也,皆善也。苟志于仁则无恶,苟志于不仁则无善,此言性者之疑也。乃志于仁者反诸己而从其源也,志于不仁者逐于物而从其流也。体验乃知之。夫性之己而非物、源而非流也明矣,奚得谓性之无善哉! 气质之偏,则善隐而不易发,微而不克昌者有之矣,未有杂恶于其中者也。何也? 天下固无恶也,志于仁则知之。"(王夫之:《思问录》,《船山全书》第十二册,第425—426页)如上所说,"志"是有内容的心,"志于学"与"志于仁"具有本质一致性。所谓"志于仁",也就是人的自觉了的精神(融合着情感),选择以实现人自身作为自己的志向(目的)。能选择的主体是有自觉精神的人自身,而选择的志向或目的恰好是人自身的实现本身。所以,"志于仁"就是人的一个自为肯定的实现过程本身。所谓"无恶",就是自觉了生命活动自身展开的本然。"志"作为自觉精神的选择,无疑是一种"欲"。不过,它不同于物感之"欲"。物感之"欲"似有遮蔽"志于仁"之"欲"之势,但是,让物感之"欲"成其为物感之"欲"者,恰好是志仁之"欲"。物感之"欲"顺于志仁之"欲",物感之"欲"就无所谓恶。"志于仁",人才开始其存在。有志仁之"欲",但也有物感之"欲"以助成志仁之"欲"。所以,志仁之"欲"并不是一种纯粹的精神实体的发用,而是一种活生生的生存实情的绽放。志仁之"欲"作为生存活动之体,自身肯定,自为善;而其展开之大用,作为体的实现,自然无恶。有仁志居中,好货、好色皆以人自身的完满实现为归,则粹然至善而无恶。恶不自生。恶是"志"的扭曲。本真性的"志",应当指向对"志"自身(亦即人自身)的实现。而物感之"欲"篡夺其位,"志"不以自身为目的,反而以物欲甚或所欲之物为目的,这是恶。可是,如此之恶的"界定",是一个自相矛盾的无根浮现。没有志仁之"欲"的善,根本无法确定物感之"欲"篡夺的恶。从恶以视恶,即由恶而确定恶自身,或者说"志于恶"而"完满地实现恶",这是根本不可能的(纯粹的矛盾)。所以,必须是"志于仁",才能明白恶为何物。而"志于仁"就是善,就是无恶。那些对人性之论不清晰而感到迷惑的人,认为相对于"志于仁",志于不仁,就是无善。这需要"体验以实知之",即体知"己而非物"作为"源而非流"的实情,从而也就能体悟流以及物却不悖于自身作为源初之始。"志于仁",一切皆有而诚。王夫之认为,只要诚,就一定善。在一定意义上,王夫之甚至强调以诚代善,突出自身领悟了的人之存在的绚烂绽放本身。"志于仁",就是自身明悟的人之活生生的生存本身。只要有如此自悟的存在者在,就有善;而且只有如此自悟的存在者之在,才是善。没有这个自悟的存在者的存在,则无善,更无所谓恶,乃至于一切都无所"谓"。因此,"志于仁"作为自悟的存在者之在的绽放,就是唯善无恶。

潜蕴而相对空乏的,"三十而立"则是生存活动之能动的自身创造的积淀,是自觉领悟与本质性内容的统一。由此而言,生命存在经由自身之自觉的展开过程而造就属于自身的内容,是"而立"的要义。

然而,一个有所造就的生存者,往往在与他者相遇之际而犹疑踟蹰,不复"敝帚自珍"地持守自身之所造就。有所造就,并持守自身之所造就,还需生存活动的历久磨练。所谓"四十不惑",并非无疑于"事物之所当然"①,而是对"自身之所当然"的无所疑惑:我的生命存在之属我性,"当然"就是我的能动的自我创造;我的精神的自觉领悟,与属我性的有所造就,二者达于融合就是"不惑"。"不惑"的生存阶段,既是我之生存内容的自觉领悟与生存活动绵延持续的统一,也是生存内容之理性觉悟与生存内容之坚韧意志的统一。

三、天命的显现与存在的划界

对自身本质的觉悟与坚韧,在力行基础上经历更长时间的继续展开,得以"知天命"。就天命之显现于道德生存活动之过程而言,史载孔子年七十三而卒,《论语·为政》"十有五而志于学"章当在其个体生命之最后两三年所述,展示了其自身道德生存活动的具体展开过程以及不同环节上富于个体性内容的生存进境。在此过程中,引人注目的是:天命之为天命的出现。《朱子语类》有一条有趣的记载:

> 辛问:"'五十而知天命',何谓天命?"先生不答。又问。先生厉辞曰:"某未到知天命处,如何知得天命!"②

---

① 朱熹:《四书章句集注》,第 54 页。
② 黎靖德编:《朱子语类》第一册,王星贤点校,中华书局,1986 年,第 553 页。

朱子此话真意难揣,但其自认"未到知天命处"而不敢说"知得天命",大端不外乎意识到"天命之为天命"不可骤语:生命存在历程的展开以及与此过程相应的主体精神(作为自身领悟了的道德生存活动之所凝聚的内容),其充分实现,是"知天命"(更遑论言说天命)的前提和基础。简言之,孔子所谓"五十而知天命",有着一个以"志学""而立""不惑"为基础的、生命存在活动展开的坚实历程。将"天命"置于生命存在自身的展开过程中来彰显,这是理解"十有五而志于学"章以及整个孔子哲学中天或命的出发点。就古典儒学而言,天命的含义,是"莫之为而为者,天也;莫之致而至者,命也",是"非人之所能为也"(《孟子·万章上》)。换句话说,所谓天命,就是渗透于人的实际生命存在历程之中、对人生有着影响与作用,但又非出自人之自觉能动活动的力量。而所谓"知",自然是一种"认识",但知天命的认识并不是一种内在一致的自我领悟。"志学""而立"与"不惑",都是生命存在自身内容的内在领悟,但天命是一种外在之知。"知"的本义,就是一种分裂而为对象化的认识,而非内在性的自身领悟。《庄子·庚桑楚》说:"知者,接也。"《墨子·经上》说:"知,接也。"所谓"接",就是彼此之外在相遇。知天命就是一种"外在相遇"而有的认识。《说文解字》说:"知,词也。"段玉裁说:"白部曰:'䚯',识词也,从白从亏从知。按:此词也之上亦当有'识'字。知、䚯义同,故䚯作知。"[1]"䚯"从"亏"[2],表明"知"的认识不是内在充盈的自身领悟。"知"的意思是对影响自身的非属我性力量的认识,"我"的生存活动在极力地自我展开的过程中,遇到了不能由"我"主宰却影响"我"的存在的力量。它是双重意义的"亏"而不"盈":一方面,"我"自身之不足以完全支配自身的缺陷与有限再次绽露;另一方面,非属我性的力量彰显于"我"的存在活动及其历程,外

---

① 段玉裁:《说文解字注》第五篇下,参见中华书局编辑部编《说文解字四种》,中华书局,1998年,第167页。

② 亏,古文"亏"即"于",许慎《说文解字》以为是"气欲舒出"貌。或以"于"表方位。从抽象的意义来看,两者都可表示内外相分或彼此相界,而非无分界的本质合一。

在于"我","我"不能与其融而为一以领悟,只能外在而有限地有所认知。天命是外在性的,"归根到底命运也还只是一种外在现象,它表现着自在的特定个体的内在的原始规定性"①。天命作为外在性力量,是一种无法清楚领悟的必然性的力量:"所谓必然性、注定的命运等等,正是无法说其究竟做什么,无法说其特定规律和肯定内容是什么的这种东西,因为这种东西就是绝对的、被直观为存在的、纯粹的概念自身,就是简单而空虚的,但又不可遏止不可阻挠的、只以个别性的虚无为其结果为其事业的那种关系。必然性就是这个坚固结实的关联,因为关联着的东西是纯粹的本质性或空虚的抽象性。"②

　　这里就有一种生存论的划界。而此所谓生存论划界,其本质性的意义基于孟子对"在我者"与"在外者"的划分:"求则得之,舍则失之,是求有益于得也,求在我者也。求之有道,得之有命,是求无益于得也,求在外者也。"(《孟子·尽心上》)在孟子,"我"与"命"的划分是其道德生存论的一个重要内容。二者划分的依据,即在于"求"的道德活动与其实现之间的内在关联是否具有本质一致性。如果"求之"之活动内在而本质地蕴涵求之所求,则此即为"在我者";而如果"求之"之活动并不内在而本质地蕴涵自身之所求,则此是"在外者",也就是"命"。这种能动的道德追求活动与其现实之间的内在本质一致性,具有内在必然性,这个必然性体现为两个方面:一方面,只要"求之"之活动展开,此活动就能实现自身;另一方面,如果无所求而无所行动,则无所实现。

　　在孔子自我陈述的生存历程展开中,具有内在必然性的自我实现活动,遭遇作为其阻碍的外在必然性限制,这就是"知天命"。道德生存论意义上的"求之"之活动,就是"尽心"活动。孟子所谓"尽心知性知天"(《孟子·尽心上》),就其实质性意涵而言,可以视为对孔子"十有五而

① ［德］黑格尔:《精神现象学》上卷,贺麟、王玖兴译,商务印书馆,1979 年,第 208 页。
② 同上书,第 242 页。

志于学"章的思辨性提炼。"尽心"之能动的生存活动的展开,是人得以领悟自身本性的基础;而人之领悟自身之本性,是人能认知天之所以为天的基础。就文本内在义理关联而言,在《孟子》中,"尽心知性知天"章接下来是"我"与"命"或"在我者"与"在外者"的划界,因此,在道德生存论上理解孟子哲学中的心-性-天的关系,必须以"我"与"天"的彼此划界为基础。

属我的内在必然性不同于非我的外在必然性。在生存论上,两者相互纠结而作用于人的现实生命过程,使得人自身的存在过程展现为一个圈层结构——属我的内在必然性,基于自身能动的展开历程,遭遇一个非我的外在必然性力量,二者彼此挤压、交织而成一个圆圈。这是一个基于主体力行的、虽然模糊开放而确然有之的圆圈。在此圈内的是我之力行的必然性,在圈外的是我无能为力的外在必然性;在圈内的是道德生存主体的自我实现,在圈外的则是道德生存主体任之、听之、俟之的外在命运。

孔子自我觉悟其生存的文-德使命,因此,内在地说,他强调"文在兹"与"德在予":

子畏于匡。曰:"文王既没,文不在兹乎? 天之将丧斯文也,后死者不得与于斯文也;天之未丧斯文也,匡人其如予何?"(《论语·子罕》)
子曰:"天生德于予,桓魋其如予何?"(《论语·述而》)

表面上,"我"对文-德的担当与实现,是由"天命"决定的;但就实而言,这里"未丧斯文"与"生德于予"的"天",只是对自身领悟的生存论使命与责任的强化,而非如匡人和桓魋一样的外在者。当然,《论语》使用"天命"概念的这种具体性与灵活性,使得强调内在存在论责任也使用了"天/命"概念,遂与作为外在必然性限制的"天/命"相混淆。这也是后世将外在必然性(天命)与内在必然性(自由)视为本质一贯的诱因。①如下文将要说明的,这种语词的灵活使用,其间还蕴涵着一种"天命"的翻转式理解,即"天命"的外在限制转而为内在的自由——自我领悟了责任或使命担当。撇开文字上的混淆,"文在兹"与"德在予"是一种我生存在世的内在领悟,是内在必然性的自我实现,而非外在必然性的懔然限制:

> 子曰:"不然,获罪于天,无所祷也。"(《论语·八佾》)
>
> 颜渊死。子曰:"噫! 天丧予! 天丧予!"(《论语·先进》)
>
> 伯牛有疾,子问之,自牖执其手,曰:"亡之,命矣夫! 斯人也而有斯疾也! 斯人也而有斯疾也!"(《论语·雍也》)
>
> 子曰:"道之将行也与? 命也。道之将废也与? 命也。"(《论语·宪问》)
>
> 孔子曰:"君子有三畏:畏天命,畏大人,畏圣人之言。"(《论语·季氏》)

作为纯然之外在必然性限制,道德生存活动的主体是莫可奈何。在孟子,这个意思是"修身以俟之"(《孟子·尽心上》)。所修者,就是内在必然性的自我实现;所俟者,就是外在必然性的懔然限制。换句话说,所修是能动的自我实现,是自由;所俟是淡然以待的外在命运,是必然。自由与必然的划界以及二者在自我实现之过程中相遇,是在生存论上理解孔子"十有五而志于学"章的要点。

---

① 这种将外在必然性(天命)与内在必然性(自由)视为本质一贯,受到道家尤其郭象注《庄子》的影响。郭象《庄子》注将"命"泛化为贯通内外者,把庄子"蔽于天而不知人"发展到了极端(参见郭象注,成玄英疏《南华真经注疏》上,曹础基、黄兰发点校,中华书局,1998 年,第 123 页),甚至将思与不思同归之于"天"(命)(同上书,第 126 页)。这显然不是古典儒家的立场。在孟子,则展开为一种更为辩证的、彰显道德生存活动主体性的言说。孟子将耳目口鼻身体之欲望与心思义之道德同视为天之所与、命之所有,但是,道德生存的主体以大体主宰小体、以理义为性而不以口体之欲为性,孟子将这种主体性选择视为道德生存的本质所在。

四、天命限制的双重意义与自由的双重向度

天命之外在限制无疑是主体行动的妨碍、延宕力量，相应地，对觉悟而坚韧的行动主体而言，天命限制作为阻碍反过来给予主体难受、滞涩、不安等诸般否定性情态。

一般而言，并非每一个生存者，也并非在生存活动过程的每一个环节，内在之自由都得到持守。对内在自由的放弃，诸如对外在他者的妒忌、自身的欲望、虚荣等，都是可能的诱因。但从生存论的角度看，生存展开过程中遭遇的天命限制具有更为本质性的意义。有"情"的生存者，"知道"（认识到）一个无可奈何的外在必然性可以影响，甚至在相当意义上支配人之生存（给予和剥夺生物学意义的生命），自然难免沮丧之感。

基于主体自身能动性行动（"求之"之活动）而有的那种必然实现，是一种自由。在自由状态中，行动的展开及结果是对行动自身的内在肯定，这种肯定，既是自身觉悟的，又是自身选择与造就的，还是自身享受的，是理性觉悟、意志选择与坚韧和情感自得的统一，是一种深刻的内在之乐。[①]而外在性天命的否定，则是无法领悟的神秘、非自愿的强加、非自得的剥夺，是一种外在性之苦。生命的本质作为乐，总与如此之苦相伴。生存论意义上的"趋乐避苦"，就是在遭此厄运限制之际，仍然自求"求之"而实现自身以得乐，并由如此自得其乐之自我实现，而转逆天命的外在限制。

---

① 参见第一章对于"学而时习"之乐的讨论。这里还可以引孟子的话为例来说明："仁之实，事亲是也；义之实，从兄是也。智之实，知斯二者，弗去是也；礼之实，节文斯二者是也；乐之实，乐斯二者。乐则生矣，生则恶可已也。恶可已，则不知足之蹈之、手之舞之。"（《孟子·离娄上》）在"事亲从兄"的具体性道德实践活动（仁义活动）中，此活动内在的自为肯定的展开，就是道德生存者至深的快乐所在。

　　自求"求之"的生存活动之直线性的自我实现是一种自欺式的、想象的、虚假的自我实现。在一定意义上,道德生存活动的自身展开,抵达一定程度,遭遇天命是一种必然。生命的自由存在,经由必然的阻碍而抵达更具深度的自由生存。更具深度的生存,就是生存之乐的本质源泉。这个深度的标示,就是上文所谓天命圆圈作为限制划出了一个生存的界限,这一界限具有双重意义:一方面,圆圈界限之外的,是主体性道德生存活动本质之外的东西,不能将之引入圆圈界限之内以作为根据(本体性来源)。另一方面,圆圈界限以内的,是主体性道德生存活动自身的本质之内的东西,行动的主体必须完全担当这一界限之内的一切可能的实现;这是主体性道德生存活动的使命与本质,不能引之于外,将其托付给外在天命必然性而惰性生存。①这也是对道德生存活动与天命作生存论划界的更为深刻的意涵所在,即天命的外在限制,转而为主体自身的内在领悟了的自由行动。生存论意义上的自由存在,首先意指在自身领悟了属己的界域内,充分而完满地实现自身。②而这个界限的领悟,只有一个对外在必然性限制之认知的反转才得以可能。单纯道德生存活动的内在主体性,并不能成就一个界限;道德生存活动与外在天命的遭遇,在自身一路前行而与天命的阻碍碰撞中,界限才得以彰显。一方面,主体性道德生存活动的展开过程是天命显现的基础;另一方面,天命限制是界限得以彰显的必然环节。两者的统一,就是一个生存论界限的妥适划定。

　　在此意义上,天命限制与主体自由之间界限的划定,有一个主体自由自主抉择的向度。所谓"六十而耳顺",朱熹说是"声入心通,无所违逆"③,王夫之进一步解释说:"夫所谓无违逆者,以为无逆于声,是'木樨无隐'之

---

　　① 对通过为生存活动寻找一个超越的本体而能得到生存的实现这种想法,我一直不得其要领。

　　② 孟子所谓"充实之谓美,充实而有光辉之谓大"(《孟子·尽心下》),荀子所谓"不全不粹之不足以为美"(《荀子·劝学》),首先就是在此充分而完满的自我实现意义上说的。

　　③ 朱熹:《四书章句集注》,第54页。

说也；以为无逆于耳，是'闻沧浪之歌'之说也。朱子之意，亦谓无逆于心耳。耳之受声不逆于心，则言之至于耳也，或是或非，吾心之明，皆不患其陵夺；而之受夫声者，因可因否，皆不假心之明而自不昧。进德至此，而耳之形已践矣。耳，形色也；形色，一天性也；固原以顺而不逆于大体也。"①王夫之之意，耳作为小体之一，对外在音声（言论）的接受，是对心之本质的实现。孟子所谓践形，就是使人的形体（尤其小体）成为人的精神（大体或心）的实现，在小体的一切任运施化中，大体都为主于中——心之听经由耳朵而实现，心之看经由眼睛而实现，心之嗅经由鼻子而实现等。因此，所谓"耳顺"不违逆，就是在主体自身与外物的相遇中，主体自身的内在自然（身体性）受到心思（大体）的支配和主宰而不违逆。王夫之借孟子大体与小体的关系来理解孔子"六十而耳顺"，突出的就是在界限之中，主体自身心思对身体的主宰。这是主体生存论自由的一个重要维度。当然，"耳顺"的境界，有着道德生存活动展开过程中更为长久的自我持守作为基础。王夫之说："愚按孟子曰'耳目之官不思而蔽于物'，从大而小不能夺者为大人。圣人则大而化之矣，却将这不思而蔽于物之官，践其本顺乎天则者以受天下之言，而不恃心以防其夺，则不思之官，齐思官之用。"②在不止歇的生存活动过程中，心与身（大体与小体、思与欲）经由持久的历练，心对身的宰制成为主体生存活动中的自然习惯，所以可以不思而得。

　　主体道德生存活动的展开，基于自觉的选择。而所以能选择者，就是心思之官。孟子所谓"耳目之官不思，而蔽于物，物交物，则引之而已矣。心之官则思，思则得之，不思则不得也。此天之所与我者，先立乎其大者，则其小者弗能夺也。此为大人而已矣"（《孟子·告子上》）。人自身作为心思与身体浑然一体的生存者，其生存的绽现就是心思在生命存在活动中的自觉。自觉之思可以在生命存在展开的过程中进行选择，而一切选

---

①　王夫之：《读四书大全说》，《船山全书》第六册，岳麓书社，1998 年，第 600 页。

②　同上。

择的本质,究极而言,能择者最终总是选择那能自身肯定者(选择之所择本质上就是对能择的肯定和完善),因此它总是要回到那个使选择得以可能者——有思之自觉的生存活动或融于生存活动的自觉之思。所以,在性与命的辩证上,孟子认为,能作出选择之"能择"本身,超越单纯的性与命,而成为更为关涉人之本质之处:"口之于味也,目之于色也,耳之于声也,鼻之于臭也,四肢之于安佚也,性也,有命焉,君子不谓性也。仁之于父子也,义之于君臣也,礼之于宾主也,智之于贤者也,圣人之于天道也,命也,有性焉,君子不谓命也。"(《孟子·尽心下》)口、目、耳、鼻之欲不能作为性,原因就在于它们虽然为天生之所有,但不能进行自觉选择而是被选择者;仁、义、礼、智、圣能作为性,原因就在于它们尽管是命定为人所必须遵从,但是能自觉选择者之选择使然,就是那能选择者之活生生的生存活动本身之觉悟。所以,有教养者虽在生物学意义上"天生有所欲",但在生存论上"弗性"而另有"所性":"广土众民,君子欲之,所乐不存焉。中天下而立,定四海之民,君子乐之,所性不存焉。君子所性,虽大行不加焉,虽穷居不损焉,分定故也。君子所性,仁义礼智根于心。其生色也,睟然见于面,盎于背,施于四体,四体不言而喻。"(《孟子·尽心上》)君子之自觉选择而以之为性者,是根源于心思之本有者,就是能择者之显现其能而选择自身。这是道德生存活动之自由的根基所在。

　　除却主体自身心思之能择对身体性力量的支配、宰制之外,主体道德生存活动的自由,另外一个重要维度是对外在必然性的彰显。钱穆说:"在古代中国人意见,命有一部分可知,一部分不可知。可知者在己,在内。不可知者在天,在外。人应遵依其所知而行向于不可知。人人反身而求,则各有其一分自己可知的出发点。"①"宇宙万物同一理,但并不同一道。有些道属于人,但有些道则并不属于人。此等不属于人之道,就整个宇宙论,显见比人道的范围更伟大,因此也更重要。中国古人则混称凡此

---

　　① 钱穆:《中国思想通俗讲话》,生活·读书·新知三联书店,2005年,第34页。

等道为'天道'。而天又是个什么呢？此又是一不可知。《孟子》说：'莫之为而为者谓之天。'我们明见有此等道，但不知此等道之背后主动者是谁，于是统归之于天。人生则是从可知（人道）而进向于不可知（天道），也可说，乃由于不可知（天道）而产生出可知（人道），而可知则永远包围在不可知（天道）之内。换言之，天之境界高出于人，而人又永不能逃离天。因此人求明道、行道、善道、弘道，必先知道之有不可知，此乃孔孟儒家所谓知天知命之学。"[1]钱穆的整体说法已经不是生存论上的划界论，而是非生存论的、我们批评的"本体论上的本质一贯"论；其所谓知天也与本文相悖。但可注意的是，钱穆强调：反求而得其可知的出发点；可知在内，不可知在外，人生在于由不可知而进于可知。换句话说，人由自身之有限而得以知有天之不可知，并且领悟自身有限被"包围"（限制）于不可知的天之内。这个论点可以在生存论上作进一步的引申，以诠释"七十而从心所欲，不逾矩"的内蕴。

　　所谓"七十而从心所欲，不逾矩"，其字面的含义，是说到生命的暮年，经过漫长一生的艰苦卓绝的历练过程，性与习成，理性之思与生存力行活动融洽无隙，使得道德生存活动的展开不悖于自身所设的准则。不过，这里我们要将对单纯的自我立法之准则的理解，上升到对界限自设的深刻领悟。由于道德生存活动的主体性前行会不断漫衍，作为外在限制的天命就会不断回退。借用钱穆的话来说，就是人将自己作为出发点，不断拓展自身之所知，可以让不可知的天命限制在"模糊而开放"的边界上不断向后隐匿自身。按孟子的理解，"尽心"乃可以"知性"，"知性"乃可以"知大"。"尽心"的意思，就是心自身的完全而充分的自我实现。心的完全而充分的自我实现，就是能动的生存活动之自我展开与自我创造，由此而有性，并为主体所觉知。充分完满的自我实现展开于人与天相碰撞而有的界限以内。界限以外是"知"其"不可知"的天命，但是天命的不可知，如何

---

①　钱穆：《中国思想通俗讲话》，第 12 页。

而可以为界限内的可知所领悟呢？

　　钱穆的错谬之处就在于，与大多数虚妄的本体论、合一论一样，强不可知而为言。从生存论视角出发，我们可以看到，作为界限之边界，本身是基于主体性道德生存活动而呈现为一个弹性开放的模糊地带。人之所能者，自尽其自身。人能自尽得越充分，弹性的边界就越往外延展。譬如一个充气球，在一定限度内，内在充气越丰沛，它的球面面积就越大——换言之，它作为内在可知、可能与外在不可知、不可能相互遭遇的那个"界面"就越大、越广阔。一个越是能充分实现自己的能动性主体，就越能在更为广阔的视野（视域，horizon）下理解天命。在道德生存论的意义上，充沛的内在自由，其内容的丰盈，就是外在必然性得以显现的基础以及可能得到理解的前提。与抽象的预设天命作为实体与人的自由本质一贯不同，生存论的理解将主体性的能动实现作为彰显天命的基础。它既反对将天命视为人之生存的本体依据，也反对将人的有限性生存所得作为天命的本体依据。前者将人虚无化，后者将人神圣化，都不足取。天命诚然是不可知的外在限制，但是，这个限制是主体性行动持久自我实现而彰显出来的。不可知的意思，并非说天命是毫无内容的纯然空无之力量。不可知的意思，在生存论上，是说它以区别于主体内在性内容的方式而得到显现（主体在自身自觉展开的生存活动过程中自我领悟到异己的力量而彰显天命）。

　　天命的内容，就是通过主体性实现的力度和广度来展现自身的。主体性自身实现的力度和广度，基于自身内容的丰盈与贫瘠。丰盈的自我实现，彰显一个恢宏广袤的天命；贫瘠的自我实现，彰显一个逼仄狭小的天命。在此意义上，基于主体能动的自身实现，道德生存活动与天命展示出非本质一贯的"反向合一"——人越能实现自身，实现得越充分，天命就越广阔而恢宏地得到呈现。

　　总而言之，倘使没有生存活动的勠力展开，人根本就不能遭遇天命；倘若没有自尽其心的能动的自身实现，人就不配彰显天命，更不用说言说天命。人之自由,在经由自身的主体性实现而彰显天命界域的意义上,得到更为深沉的揭示。基于生存论的过程与划界,墨子对孔子的批评——"教人学而执有命,是犹命人葆而去其冠也"(《墨子·公孟》)——无疑就得到了消解。从而,我们一向误解的那句话——"知其不可而为之"(《论语·宪问》)——也就得到了一种更为合理的生存论解读,即所为者是界限以内操之在我者,而知其不可者则是界限以外不可着力者。主体知其所不可,且知其所可为,从而为其所当为而不为其所不当为,孟子所谓"无为其所不为,无欲其所不欲"(《孟子·尽心上》)即是生存论意义上的真意。由此,主体性道德活动与天命二者的划界,进一步牵引出一种更深的生存论意涵:主体经由对多样性可能的选择与坚持,在自觉了的自我实现活动中有所为、有所不为。

第三章　守义与知命
——《论语》中君子人格的两个基本规定及其意义

大多认为,在孔子那里,"君子"的概念有一个从位向德的转变。从德的角度来理解"君子",无疑是一个基本的进路。不过,纯粹从德来理解,蕴涵着一些导向错谬的可能,即将生命引向逼仄,将世界引向局促。实质上,仁、礼(或仁义)之德与政规定的人,只是人自身丰富而多样生命存在的局部,而非全部,甚至根本不是人的最为本质之处。超越狭隘之"德",从人自身的存在来看,意味着君子作为人格存在,并非要指向一种跨越时间与空间限制的"唯一之人",似乎人类与宇宙只是为着一个"生民以来未有之人",而是要指向每个人与所有人,开启当下与未来每一个降生临世之人走向其自身的可能通道。简言之,君子就是一个"中介",君子的中介意义,即在命与义之间敞开对一切人之存在样式的容纳可能性。

因此,在孔子哲学中,君子人格的生存论意义,最为基本的规定性就是"守义"和"知命"。"知命"是"知其不可","守义"是"为之"①,用孟子的

---

① 晨门讥笑子路而认为孔子是"知其不可而为之者"(《论语·宪问》),其意是显露孔子之智与仁之间的矛盾。隐者之意在于指出,现实不可为而孔子力图有所作为。不知不可(转下页)

话来说,亦即"知命"是"无为其所不为"(《孟子·尽心上》),相应地,"守义"是"为其所为"。按照孟子的界定,所谓命,"莫之致而至者,命也"(《孟子·万章上》)①。无论是类还是个体,人类自身的整体存在中,无疑有着隐、显或明、暗两个不同的侧面。人自身的整体性存在中,有无数的构成性因素,但并非每一种因素或所有因素都是人之存在的本质性因素。孔子肇始的儒学,一个重要之处就在于突出了基于主体能动性的道德生存,以之为人类自身存在的本质之处。人自身的能动性道德生存,是操之在我的"守义"。但是,守义的道德生存,并不穷尽人的生命的全部,更不穷尽世界自身的全部。因此,在守义的道德生存展开的过程中,如何经由领悟天命而持守界限,以释放人自身乃至天地世界自身的"无穷未知性",就成为"知命"的本质内容。在此意义上,君子的守义标志着人之存在的有限积极性的一面,而君子之知命则标志着人之存在的无限消极性的一面。就道德生存论而言,前者就是道德生存的界域,后者则是自然(或天地世界)的界域。守义是君子重要的道德规定性,知命则是更高的道德规定性,即知命是使守义得以可能,并使超越守义得以可能的规定性。守义可

──────────

(接上页)为,是无智;知不可为而为,是不仁。换个视角,孔子彰显的价值具有某种中介性质,以至于在隐者的批评之外,世俗之人也对孔子有批评。比如《阳货》第一章,阳货诘问孔子在仁与智之间进退失据:自以为怀有治国之能,却让其国与民迷失,是不仁;有出仕的机会,却不能抓住,是不智。"谓孔子曰:'来! 予与尔言。'曰:'怀其宝而迷其邦,可谓仁乎?'曰:'不可。''好从事而亟失时,可谓知乎?'曰:'不可。''日月逝矣,岁不我与。'孔子曰:'诺。吾将仕矣。'"(《论语·阳货》)隐者和阳货的批评,恰好彰显了孔子之教的困厄,在一定意义上,也是君子生存的困厄。

　　① 孟子是将天与命连在一起言说的,他认为天是"莫之为而为者",命是"莫之致而至者"。通常人们认为二者的意义是一致的,比如朱熹说:"盖以理言之谓之天,自人言之谓之命,其实则一而已。"(朱熹:《四书章句集注》,第309页)朱熹的这个理解,当然与孟子本意不一致。在孟子,天命的含义,是政治哲学的含义,即在政治领域,本应该是人自身的自觉行为所造成,却有着不以人的意志为转移的偶然或必然之势。朱熹将天和命在理本体论上统一起来,一方面忽略了天命本身的偶然性与无常性,另一方面将天的实体义与命的过程义混淆了。从而,朱熹也就模糊人为与力行之间的界限。孔子尽管在天命与人能之间也有一些界限模糊之处,"将人的理性或主观能动性绝对化为天命"(参见冯契《中国古代哲学的逻辑发展(上册)》,第95—96页),但在主要倾向上,还是将天命视为人(尤其君子)之行的界限或边界概念。

以说是经由人的道德生存活动而成就自身、成就世界;知命则是超越人的道德生存而敞开自身、敞开世界。进而言之,义的持守,命的领悟,以及守义与知命两者之间的界限持守,就是君子人格的基本规定性。①如此规定性,其根本的意义在于昭示:一方面,守义是对人自身的道德挺立,凸显人的道德价值与存在尊严;另一方面,知命是对人自身生命存在之幽深的敞开,凸显人之现实存在的卑微与谦逊,绽露世界的无穷广袤与他者的无限差异性。

因此,对君子人格的理解,必须警惕经由道德性内圣,再以神秘而自雄的方式,将天命自为化与自觉化,以狭隘的自我弥漫整个世界,吞噬他者在其自身的可能性与差异存在的界域。捍卫天命的自在性,让渡他者的差异性,是真正的君子人格中更为深邃的责任,而这往往被许多君子人格的诠释者忽视。

一、《论语》中君子守义的几层意蕴

属人的存在有着自身自明的起点,就是"学而时习",即觉悟与生命存在活动的源初浑融一体之绽现。②觉悟是人自身生命存在的本质。在存在的自我启明或自我启明的生存中,觉悟之明有程度的大小、深浅之不同。达到特定程度的觉悟之明的人,就是君子。对《论语》或《论语》中的孔子而言,"君子"具有核心的意义,因为它既以"君子"开篇,也以"君子"终篇。

《论语》开篇《学而》第一章:

---

①　关于道德生存展开的过程性与天命呈现的划界意义,参见本书第二章。

②　参见郭美华《论"学而时习"对孔子哲学的奠基意义——对〈论语〉首章的尝试性解读》,《现代哲学》2009 年第 6 期(也可参见本书第一章)。

子曰："学而时习之，不亦说乎？有朋自远方来，不亦乐乎？人不知而不愠，不亦君子乎？"

君子，刘宝楠引《白虎通》《礼记》说："称君子者，道德之称也"，"君子也者，人之成名也"①。君子有某种"道德"。有道德的君子，有三点醒目之处：一是其道德基于自明而有之觉；二是相与讲学讨论是进德的阶梯；三是这种道德觉悟是内在之明，区别于外在认知。此所谓君子，不单是"不知而不愠"，而是与"学而时习"之"悦"及"有朋自远方来"之"乐"统为一体的。将自身觉悟与外在认知区别开来，并将君子之生命存在内容排除在外在认知范围之外，这是君子人格的一个基础性方面。②

认知眼光与功利目的具有内在的一致性。不以外在之知为存在的目的，也就意味着君子人格拒斥被工具化。因此，孔子说："君子不器。"（《论语·为政》）君子是什么呢？有教养和德性的人。器是什么呢？器就是因对自身之外的需求而有用处的存在物，是一种工具或手段之物。因此，简单的意思是说，君子经由学思而成就其德，不能以自身之外的他物为目的，而是自为目的。君子成德，不同于物之成器。器总是有特定作用之物，其用体现为人的需要。因此，器之用以人之需要为体，其体用是分离的。君子学以成德，就是要在自身成就内在德性以为体，而有其体必有其用——有德以为体，则有德以为用，也就是说德之体为性，德之用为行。德性与德行是统一的，而与一般器具之体用、性行相分不同（实质上，一切

---

① 刘宝楠：《论语正义》，第4页。
② 将君子或人的真实存在排斥在认知界限之外，这是《论语》中孔子关于人之道德存在的一个基本倾向，比如，"子曰：'不患人之不己知，患不知人也'"（《论语·学而》）。"子曰：'由！诲女知之乎？知之为知之，不知为不知，是知也。'"（《论语·为政》）"不患莫己知，求为可知也。"（《论语·里仁》）"子曰：'君子病无能焉，不病人之不己知也。'"（《论语·卫灵公》）生命的真实而具体之在，都是不可以外在而普遍之知加以把握的，在此意义上，《论语·宪问》中孔子感叹"莫我知也夫"的真实意义，就不单是感叹没有人"理解他"，而是感叹没有人理解"真实存在逸出认知之域"的道理及自身切己的生命存在之实。

器物都有用无体、有行无性)。器具之物总是适用于某种用途,有所偏;但成德之君子,其目标是"成人",是智仁勇礼乐等全方面、丰富性地造就自身。物有偏,君子成德则无所偏。器有其形,有形有名。一个器物的价值,往往"声名在外";任何一个器具之物,往往就是这样一个"普遍之名"的例示而已。君子学以成德,孔子谆谆教导不可以名或为人所知为目的,德是默识心通、敏行讷言。学思修德,重在觉悟默识,重在践履,重在成就自身为一内外充盈的完满者,不是一个"普遍概念"的例子。

不陷于工具化的君子,自为目的而存在,就是内在德性的成就。如此内在德性的生成,固然有自然情感、文化教育等方面的影响,但最为核心的东西,则是君子之存在于天下,只以"义"为自身的生存内容或生命原则:

　　　子曰:"君子之于天下也,无适也,无莫也,义之与比。"(《论语·里仁》)

"适""莫",有两个不同解释。一是说"适"同"敌",即相抵牾、相对峙而排斥之意;"莫"同"慕",贪慕、亲近之意。二是说"适""莫"是"厚""薄"之意。①比,也是亲近之意,但与适、莫相对举,说一个"与比",用以突出"有原则的自觉选择"之意。所谓"天下",可以指人,也可以指事。我们可以结合起来看,所谓"天下",其根底不过就是人之行事与行事之人。君子作为读书明理之人,自身行事和与人交接,既不以特定之人或物为敌对排斥的对象,也不以特定之人或物为贪慕亲近的对象。既不厚此而亲,也不薄彼而疏。而是以义与非义为衡断的基准:义则行之、交接之、厚之;不义则不行之、疏远之、薄之。而对"何以为义"或"义何在",可以有不同的理解。"义"作为行事之"宜"或行事的应当,或内在于人心,或内在于事情,或为

---

① 刘宝楠:《论语正义》,第 147 页。

某种超越的普遍规范。这在后世心学与理学的分歧中，得到一个折射。理学突出义是超越的理，所以强调行事符合理-义；心学突出内在之理，所以强调外在之事或物，相对心而言，无可无不可，只要心依自身之理即可。不过，就君子重在学思修行而言，超越之理与内在之心，应该统一到切己行事之中。而所谓切己行事，就是教-学相长、友朋切磋、思修成德的具体行事有一个"规则之义"统摄在其中。

"义"作为君子人格的生命内容，本质上基于自觉的选择和自主的行动，并且，君子自觉地以如此作为行动规则或原则的"义"为自身的本质规定性：

> 子曰："君子义以为质，礼以行之，孙以出之，信以成之。君子哉！"（《论语·卫灵公》）

君子以"义"为自身之本质，这里蕴涵着"义"作为君子生命存在的更为深刻的理解，即"义"是自身觉悟之君子自觉选择的必然，即自由存在的君子，一旦自觉而自由地选择，就必然选择"义"为自身的行动原则。①原则、体验与行动的浑融统一，就是一种作为本质性生命内容的"义"，即"喻于义"；"喻于义"以"作为规则或原则的义"为生命自身的本质内容，使君子显著地与小人区别开来："君子喻于义，小人喻于利。"（《论语·里仁》）②

---

① 这可以有两方面的进一步说明。一是孔子自述："其为人也，发愤忘食，乐以忘忧，不知老之将至云尔。"（《论语·述而》）二是颜渊问仁，孔子回答："克己复礼为仁。一日克己复礼，天下归仁焉。为仁由己，而由人乎哉？"（《论语·颜渊》）前者是个体性体验性内容，后者是个体性理性抉择而成普遍原则。尤其后者，显然可以在康德普遍立法原理上来理解，具有极为深刻的意蕴。

② 传统上认为，君子、小人在这里是指"位"而言。（刘宝楠：《论语正义》，第154页）孔子这句话的主要意思是让处于治国者位置的"君子"明白一个简单的道理：治国应当因民之所利而利之。一方面，民众作为无位之"小人"，本身就是求利谋生，治国者之治国，必须使民能得其利而遂其生，不能反过来让民众放弃求利，而追求某种缥缈的"理念"或"原则"；另一方面，治国者作为"君子"，必须守义，严格限制自身，不能与民争利。孔子主张教化，其基础是富之而教以趋善；孟子所谓仁政，也是先实现养生丧死无憾而再行教化。政治治理最为腐败的病症，就是让民众去守义，而掌权者中饱私囊、贱民自肥。

通过让自身与他者有所区别地实现出来，由此区别关乎相互区别双方的本质，则区别的内在含义就与区别开的双方，尤其是自觉而能动的区别者（即君子）的本质相一致。在此意义上，当君子将自身与小人相区别的方式彰显"义"作为自身之本质时，其中蕴涵着一个更为深刻的道德生存论理解，即自觉地使自身与共在的他者相区别，是君子人格的根本之处——他既不以所有人的共性为自身的追求目的，也不以自身之求作为普遍共性强加给他者为其生存的目的。①

"义"作为君子的生命存在之本质，一方面，以求别成异为本质指向，意味着真正的个体性之生成；但另一方面，作为普遍的原则，又是使个体性得以可能的前提。在孔子看来，君子（无论有位无位）与他者相互关联而共在之际，必须以合于"义"的方式来展开。比如，"子谓子产，'有君子之道四焉：其行己也恭，其事上也敬，其养民也惠，其使民也义'"（《论语·公冶长》）。"使民以义"，既是以"义"为普遍原则来范导行动，也是以民之自成其自身为普遍原则指向的目标。

就君子个体而言，"义"作为自身明觉而行动的原则，与"思"具有密切

①　从生存论上的自觉区别意识出发来理解《论语》中君子与小人的对举，较之从价值上的是非、对错、好坏、高低角度来理解，是一个更合于君子之为君子的本质的理解方式。《论语》中其他将君子与小人对比的陈述，还有"君子周而不比，小人比而不周"（《论语·为政》），"君子怀德，小人怀土；君子怀刑，小人怀惠"（《论语·里仁》），"女为君子儒，无为小人儒"（《论语·雍也》），"君子坦荡荡，小人长戚戚"（《论语·述而》），"君子成人之美，不成人之恶。小人反是"（《论语·颜渊》），"君子之德风，小人之德草"（同上），"君子和而不同，小人同而不和"（《论语·子路》），"君子易事而难说也：说之不以道，不说也；及其使人也，器之。小人难事而易说也：说之虽不以道，说也；及其使人也，求备焉"（同上），"君子泰而不骄，小人骄而不泰"（同上），"君子而不仁者有矣夫，未有小人而仁者也"（《论语·宪问》），"君子上达，小人下达"（同上），"君子固穷，小人穷斯滥矣"（《论语·卫灵公》），"君子求诸己，小人求诸人"（同上），"君子不可小知，而可大受也；小人不可大受，而可小知也"（同上），"君子学道则爱人，小人学道则易使也"（《论语·阳货》），"君子有三畏：畏天命，畏大人，畏圣人之言。小人不知天命而不畏也，狎大人，侮圣人之言"（《论语·季氏》）等，尽管蕴涵着很强的价值区别之意，但是，这仅是一种"概念上的区别"，而非"生存论上的区别"。孔子对行的强调以及对多言的否定表明，概念上的区别低于生存论上的区别，比如孔子对"行先言后""讷于言而敏于行""耻其言而过其行"等的强调，就表明了这一点。

的关系,相应地"义"就成为"思"的根本内容之一。"君子有九思:视思明,听思聪,色思温,貌思恭,言思忠,事思敬,疑思问,忿思难,见得思义。"(《论语·季氏》)在以勇而显的子路这里,子路以为君子重要的是"勇于行",但孔子明确强调,君子之勇,在于勇于行"义",勇于行"义"的更为本质的说法,实质上就是以"义"行勇而"义"在勇上:

> 子路曰:"君子尚勇乎?"子曰:"君子义以为上。君子有勇而无义
> 为乱,小人有勇而无义为盗。"(《论语·阳货》)

孔子对君子与义之间的如此规定,在存在的普遍性与个体性、同与异之间,给出了一个基本的方向,即君子经由普遍性的自我立法而走向独特的自我生成,即"君子求诸己,小人求诸人"(《论语·宪问》),这是君子人格的基本内涵,也是"君子守义"的基本内涵。

二、《论语》中君子知命的界限意义

《论语》中"命"的含义,具有复杂性和多样性。就其与君子人格相联系而言,知命意味着相互关联却又内在辩证的理解,即知命有两个层次的要义:一是对自身认知有限性的确认,二是对命不可知的领悟。大命自身的显现,基于人自身作为有限性存在而展开为过程。孔子自述生命存在之展开历程说:"吾十有五而志于学,三十而立,四十而不惑,五十而知天命,六十而耳顺,七十而从心所欲,不逾矩。"(《论语·为政》)在此过程中,引人注目的是天命之为天命的出现。《朱子语类》有一条有趣的记载:

　　辛问:"'五十而知天命',何谓天命?"先生不答。又问。先生厉辞曰:"某未到知天命处,如何知得天命!"①

　　朱子此话真意难揣,但其自认"未至知天命处"而不敢说"知得天命",大端不外乎意识到"天命之为天命"不可骤语。朱熹与学生的这个问答,其实触及《论语》中天命的复杂性——知命之知的辩证性内蕴,即以不可知为知的知命。

　　简单地说,天命在《论语》中基本指向一种虽然渗透、穿越人之存在,却不为人之主体性所支配的力量(以偶然和必然为表现的力量)。如此力量,与主体性力量相区别,可以理解为"外在性或异在性限制力量"。但是,如此异在性限制力量可能体现为两个表面上完全相反的理解。一方面,就个体生命的偶然降生而言,似乎"命定为人"具有某种形而上学的"内在必然性"。比如孔子自述"文在兹"与"德在予"时说:

　　子畏于匡。曰:"文王既没,文不在兹乎? 天之将丧斯文也,后死者不得与于斯文也;天之未丧斯文也,匡人其如予何?"(《论语·子罕》)
　　子曰:"天生德于予,桓魋其如予何?"(《论语·述而》)

　　文教与德性本来是主体性的方面,但如果形上地追问人何以有文教和德性,只有诉诸一个不能无穷后退的最后实体或力量。一般的理解,就是将天从异在性限制力量转化为内在主体性的本体论依据。这个理解其实是不妥实的。正如孟子所谓良知良能之"良"就是不能再作理智的进一步追问一样,在生存论上,文教与德性的根源,就是人类的现实生存本身,而不能脱离历史与现实去虚构其超越性根据。"天生"的意思,就是认知

──────────

①　黎靖德编:《朱子语类》第一册,第553页。

或理智运用的界限,不能再作穿凿之论,从而停止对人生的妄思而切己地践行。

在此意义上,天命的另一方面意义,就完全体现为异在性限制力量。如此力量,既是理智思考的界限,也是生存自身的界限,主体只能发出悲叹:

> 子曰:"不然,获罪于天,无所祷也。"(《论语·八佾》)
>
> 颜渊死。子曰:"噫!天丧予!天丧予!"(《论语·先进》)
>
> 伯牛有疾,子问之,自牖执其手,曰:"亡之,命矣夫!斯人也而有斯疾也!斯人也而有斯疾也!"(《论语·雍也》)
>
> 子曰:"道之将行也与?命也。道之将废也与?命也。"(《论语·宪问》)
>
> 孔子曰:"君子有三畏:畏天命,畏大人,畏圣人之言。"(《论语·季氏》)

悲叹之所针对,表面上体现为德性生存与天命之间的背离。人的主体性生存不可避免地遭遇异在性限制力量,这种力量不但给予我们生命,而且戕害我们的生命,乃至于剥夺我们的生命。尽管随着近代以来的主体性力量之拓展,这种异在性限制力量似乎也在缩小其领域,但从哲学上看,异在性限制力量随着主体性力量的拓展,依然显现自身为无边无际的幽暗深渊。因此,君子作为主体性生存,只有以"畏"的情态来因应作为幽暗深渊的"天命"。"畏"意味着敬而远之,意味着人打开自身领悟了的内在精神情态,向着未知之物开放自身。"畏天命"之所以是君子,与君子的自觉区别性意识相关,正如孔子"不语怪、力、乱、神"一样,孔子也反对占卜、算命:"不占而已矣。"(《论语·子路》)占卜、算命很显然地意味着一种生存的懦弱与矛盾,力图认知不可认知之物及其力量,并以之来规定自身可自知自觉的生命展开。"畏"是一种直面异在性限制力量,却将其与主体性生存相分界的生存情态；如此"畏"的情态，一方面持守着自身之义，另一方面又不以义捆缚自身而使自身向幽暗深渊开放自身。

　　因此，君子在"畏"之生存情态意义下知天命，此知就不是消解天命的幽暗渊深，也不是消解天命的广袤无垠，而是将天命的深邃与广袤接纳进入我们的生命深处，并彰显我们每个人自身内在的幽深与广袤。孔子说"不知命，无以为君子也"(《论语·尧曰》)，不单是认知的诚实之德，即"君子于其所不知，盖阙如也"(《论语·子路》)和"知之为知之，不知为不知，是知也"(《论语·为政》)——对自身无知的领会与承认，是一种认识论上的诚实德性；而且更进一步意味着一种生存论上的德性，即"己所不欲，勿施于人"(《论语·颜渊》《论语·卫灵公》)，"爱之，能勿劳乎？忠焉，能勿诲乎？"(《论语·宪问》)，以及"毋意，毋必，毋固，毋我"(《论语·子罕》)——不让自己有限的认知和自觉领悟弥漫、遮蔽无边无际的世界，这是生存论上的德性。认知的德性与生存的德性之统一，在颜回身上得到充分的体现，他"为仁由己"而"克己复礼"(《论语·颜渊》)，且"不迁怒，不贰过"而"三月不违仁"(《论语·雍也》)。颜回的人生，是显现高超智慧与高超德性而"严谨地自我限制而不为世俗之为"的存在状态，孔子多次赞其"贤"，孔子在将子贡与颜回比较时说："回也其庶乎，屡空。赐不受命，而货殖焉，亿则屡中。"(《论语·先进》)在将颜回与自己相比较时说："用之则行，舍之则藏，唯我与尔有是夫！"(《论语·述而》)如此言说，昭示了一种生存的进境：对世界的拓展，将政治的世界与仁礼的世界相分离，并拓展至于与隐者世界的关联，以及由隐逸世界而牵引出无边广袤、无限渊深之境。

　　在此意义上，君子之知命，就是一种在人的共存之中，对他者和世界自在性的让与。如此让与之下，世界不是进入逼仄，而是进入宽阔。这就是"君子坦荡荡，小人长戚戚"(《论语·述而》)。所谓"坦荡荡"与"长戚戚"的含义，似乎有些隐晦。传统注疏中，有的认为"坦荡荡"是无忧无惧，"长戚戚"是忧患、忧惧之意。君子志于仁而博学守义，内心一依于理，故坦荡无碍；小人无仁无义，一心逐利，得失之间忧患怕惧不安。这个理解恐怕太过局限于字面了。有解释认为，"坦荡荡"是一种"宽广"之貌，"长戚戚"则是一种"局促缩迫"之状。这个解释可以深入一点来理解。

《孟子》中有几个说法，可以深化对这一章的理解：

> 居天下之广居，立天下之正位，行天下之大道。(《孟子·滕文公下》)
>
> 仁，人之安宅也；义，人之正路也。旷安宅而弗居，舍正路而不由，哀哉！(《孟子·离娄上》)
>
> 夫仁，天之尊爵也，人之安宅也。(《孟子·公孙丑上》)
>
> 王子垫问曰："士何事？"孟子曰："尚志。"曰："何谓尚志？"曰："仁义而已矣。杀一无罪，非仁也；非其有而取之，非义也。居恶在？仁是也。路恶在？义是也。居仁由义，大人之事备矣。"(《孟子·尽心上》)

由此而言，仁作为人之所居，义作为人行走之所由，就是"君子坦荡荡"的要义。这并不是一个心灵境界的问题，而是一个人自身所处的生存论境域。按照孟子的说法，仁义礼智等并非某种抽象的概念规定性，而是活生生的生存论状态："仁之实，事亲是也；义之实，从兄是也。智之实，知斯二者，弗去是也；礼之实，节文斯二者是也；乐之实，乐斯二者。乐则生矣，生则恶可已也。恶可已，则不知足之蹈之、手之舞之。"(《孟子·离娄上》)仁是事亲之活动，义是从兄之活动，智则是仁义之活动中的觉悟；礼是仁义之生存活动的节文；乐就是仁义礼智融为一体的生存论情态。这种生存之乐，其基本的规定性，也就是孔子的"仁智统一"之行。当孟子突出强恕而行、反身而诚，从而"万物皆备于我"之时，他所说的，不仅是一种知识论意义的抽象把握万物之理（如理学所说），也是一种"取之左右逢源"的相融共生之生存论"广阔之境"。在具体的道德生存活动中，我、他人、万物一体共在，整体中的每一个具体个体，都充盈着情感相融、秩序明觉与意志自主自得。这是君子成就自身的必然指向。因此，君子就生活在自身宽阔胸襟之境与广阔世界之境的双重"广阔博大"之中。

小人与此相反：将自己从与他人、万物的一体中孤立出来，只有自己，罔顾他人他物；只顾一己私欲，毫不尊重秩序；为个人的利欲而驱动自身与他人和万物对峙，最后自己也成为自身欲望的奴隶——他没有一个让自身融身其间的世界，甚至没有自己，如此活得"缩迫局碍"。

概而言之，君子知命的生存论德性，就是君子让世界保持其幽深与广袤，让他者、自己能自行跃入无边无际的生存深渊。

三、孔子圣化与君子世界的窄化

理解命和义以及二者的相互关系，这是人类生存很重要的方面。孔子曰："天下有大戒二：其一，命也；其一，义也。"(《庄子·人间世》)命和义二者交织，划定出界限，由此界限，给出了自由生存的可能。对君子在守义与知命二者之间的界限及其对自由生存可能的开启，孔子有一个感叹，表明他的学生们根本没有领会这个界限：

> 子曰："予欲无言。"子贡曰："子如不言，则小子何述焉?"子曰："天何言哉？四时行焉，百物生焉，天何言哉?"(《论语·阳货》)

孔子承认自己并非圣人，甚至亦非仁人："若圣与仁，则吾岂敢?"(《论语·述而》)孔子也说不得见圣人，而见到君子已足够了："圣人，吾不得而见之矣；得见君子者，斯可矣。"(《论语·述而》)因此，一定意义上，"天何言哉"之语，就是作为君子的孔子自见之语。作为君子，其存在展开的界域,就是在"天无言而四时行、百物生"的间隙与裂缝中,自明而自行。天行与人能之间,并没有一个本质一贯的无缝贯穿。换言之,守义的道德生存,并不僭越自身为天之言。从而,天自身的无常与自在,就使作为他者的学生,可以自行在天行与人能交织而豁显的裂缝里自得其走向自身的可能性通道。子贡作为学生,没有自寻自身存在的通道,没有置身天人之间的"界域",而是以孔子作为自己的高墙之围:"譬之宫墙,赐之墙也及肩,窥见室家之好。夫子之墙数仞,不得其门而入,不见宗庙之美,百官之富。得其门者或寡矣。"(《论语·子张》)乃至于将孔子视为不可企及的日月:"无以为也,仲尼不可毁也。他人之贤者,丘陵也,犹可逾也;仲尼,日月也,无得而逾焉。人虽欲自绝,其何伤于日月乎?"(《论语·子张》)最后直接将孔子视为"天":"夫子之不可及也,犹天之不可阶而升也。"(《论语·子张》)子贡对孔子的神化与圣化,为后世所继承,造成了一个极大的恶果,即虚构孔子,从而遮蔽了孔子作为君子在"守义"和"知命"之间的中介与开放,进而遮蔽了广袤的世界与无穷的他者。

在子路对隐者的批评中,如此遮蔽更为深刻地体现出来:

> 子路从而后,遇丈人,以杖荷蓧。子路问曰:"子见夫子乎?"丈人曰:"四体不勤,五谷不分。孰为夫子?"植其杖而芸。子路拱而立。止子路宿,杀鸡为黍而食之,见其二子焉。明日,子路行以告。子曰:"隐者也。"使子路反见之。至则行矣。子路曰:"不仕无义。长幼之节,不可废也;君臣之义,如之何其废之?欲洁其身,而乱大伦。君子之仕也,行其义也。道之不行,已知之矣。"(《论语·微子》)

以"义"批评隐者,这是鲁莽的子路才能做的事。在《论语》中,孔子对隐者的赞许与敬佩,显露得极为自然而真切。在《论语》中,隐者也有夫妻、夫子、朋友等伦常关系,他们在现实生存中也面对"君臣父子"关系:"子之爱亲,命也,不可解于心;臣之事君,义也,无适而非君也,无所逃于天地之间。"(《庄子·人间世》)庄子这里将父子关系视为"命",具有不同的意蕴。但究其基本的倾向而言,他将君臣之"义"与父子之"命"视为生命存在的不可或缺的内容,但是,他并不以之为生命存在的全部内容,甚至并不以之为本质的内容。逍遥与养生,作为生命自由存在的本质,在某种意义上,只是一个不断自我解放、不断祛除束缚的追求历程。子路无视隐者对现实伦常的非政治实现样式,直接以政治支配下的人伦关系为唯一的人伦关系,不但阻碍人伦以及基于人伦的修德与教化的独立性可能,还阻碍了超越政治之域而走向隐逸生存的可能通道。

简言之,在子贡与子路的理解里,孔子的思想世界趋于狭隘;而且,孔子经由后学虚构与圣化,古典时代的思想与生活世界也变得局促与狭窄,一个充盈差异性与丰富性的世界、一个清澈透明与幽深隐秘交织的世界、一个自我成就与让渡他者的世界,演化为只有圣人主宰的单面世界。由此,君子人格徒具其名而未得其实。在当今之世,如果君子人格依然被引向对狭隘政治之域及其准则的顺服,如果君子人格依然导向对幽深而广袤世界的肤浅与逼仄的唯一显现之途,那就意味着孔子再次被虚构与扭曲地"利用"了。

第四章　人禽之别的担当
——对孟子抱负的生存论理解

　　孟子"言"人性,其起点是人与禽兽之别①,这几乎是自先秦肇始儒家论性的一个基本取向。②对孟子而言,人禽之别不是一种生物学意义的源初本始,也不完全是什么本体论意义的人性奠基,而是一种切己行动的担当活动。所谓"担当活动",是指一种自觉了的存在活动或者说存在活动自身的觉悟了的状态。它具有多方面的含义,诸如:不能将自觉状态单纯理解为理智或认知状态;不能从生物学意义上理解生命存在的真正开始;生命存在的整体性;等等。其中最为关键的是存在活动与明觉的一如或统一。③可是,

---

　　①　在《孟了》中,"禽"字16见,"兽"字26见,其中"禽兽"合用14次。参见北京大学图书馆索引编纂研究部编《孟子索引》,北京大学出版社,1992年。

　　②　在《孟子》文本中,对人性的集中讨论主要体现在《告子上》,其中涉及人之类本质的若干方面。孟子对"性"范畴的讨论,可参阅冯契《中国古代哲学的逻辑发展(上册)》,第184—189页。

　　③　如此意义上的"担当",在双重意义上是以孔子思想为基础的。一方面,在孔子看来,属人的真正生命存在起始于"十有五而志于学"(《论语·为政》),它强调人的真实存在的开始是一种存在的觉悟状态,因而人的存在是一种可以从任何当下重启的活动。另一方面,这种觉悟状态的展开并不是单纯的理智活动或思辨活动,而是与感性活动的整体性一如的,即"学"(本始意义是觉悟)与"习"(关键含义是不歇的行动)的统一。换言之,"学而时习"(《论语·学而》)是觉悟与存在活动的双向统一。

对孟子之"言"性,无论在历史的诠释中还是今天的理解中,都注目于"言性之何以言"、倾心于言说与思辨,湮没了作为孟子言性之起点的"人禽之别"的担当意蕴。所谓人禽之别,在孟子处,其要义并非单纯言说与思辨所能相应的,而首先是一种担当或实现的切己活动。从生存论角度说,它并非指向一个理智抽象的、普遍的人之本质,而是个体性的实现与担当活动,即在自身觉悟了的切实活动中,将人与禽兽的区别"切己"担当或实现出来。①

一、好辩以承三圣者是自觉地对人禽之别进行历史性担当

　　人禽之别作为存在的活生生的担当,首先要求一种对自身存在界域的领悟。这是根源于生存活动整体的自我区别意识,如此意识将自身与自身所处的界域作为整体加以领悟,并明了此一属己界域的本质;同时,对此界域中掺入的异己性存在具有自觉,并使自身与之区别开来。这也就是一种"辩"的意识。众所周知,孟子好辩,而且孟子自觉地好辩。对孟子之好辩,孟子的弟子似乎也不能恰如其分地理解。《孟子·滕文公下》有一段弟子问孟子何以好辩的对话:

　　　　公都子曰:"外人皆称夫子好辩,敢问何也?"孟子曰:"予岂好辩
　　　　哉?予不得已也。天下之生久矣,一治一乱。当尧之时,水逆行,泛
　　　　滥于中国。蛇龙居之,民无所定。下者为巢,上者为营窟。《书》曰:

---

　　① 生存论意义上的担当,就其强调具体境域中的切己行动而言,在广义上受到"上帝死了"之后"每个人必须为自己的存在承担责任"的存在主义观念的启示([法]让-保罗·萨特:《存在主义是一种人道主义》,第8页)。但就自孔子肇始儒学强调"远鬼神"且"为仁由己"而言,儒家对个体自觉性道德完善的突出,似乎有着更为本质上的生存论意涵。

'洚水警余。'洚水者,洪水也。使禹治之,禹掘地而注之海,驱蛇龙而放之菹。水由地中行,江、淮、河、汉是也。险阻既远,鸟兽之害人者消,然后人得平土而居之。尧舜既没,圣人之道衰。暴君代作,坏宫室以为污池,民无所安息;弃田以为园囿,使民不得衣食。邪说暴行又作,园囿、污池、沛泽多而禽兽至。及纣之身,天下又大乱。周公相武王,诛纣伐奄,三年讨其君,驱飞廉于海隅而戮之。灭国者五十,驱虎、豹、犀、象而远之。天下大悦。《书》曰:'丕显哉,文王谟! 丕承哉,武王烈! 佑启我后人,咸以正无缺。'世衰道微,邪说暴行有作,臣弑其君者有之,子弑其父者有之。孔子惧,作《春秋》。《春秋》,天子之事也。是故孔子曰:'知我者其惟《春秋》乎! 罪我者其惟《春秋》乎!'圣王不作,诸侯放恣,处士横议,杨朱、墨翟之言盈天下。天下之言,不归杨,则归墨。杨氏为我,是无君也;墨氏兼爱,是无父也。无父无君,是禽兽也。公明仪曰:'庖有肥肉,厩有肥马,民有饥色,野有饿莩,此率兽而食人也。'杨墨之道不息,孔子之道不著,是邪说诬民,充塞仁义也。仁义充塞,则率兽食人,人将相食。吾为此惧,闲先圣之道,距杨墨,放淫辞,邪说者不得作。作于其心,害于其事;作于其事,害于其政。圣人复起,不易吾言矣。昔者禹抑洪水而天下平,周公兼夷狄驱猛兽而百姓宁,孔子成《春秋》而乱臣贼子惧。《诗》云:'戎狄是膺,荆舒是惩,则莫我敢承。'无父无君,是周公所膺也。我亦欲正人心,息邪说,距诐行,放淫辞,以承三圣者;岂好辩哉? 予不得已也。能言距杨墨者,圣人之徒也。"

就此而言,孟子的好辩,本旨不在于"言说之辩"的争论辩解,而在于存在的觉悟了的"明辨"。王夫之解释说:"孟子说'天下之生',《集注》为显之曰'生谓生民也',正与剔出界限处。其'一治'者,人道治也。其'一乱'者,禽兽之道乱乎人道也。后面说'蛇龙''鸟兽',说'沛泽多而禽兽至',说'虎豹犀象',说'乱臣贼子''无父无君,是禽兽也',那一端不在者人、禽上分辨！殷、周以上，禽兽之乱人也，伤人之生；衰周之降，禽兽之乱人也，戕人之性。伤人之生，人犹得与禽兽均敌于死生之际；戕人之性，人且为禽兽驱遣，自相残食而不悟也。一章之大旨，七篇之精义，尽于此尔。"①在王夫之看来，整个《孟子》七篇的"精义"就是要分辨一个"人禽之别"，而孟子之所以"好辩"，就是要将此"别"凸现出来、彰显出来。

对《孟子》文本进行仔细地玩味，我们可以看出，在孟子看来，禹之治水，周公之兼夷狄、驱猛兽(传说中更有制礼作乐)，以及孔子作《春秋》，都是在做使人区别于禽兽的事业。简言之，禹、周公、孔子都是在切身担当人与禽兽之别，即由自身觉悟的切实行动将人与禽兽的区别"活出来"，而非单纯地以知性方式作出概念或语词的区分。因为人禽之别是经由不同历史阶段的历史人物切实担当的，因此，人禽之别具有历史性。其历史性在于，从禹之治水，到周公之兼夷狄、驱猛兽，再到孔子作《春秋》，三个圣人之行显现出差异。从历史性角度来看，禹、周公、孔子之所为，其内在的演进或深化在于：禹之治水使生民(人)得以在大地上建筑自己的家园，然而，与此同时，禽兽诸如虎、豹、犀、象也同在大地上栖息生存。人有了大地以构建家园但为禽兽所杂，为此周公驱逐与人外在对立的禽兽，使人能独自在大地上建筑属于人的家园。但人自身的展开历史，作为类的人之成为人，并非其中所有个体都普遍而同等地成其为人，其中最应当体现人之为人者，当然是那些居于上位者(君侯臣相等人，作为政治权势与社会利益的掌控者)。从应然的角度看，他们本应是最富于人之本质的体现者。但是，从历史实情来看，他们恰恰是真正的人之本质的最大玷污者或败坏者，而自以为是人之本质的代表者。从权势与利益控制的角度，他们自以为他们的存在样式就是所有人存在的应然样式，而且他们是更好的实现者。实质上，这里有一种颠倒了的东西：这些政治权势与社会利益的掌控者，就超越他们的人之应然的要求而言，他们当然应当是富于人之本

① 王夫之：《读四书大全说》，《船山全书》第六册，第977页。

质的体现者；而历史实情表明，他们悖于超越他们的人之应然，反过来以自己的斑斑劣迹为应然（在此意义上他们是乱臣贼子）。孔子的意义在于，他在丧失德位的统一可能之后，以言教操行持守着德，而德是评判现实政治权势与社会利益掌控者属人性的根据，从而使颠倒了的应然可能重新转正（此即使得"乱臣贼子惧"），这就是作《春秋》的深意。①

孟子所要做的，就是在孔子的基础上，进一步在更高更深的意义上将人区别于禽兽者担当起来。《春秋》蕴涵着真正的德是评判君侯臣相之属人性的根据，但《春秋》本身是以言说历史事件的形式来表现的。②因此，孔子作《春秋》侧面地说明，在人之历史性展开过程中，立言或言说越来越深刻地彰显着人之为人的本质。虽然在言说的展开中，多样性的绽放丰富多彩，但是百花齐放、百家争鸣中，非人之言或者引人走向非人之言比比皆是，正如孟子对杨朱、墨子之言的"禽兽"断定所昭示的那样。③好辩的本意，就是在天下纷纷言说之中，掘出言说自身的属人本质，将属人本质之言与非人之言区别开来，并以属人本质之言拒斥、破除非人之言。人作为语言的存在物，当语言承载着观念而对人自身的本质有着越来越深刻的意义时，自觉地担当对语言的净化（使语言与人的本质始终一致），这是在

---

① 需要注意的是，在《孟子·万章》中，孟子以舜为中心，探讨尧舜相禅而禹传启的历史必然性，结论是"莫之为而为者，天也；莫之致而至者，命也"，将孔子感叹的"时不用我"以理性的自觉方式确定下来，而找到了儒者真正能用力持守的位置，即超越现实政治权力与社会利益的"担当"。

② 孟子曰："王者之迹熄而《诗》亡，《诗》亡然后《春秋》作。晋之《乘》，楚之《梼杌》，鲁之《春秋》，一也。其事则齐桓、晋文，其文则史。孔子曰：'其义则丘窃取之矣。'"（《孟子·离娄下》）可以粗略地说，《春秋》即是"义"对史事的重筑，而"义"恰好就是孔、孟之为孔、孟而超越齐桓、晋文之所在。

③ 实质上，孟子主要不是认为杨朱、墨子是禽兽，而是认为杨、墨之言将人引向禽兽。尤其当言说本身首先指向的是"现实"中的颠倒者时，这点更需注意，因为经由孔子作《春秋》，本质之言取得了对于那些现实中的颠倒者的优先性。简言之，言说及其内在观念直接影响政治权势与社会利益掌控者，并由之影响社会的整体存在。至于何以杨、墨之言是禽兽或引向禽兽，在于孟子认为二者丢弃了人存在的本体论基础，即有内在秩序的万物一体状态（主要是人基于父母兄弟关系的共在状态）。这一状态就是宋明儒所谓万物一体与理一分殊统一的状态。

更深的意义上持守人禽之别。由此，对孟子而言，好辩具有双重意义：一方面，它就是言说本身；另一方面，它又是对众多言说的区分。好辩作为两重意义的统一，当与自觉的践行活动合一时，孟子的担当意义才得以完整。①所以，孟子之好辩是对三圣者的历史性继承，即在新的历史阶段以自身的切己行动继承三圣者对人禽之别的担当。这个自觉的担当，在一定意义上也是对孔子"文在兹"②抱负的继承。"在兹"的自觉就是担当得以实现的基础，即在切己的具体境域中担当。只有如此，立言或好辩的生存论担当意义才是真实的，而非夸夸其谈的辞章之学。③

二、羞比于管、晏是对权贵者的根本否定
与对人之本质的自觉担当

　　孟子将自身的抱负与禹、周公和孔子的事业联缀起来，在一定意义上体现了担当人禽之别的历史性。担当活动的历史性延展，无法避免"当下"的追问，即人禽之别的道德担当，如何产生"当下现实"注目的"管、晏事功"？针对如此追问，在《孟子·公孙丑上》的开篇对话中，孟子给出了

---

　　①　好辩作为孟子对言说的自觉担当，与一般言说的区别在于：后者仅仅是一种飘飘的外在展现样式，而孟子之言说则是一种与内在的德性一如，如《孟子·公孙丑》所说的，孟子之知言是与养气一体的。值得注意的是，孟子的好辩与知言具有内在一致性，即都是对言说的本质性判定。不过，就过程的起点看，似乎好辩先于知言，而在实际过程中，知言往往取得对于好辩的先在性。

　　②　"文王既没，文不在兹乎？天之将丧斯文也，后死者不得与于斯文也；天之未丧斯文也，匡人其如予何？"(《论语·子罕》)"兹"无疑首先指向的是孔子在具体时空中的自身，"在兹"就是对此的明觉。

　　③　在此，值得注意的是，在古典时代，"言辩"本身就具有行动意义，而不仅是对某种"被意指内容"的语言指示形式。比如，《易·系辞》说："言行，君子所以动天地也。"孟子所谓好辩，在一定意义上，无疑具有如此"动天地"的担当意蕴。

回答。孟子的回答蕴涵着一种超越，即对有政治历史事功者（所谓历史巨人或伟人，这里简称为权贵者）的超越。这就是孟子说羞比于管、晏的意旨所在：

　　　公孙丑问曰："夫子当路于齐，管仲、晏子之功，可复许乎？"孟子曰："子诚齐人也，知管仲、晏子而已矣。或问乎曾西曰：'吾子与子路孰贤？'曾西蹵然曰：'吾先子之所畏也。'曰：'然则吾子与管仲孰贤？'曾西艴然不悦，曰：'尔何曾比予于管仲？管仲得君，如彼其专也；行乎国政，如彼其久也，功烈，如彼其卑也。尔何曾比予于是？'"曰："管仲，曾西之所不为也，而子为我愿之乎？"曰："管仲以其君霸，晏子以其君显，管仲、晏子犹不足为与？"曰："以齐王，由反手也。"曰："若是，则弟子之惑滋甚。且以文王之德，百年而后崩，犹未洽于天下，武王、周公继之，然后大行。今言王若易然，则文王不足法与？"曰："文王何可当也。由汤至于武丁，贤圣之君六七作。天下归殷久矣，久则难变也。武丁朝诸侯有天下，犹运之掌也。纣之去武丁未久也，其故家遗俗，流风善政，犹有存者；又有微子、微仲、王子比干、箕子、胶鬲皆贤人也，相与辅相之，故久而后失之也。尺地莫非其有也，一民莫非其臣也，然而文王犹方百里起，是以难也。齐人有言曰：'虽有智慧，不如乘势；虽有镃基，不如待时。'今时则易然也。夏后、殷、周之盛，地未有过千里者也，而齐有其地矣；鸡鸣狗吠相闻，而达乎四境，而齐有其民矣。地不改辟矣，民不改聚矣，行仁政而王，莫之能御也。且王者之不作，未有疏于此时者也；民之憔悴于虐政，未有甚于此时者也。饥者易为食，渴者易为饮。孔子曰：'德之流行，速于置邮而传命。'当今之时，万乘之国行仁政，民之悦之，犹解倒悬也。故事半古之人，功必倍之，惟此时为然。"

就政治历史而言，管、晏之功本身是"巨大"的成就。但是，孟子在此以之为"卑",其意蕴在于:"言管仲得遇桓公,使之专国政如彼,行政于国其久如彼,功烈卑陋如彼,谓不帅齐桓公行王道而行霸道,故言卑也。"①孟子否定管、晏之功,因其是霸道而非王道。在孟子的政治哲学中,王道有两个方面的本体论基础:一是君王自身的不忍人之心②,二是君王与民同在或共在的社会整体性生存③。二者统一于在具体境域中的切己行事。④王道仁政的生存论意义,在于君王经由自身对权势与利益的让渡,而让民能如其自身而生存(如其自身而为人)。⑤由此而言,孟子这里对管、晏之功的否定,就在于管、晏之功并不是"让人成其为人"者,而是"率兽食人"者。霸道的本质就是"率兽食人"。其实,这在整部《孟子》开篇第一段对话,就有鲜明的表现:当孟子对梁惠王论证"何必曰利? 亦有仁义而已矣"时,就是强调指出从争利出发的政治活动对人自身整体存在秩序造成破坏(这个秩序根源于社会性共同共在的整体本身,而不是外在颁布的律令)。霸道的政治,其"率兽食人"的本质,主要体现在权势与利益掌控者对原本与其共在的民众的剥夺,诸如占有园林池沼而禁民入内等。孟子认为,这些权势与利益掌控者掠夺并独占利益,在他们的占有与民众的丧失之间体

---

① 赵岐注,孙奭疏:《孟子注疏》,北京大学出版社,1999年,第68页。

② 《孟子·公孙丑上》:"人皆有不忍人之心。先王有不忍人之心,斯有不忍人之政矣。"

③ 与民共在或同在,作为君王行政的基础性要求,是整个《梁惠王》的基本主题,而《梁惠王》是整部《孟子》的开篇。在孟子看来,君王只要本着本有的"不忍人之心",将其置于他本然的行事境域,即与民同在的境域之中,行政就必然是王道仁政(霸道或霸政的根据恰好在于离弃民众的"独")。

④ 突出表现在具体行事境域之中,如《孟子·梁惠王上》孟子与齐宣王讨论"以羊易牛"之心即是"仁心实现的仁术",其关键在于"见牛而未见羊",当下觌面相见,意味着切己行事的具体处境。所谓切己行事的具体处境,强调的是行事与心之觉悟的一体性。再如《孟子·公孙丑上》所谓"见孺子将入于井"而生"怵惕恻隐之心",虽则"怵惕恻隐之心"与真正地伸出援手以救孺子具有差异,但孟子此处强调的是孺子入井的具体境域与"怵惕恻隐之心"显现的一体性。本章所谓"担当",就时时注目于此一具体境域中的切己行事。

⑤ 如《孟子》开篇《梁惠王上》的对话对"何必曰利? 亦有仁义而已矣"的论证,就是意指君侯大夫逐利之害,而在《孟子·梁惠王下》"好货好色"的讨论中,这点就得到了正面的阐述:君王使百姓获得自身之货与色,而非攫为己有而独占(此即对利益的让渡),就是仁政。

现出霸道的残酷本质："庖有肥肉，厩有肥马，民有饥色，野有饿莩，此率兽而食人也。"（《孟子·梁惠王上》）在政治权势与利益争夺的最高形式即战争中，这些掌控者为一己私利而让民众去牺牲他们的性命，当民众对此加以抵抗的时候，孟子指出，君王们作为掌控者对实情之本质的颠倒以触目惊心的方式显示出来：本来是他们违背人之整体性存在而陷入"独夫"之在（《孟子·梁惠王下》）①，却反过来指责民众对他们的背叛②。对一己自私之利的关注，往往是战争的根源，孟子在本质上倾向于反对之。比如，对滕文公存国于齐楚之间的关怀，孟子的回答是"是谋非吾所能及也"，实在要存国，则是"与民守之，效死而民弗去"（《孟子·梁惠王下》），因为治国而成为王者，在于"强为善"，善在政治行为中的要义是"可继"（《孟子·梁惠王下》）③，即让社会性生存活动（其主体是民众或百姓）能够如其本质展开下去。善政就是王政，就是为国者让民先得其自身存在持续展开的政治。为此，孟子以周代先王大（音太）王对异族让地避居的故事，对滕文公说出了不能为争夺土地而驱民作战的原因："君子不以其所以养人者害人。"（《孟子·梁惠王下》）④土地是百姓（当君王与民一体时也包括君王自

① 齐宣王问"伐纣"，孟子回答说是"诛一夫纣矣"。所谓"一夫"，即是"独夫"。（参见杨伯峻《孟子译注》，中华书局，2010 年，第 39 页）"独夫"的意思，即是从与民共在的整体性存在中背叛出来的人（君王），他们是对人存在秩序基础（仁义）的破坏者（残贼者）。

② 《孟子·梁惠王下》记载：邹与鲁哄。穆公问曰："吾有司死者三十三人，而民莫之死也。诛之，则不可胜诛；不诛，则疾视其长上之死而不救，如之何则可也？"孟子对曰："凶年饥岁，君之民老弱转乎沟壑，壮者散而之四方者，几千人矣；而君之仓廪实，府库充，有司莫以告，是上慢而残下也。曾子曰：'戒之戒之！出乎尔者，反乎尔者也。'夫民今而后得反之也。君无尤焉。君行仁政，斯民亲其上，死其长矣。"

③ 对滕文公忧心齐国在薛修筑城池，孟子说："苟为善，后世子孙必有王者矣。君子创业垂统，为可继也。若夫成功，则天也。君如彼何哉？强为善而已矣。"善在政治行为中的要义是"可继"，即让社会性生存活动能够如其本质展开下去，这具有一般性意义，昭示了善之为善的基本意蕴即在于"事物如其自身地自我持续展开或持存自身"。

④ 在《孟子·尽心下》，孟子批评梁惠王。孟子曰："不仁哉，梁惠王也！仁者以其所爱及其所不爱，不仁者以其所不爱及其所爱。"公孙丑曰："何谓也？""梁惠王以土地之故，糜烂其民而战之，大败，将复之，恐不能胜，故驱其所爱子弟以殉之，是之谓以其所不爱及其所爱也。"

身)生存的基础,战争表面上是争夺与守护土地,但是,战争的本质是使民趋于死地。通过王道与霸道的如此对比,管、晏政治事功的"率兽食人"本质,无疑是孟子此处羞比于管、晏的根据。

率兽食人者,当然是对人之本质的背离,在一定意义上甚至是禽兽不如。羞比于管、晏,蕴涵着对孔子作《春秋》之意的深化,即将孔子蕴"义"于史事以重筑历史与现实的担当更加明晰化。在《孟子》的文本之中,并非不提及管、晏之事①,但是,孟子何以一定要说"仲尼之徒无道桓、文之事"呢?作为治国者,齐宣王当然关心"齐桓、晋文"之事,但《孟子》记载:"齐宣王问曰:'齐桓、晋文之事可得闻乎?'孟子对曰:'仲尼之徒无道桓、文之事者,是以后世无传焉。臣未之闻也。无以,则王乎。'"(《孟子·梁惠王上》)齐桓、晋文之事后世有所传,孟子也听闻过,但是,在何种意义上无传无闻呢?关键是,仲尼之徒不传不闻。本来,在孔子的弟子中,子路的能力是很有限的,但孟子引曾西的话,对子路极为推崇,其缘由在于:"孔子言子路之才,曰:'千乘之国,可使治其赋也。'使其见于施为,如是而已。其于九合诸侯,一匡天下,固有所不逮也。然则曾西推尊子路如此,而羞比管仲者何哉?譬之御者,子路则范我驰驱而不获者也;管仲之功,诡遇而获禽耳。曾西,仲尼之徒也,故不道管仲之事。"②照朱熹的理解,仲尼之徒不道、不传、不闻齐桓、晋文或管、晏之事,是因为他们处在孔子开创的存在之域(或如一般所谓儒家价值领域)。就人存在的历史性而言,一切当下无疑都将成为历史;而就历史的当下性而言,一切历史似乎也注定成为当下。在二者的转化中,更为重要的是,什么维系了二者之间的内在关联,使得历史与现实都真切地是属人的历程与展开。孔、孟的担当,就是在此"历史与现实之属人性"的守护上。孟子羞比于管、晏的言说,表明孟子自

① 如前文注释提及的《孟子·离娄下》就说到《春秋》所述之事是"齐桓、晋文",所以孟子羞比于管、晏或者不道齐桓、晋文之事,并不是否认其历史事实性。

② 朱熹:《四书章句集注》,第227页。

觉承继孔子作《春秋》以"拨乱反正"①的事业,并跃入了一个新的层次。

一定意义上,《春秋》还对历史与现实中的治国者寄予期望。虽然现实中的君王大多是背离人之本质的权势与利益掌控者,但孔子依然认为这些治国者可以是人之为人的担当者,经由他们可以造就人的真正的存在家园。孟子的王道仁政当然是本质上的属人的存在之家,但是,孟子通过对齐桓、晋文与管、晏之事的否定(尤其对为政者"率兽食人"本质的揭露),不再将社会历史的人道本质系属于权贵者,不再认可他们对人之本质的可能担当(他们不但不能担当与维护,甚至是禽兽不如者),而反身自觉地担当起超越为政者的对人之本质的守护。

三、愿学孔子是对人之类本质的充分个体化

在作为类而群居的人之社会政治生存中,为政者或者权贵者本来应当成为人禽之别的充分体现者,并且运用自己手中的力量更好地将此区别逐渐实现出来,让人越来越充分地成其为人。这本来是一切政治活动的基本要求。但是,他们成为人之本质的背离者,不但不成其为人,不但不促进人之为人的增长,反而让人成为兽,甚至在表面混同于人却率兽食人。率兽食人者、被率者、被食者三者的纠合似乎构成人类自身的实际展开。由此,作为类整体的人,并不是其构成成员均匀而平等地担当着人禽之别。如果说上文羞比于管、晏意味着对历史与现实中的权贵者的超越,愿学孔子则意味着对人之类本质的个体性担当。②换句话说,人之本质是由自觉的个体担当的。对孟子而言,他具备自身担当人之本质的个体性

---

① 如上所说,《春秋》蕴涵着对为国者颠倒社会性存在的揭露与反转。

② 在一定意义上,个体性担当意味着某种"超越",因为担当是具体个体在具体境域中的切己行动,它就"超越了"作为单纯概念本质的类本质。

自觉。在《公孙丑上》这一极为核心的篇章中,孟子在讨论"不动心"、"知言""养气"之后①,转而说到"愿学孔子":

　　公孙丑问曰:"夫子加齐之卿相,得行道焉,虽由此霸王不异矣。如此,则动心否乎?"孟子曰:"否。我四十不动心。"……"敢问夫子恶乎长?"曰:"我知言,我善养吾浩然之气。""敢问何谓浩然之气?"曰:"难言也。其为气也,至大至刚,以直养而无害,则塞于天地之间。其为气也,配义与道;无是,馁也。是集义所生者,非义袭而取之也。行有不慊于心,则馁矣。我故曰,告子未尝知义,以其外之也。必有事焉而勿正,心勿忘,勿助长也。无若宋人然:宋人有闵其苗之不长而揠之者,芒芒然归。谓其人曰:'今日病矣,予助苗长矣。'其子趋而往视之,苗则槁矣。天下之不助苗长者寡矣。以为无益而舍之者,不耘苗者也;助之长者,揠苗者也。非徒无益,而又害之。""何谓知言?"曰:"诐辞知其所蔽,淫辞知其所陷,邪辞知其所离,遁辞知其所穷。生于其心,害于其政;发于其政,害于其事。圣人复起,必从吾言矣。""宰我、子贡善为说辞;冉牛、闵子、颜渊善言德行。孔子兼之,曰:'我于辞命则不能也。'然则夫子既圣矣乎?"曰:"恶! 是何言也? 昔者子贡问于孔子曰:'夫子圣矣乎?'孔子曰:'圣则吾不能。我学不厌而教不倦也。'子贡曰:'学不厌,智也;教不倦,仁也。仁且智,夫子既圣矣!'夫圣,孔子不居。是何言也?""昔者

————————

　　① 《孟子·公孙丑上》"不动心"章的内容(尤其其中的"知言"与"养气")历来受到重视,参见第六章。但就本章的题旨来说,对所谓"不动心"以及"知言""养气"之所以与"愿学孔子"联系在一起的意涵可作一个简要的提示,即基本意蕴是在强调整体性政治生存的前提下,对其两重本体及其实现的讨论。简言之,"不动心"是自觉了的主体在两重本体论处境中的持守自身(一是心气一体的整体世界,二是与他者共在的社会整体),并最终抵达充分自觉的个体性。充分自觉的个体性,在本章中用以诠释孟子对人禽之别或人之本质的担当。值得注意的是,"不动心"章文本中"必有事焉"具有某种关键性意义,因为"不动心"是作为主体能力的心在具体而不间断的行事活动中的存在境界。忽略"必有事焉",将"不动心"以及"知言""养气"引向"静态"意义的修养,孟子的担当意义也就会被湮没。

窃闻之，子夏、子游、子张皆有圣人之一体，冉牛、闵子、颜渊则具体而微。敢问所安？"曰："姑舍是。"曰："伯夷、伊尹何如？"曰："不同道。非其君不事，非其民不使；治则进，乱则退，伯夷也。何事非君，何使非民；治亦进，乱亦进，伊尹也。可以仕则仕，可以止则止，可以久则久，可以速则速，孔子也。皆古圣人也，吾未能有行焉；乃所愿，则学孔子也。""伯夷、伊尹于孔子，若是班乎？"曰："否。自有生民以来，未有孔子也。"曰："然则有同与？"曰："有。得百里之地而君之，皆能以朝诸侯有天下。行一不义、杀一不辜而得天下，皆不为也。是则同。"曰："敢问其所以异？"曰："宰我、子贡、有若智足以知圣人。污，不至阿其所好。宰我曰：'以予观于夫子，贤于尧舜远矣。'子贡曰：'见其礼而知其政，闻其乐而知其德。由百世之后，等百世之王，莫之能违也。自生民以来，未有夫子也。'有若曰：'岂惟民哉？麒麟之于走兽，凤凰之于飞鸟，太山之于丘垤，河海之于行潦，类也。圣人之于民，亦类也。出于其类，拔乎其萃，自生民以来，未有盛于孔子也。'"

在孟子，"不动心"作为"知言"与"养气"的统一（在充分自觉行事基础上的心气一体同与他者共在的统一整体），表达着一种很高的存在境界或存在状态。这一状态本身似乎难以企及，因此后面才有公孙丑问孟子是否已经超越孔子及其弟子而为圣的问题。就文本的字面内容而言，孟子在此说到四点：其一，他肯定孔子是圣人，也没有否定自己是圣人（尽管没有直接肯定）。其二，孟子拒绝将自身与孔门弟子以及孔门之外的伯夷、伊尹等传说的圣人视为同样的存在者，而明确说"愿学孔子"。其三，孟子将孔子与伯夷、伊尹进行比较，否定伯夷、伊尹与孔子齐等，说他们之间虽然有同有异（其同在于若得封地皆可以朝诸侯有天下，且都不会行不义、杀无辜以得天下；其异在于孔子远远贤于尧舜而伯夷、伊尹则远远不及），但同少而异多，相同处不及相异处重要。其四，孟子得出结论"自有生民以来，未有孔子也"，以及"自生民以来，未有盛于孔子也"。显然，孟子"愿学孔子"的意旨，就在于孔子之"出类拔萃"而超乎人之类（既包括民之整体，也包括其间的圣贤）。"圣"的字义似乎是耳聪能闻声知情而"通"①，从字面上稍作引申，圣之为圣的意思似乎就是能通达民情。在此意义上，圣人与民具有一体性。因此，孟子何以特别强调"愿学孔子"，问题的关键在于：在何种意义上孔子远远超越人之类及作为类之代表的尧舜？

王夫之解释说："圣人之于民，亦同此形，则同此义、同此知，亦类也，而圣人者，为民之所不敢为，不为民之所竞为；于其同类之中，高自标举以伸其志，而超然自拔于流俗萃聚之中……则孔子之贤于尧、舜者何也？为百王之不逮者何也？为出类拔萃之圣人所莫及者何也？道义统其同，而仁智立其异，吾之所愿学者此矣。"②从物理学意义上的形、认识论上的知、道德上应当的义而言，王夫之以为，圣人与民是"类"，是一样的。但是，圣人在具体的行动中与民分途，即圣人"为民之所不敢为，不为民之所竞为"，"高自标举以伸其志，而超然自拔于流俗萃聚之中"。简言之，圣人与民不一样之处在于其具体的行动。用别处的话语来说，就是圣人如尧舜"存与禽兽之别由仁义行而非行仁义"（参见《孟子·离娄下》）③，而一般民

---

① 段玉裁：《说文解字注》，参见中华书局编辑部《说文解字四种》，第426页。

② 王夫之：《四书训义（下）》，《船山全书》第八册，岳麓书社，1998年，第201页。

③ 对这段文本，焦循《孟子正义》的说法颇有意思："庶物即禽兽也。'明于庶物'，知禽兽之性情，不可教之使知仁义也。同此饮食男女，人有知则有伦理次序，察于人伦，知人可教之使知仁义也。舜，君子也。庶民不能明于庶物，察于人伦，故去之。舜能明于庶物，察于人伦，故存之。性本知有仁义，因而存之，是由本知之仁义行也。若禽兽性本不知有仁义，而强之行仁行义，则教固必不能行，威亦必不能制。故庶民不知仁义者，君子教之使知，则庶民亦能知仁义，庶民知仁义而行之，亦是由仁义行，非强之以所本不能知，而使之行仁义也。此庶民所以异于庶物也。明庶物，察人伦，始于伏羲氏，其时民全不知有人伦之序，同于禽兽，直可谓之昧，不可谓之去。人道既定，庶民虽愚，皆知有人伦矣，故其不仁义也，非昧也，是去之也。舜明之察之，通变神化，使之由仁义行，由即'民可使由之'之由。是时民皆知有仁义，而莫不曰行仁，莫不曰行义，以仁济其仁，以义济其义，盖行仁义，正所以去仁义也。由仁义行，则百姓日用而不知，乃正所以存仁义也。此孟子所以不称伏羲氏而称尧舜也。"（焦循：《孟子正义》下，沈文倬点校，中华书局，1987年，第568—569页）一般认为，孟子"由仁义行"与"非行仁义"的对比，是区别圣人与民众（参见朱熹《四书章句集注》，第294页），焦循则认为是区别一般民众与禽兽。

众只是外在地遵循仁义规范的"行仁义而非由仁义行"以至于"舍掉了与禽兽之别"。在此意义上,就道德行动而言,圣人是自觉实有而切己行动,一般民众仅仅是知之为外在压制而冥行妄作。圣人超越一般民众,自觉实有而切己行动;那么,孔子何以超越圣人呢?王夫之说,对孔子和别的圣人,"道义统其同,而仁智立其异",这是孟子之所以愿学孔子之处。王夫之词语依然有所欠缺,但可以由此看出一丝端倪来。我们可以从《论语》和《孟子》中拈出几处关于"道""义""仁""智"的说法来看看:

> 子曰:"谁能出不由户?何莫由斯道也?"(《论语·雍也》)
>
> 子曰:"里仁为美。择不处仁,焉得知?"(《论语·里仁》)
>
> 王子垫问曰:"士何事?"孟子曰:"尚志。"曰:"何谓尚志?"曰:"仁义而已矣。杀一无罪,非仁也;非其有而取之,非义也。居恶在?仁是也。路恶在?义是也。居仁由义,大人之事备矣。"(《孟子·尽心上》)
>
> 孟子曰:"矢人岂不仁于函人哉?矢人唯恐不伤人,函人唯恐伤人。巫匠亦然,故术不可不慎也。孔子曰:'里仁为美。择不处仁,焉得智?'夫仁,天之尊爵也,人之安宅也。莫之御而不仁,是不智也。不仁、不智、无礼、无义,人役也。人役而耻为役,由弓人而耻为弓,矢人而耻为矢也。如耻之,莫如为仁。仁者如射,射者正己而后发。发而不中,不怨胜己者,反求诸己而已矣。"(《孟子·公孙丑上》)
>
> 孟子曰:"自暴者,不可与有言也;自弃者,不可与有为也。言非礼义,谓之自暴也;吾身不能居仁由义,谓之自弃也。仁,人之安宅也;义,人之正路也。旷安宅而弗居,舍正路而不由,哀哉!"(《孟子·离娄上》)

就孟子而言,仁作为人之安居或安宅,义作为人之正路或正道,仁和义都是人自身存在的基本状态,而非概念规定。王夫之在道或义作为普遍的原则与规范的意义上说"道义统其同",在仁是每一个体自身居处、智则是从自身居处行动对道义的认识与选择的意义上说"仁智立其异",他表达的仅仅是一个大概。在孟子,无论道还是义,都是行动或行走之所必由,道或义并不脱离切实行动而有其内容与意义。孟子明确说:"仁之实,事亲是也;义之实,从兄是也。智之实,知斯二者,弗去是也;礼之实,节文斯二者是也;乐之实,乐斯二者。乐则生矣,生则恶可已也。恶可已,则不知足之蹈之、手之舞之。"(《孟子·离娄上》)仁、义、智、礼四者的实在内容,都是自觉的切实行动本身(事亲、从兄当然是切己活动,智作为知而持守、礼作为对三者的节文也是切己活动)。在王夫之的提示下回到孟子的本意,仁、义、智、道就是真实的行动本身。此所谓真实的行动,作为仁、义、智、礼的统一,即是自觉于本己处境、从此处境迈出当循之路而不断展开的行动。这样的真实行动,只能由活生生的个体来担当。如此真实的行动是人之所以为人者,此行动的个体主体就是经由自身而担当人之本质者。简言之,真实的人就是自觉的个体性切己活动本身。

单纯的类本质只可能存留于抽象的概念领域,而真实的人则是活生生的担当。在此意义上,"愿学孔子"其实就是学其所"不能学"者。王夫之说:"'愿学孔子'一语,乃通章要领,若于前后贯通有碍,则不但文义双蹶,而圣学吃紧处亦终湮晦,令学者无入手处。夫愿学孔子,则必有以学之矣。孟子曰'可以仕则仕云云,孔子也'。然则将于此而学之耶? 乃此四者则何易学也? 仕、止、久、速之可者,初无定可,而孔子之'则仕''则止''则久''则速'也,自其义精仁熟,由诚达几,由几入神之妙……孔子曰'下学而上达',达者自然顺序之通也。达不可学,而学乃以达,孔子且然,而况学孔子者乎?"①孟子所要学孔子者,就是仕、止、久、速之所以可能的基础,即是这"下学"本身,也就是切己行事而明觉之,并由明觉而展开进

---

① 王夫之:《读四书大全说》,《船山全书》第六册,第 937 页。

一步的切己行事。这也正是孟子所以称孔子为"圣之时者"的要义[1]，因为自觉的个体性活动总是时间性的。舜的形象和孔子的形象在《孟子》中表征着某种重要意象，即如尧禅让于舜与舜禅让于禹，本身是一个转折性事件，此后，儒家的自觉的使命就只能是由孔子作《春秋》而孟子知言好辩相传承[2]，在舜何以得到帝位的问答中，从天与之到民与之，最后的结论是舜之行事自致之，亦即舜经由自己的切己行事彰显自身而得禅让[3]。

　　自觉的个体性活动成为孟子担当人禽之别的最后意旨，使我们可以消解一种似是而非的见解，如对孟子"道性善，言必称尧舜"和"人皆可以为尧舜"，大多以为尧、舜表征着普遍类本质的充分实现，好好做人等于去做圣人，而做圣人就是要做一个如同尧、舜的人。其实，在颜回对"舜何人也？予何人也？有为者亦若是"(《孟子·滕文公上》)的诘问中，已经表达出了唯一可能的答案：颜回只是要如舜自觉地去做舜自己那样，必须切己自觉而做颜回自身。因为，舜与颜回都是主体性的"有为者"，"有为者"的自觉与担当就只能是经由切实行动而做自己。这样的意思，亦即是充分地个体化。或说，充分地自觉自身的个体性行动。

　　如此充分个体化的活动，是在更深的意义上对人禽之别或人之本质的担当。王夫之于《读通鉴论》卷九曾论管宁于东汉末年避地辽东一事：

　　　　天下不可一日废者，道也；天下废之，而存之者在我……见之功业者，虽广而短；存之人心风俗者，虽狭而长。一日行之习之，而天地

---

　　① 在《孟子·万章下》中，孟子在将孔子与伯夷、伊尹、柳下惠比较后，说："孔子，圣之时者也。"圣人的时间性，当然以真正的个体性切己行事为基础。

　　② 在《孟子·万章上》中，与其说孟子在说明何以孔子不能得位，不如说是通过引进天命，恰好就是要在孔子的基础上，阐明儒家的"天赋使命"是不得权位而传道。

　　③ 万章曰："尧以天下与舜，有诸?"孟子曰："否。天子不能以天下与人。""然则舜有天下也，孰与之?"曰："天与之。""天与之者，谆谆然命之乎?"曰："否。天不言，以行与事示之而已矣。"(《孟子·万章上》)

之心,昭垂于一日;一人闻之信之,而人禽之辨,立达于一人。其用之也隐,而抟挽清刚粹美之气于两间,阴以为功于造化。君子自竭其才以尽人道之极致者,唯此为务焉。有明王起,而因之敷其大用。即其不然,而天下分崩、人心晦否之日,独握天枢以争剥复,功亦大矣。

　　由此言之,则汉末三国之天下,非刘、孙、曹氏之所能持,亦非荀悦、诸葛孔明之所能持,而宁持之也。①

在王夫之看来,管宁避居专讲诗书,拒不出仕,并不仅是为了全身避祸,而是一力承担人禽之别。将其中"等候明王"的空想情怀去除,王夫之此论"正好"可以视为对孟子的抱负之本质的描述——孟子的抱负即在于经由自身之自觉行动而实现对人禽之别的担当或对人之本质的实现。

在此意义上,我们可以对孟子所谓"分工论"(《孟子·滕文公上》)给出新的理解,即分工论不仅是社会存在层级的贞定,还是个体性自觉的贞定。由此,他与彭更食志与食功的争论②、对白圭二十取一税收主张的批评③等,就可以理解为他对自觉行动的个体在社会整体中的定位;而他关于"平治天下,舍我其谁"④而"五百年必有王者兴"⑤的言说,则是他对真

---

① 王夫之:《读鉴通论》,《船山全书》第十册,第346页。
② 参见《孟子·滕文公下》。在此,孟子说法的确切含义可能还有待讨论,但无疑他认为社会整体,即是扭曲了本质的为政者与社会,应当担保自觉担当的个体性活动的展开。
③ 参见《孟子·告子下》。这段话其实是很有趣的。表面上,白圭认为真正的王道仁政就是要少收税,与民生息。孟子却直接批评白圭的主张是蛮貊之道,即缺乏持守人之为人的文教。稍作深思,其中蕴涵着国家与社会整体的属人本质只能由少数自觉个体担当,且国家与社会整体必须担保这点的意思。这里,我们当然会遇到"伊尹先知觉后知,先觉觉后觉"的精英主义倾向,无疑孟子也有此倾向。这里取其担当的自觉性,不论其精英主义倾向。
④ 参见《孟子·公孙丑下》。显然孟子的"平治天下"不是在管、晏事功的意义上说的,他要说的恰恰是,只有他才能评定管、晏之事的真正属人性。
⑤ "五百年必有王者兴"见于《孟子·公孙丑下》,相关论述又见于《孟子》之末,即《孟子·尽心下》最后一章,被后世认为是道统论的雏形,让许多无论自觉还是不自觉的人纷纷皈依其中。从文本的角度看,这些皈依者的绝大多数恐怕以错误的理解、错误的方式进入了一个(转下页)

正自觉行动的个体的历史定位。《孟子》一书,不单提出了许多普遍而经久的哲学议题,更重要的是,解说了孟子的真正抱负首先不在于这些哲学议题脱离他之后的流传,而首先是孟子那个历史个体本身作为真实个体的自身实现活动(《孟子》正是孟子从权力场退居后而作)。

(接上页)被他们扭曲了的门径。与其说孟子在行文之末给出了一条不绝如缕的"统绪",作为供后学者行走的痕迹,不如说,他更为强调的是其中断(因为切己行动的本质首先是中断,然后才有衍生的历史延续性)。本章在前面强调其担当的历史性,实则是说,他在对其自身具体历史处境的觉悟中切己行动。庄子在《齐物论》中说:"万世之后而一遇大圣知其解者,是旦暮遇之也。"语意之间,恐怕不是相信过去、现在与将来会有他的"理解者"。对"万世久远",庄子的意思可能与海德格尔晚年借用克莱斯特的话之所说有着相通性:"他还没有面世,我就因他而退下,先他一千载,我已虔恭于他的精神。"([德]贡特·奈斯克、埃米尔·克特琳编著:《回答——马丁·海德格尔说话了》,陈春文译,江苏教育出版社,2005年,第12页)孟子知言而好辩,他当然不是柏拉图所说的"无恶而平静地死去的哲学家"(参见[古希腊]柏拉图《理想国》第六卷,郭斌和、张竹明译,商务印书馆,1996年,第240—241页)。柏拉图之所以设想平静而无恶地死去是哲学家的理想结局,除却其老师的事迹影响外,主要是他是在实质意义上撇开个体性的活动而凸显普遍的理念,而理念自身的普遍与理念诞生的个体性根源之间的冲突,无疑只能在"平静与死亡"中才得以消解。五百年必兴的王者,让我们关注于王者之兴,其实孟子关注的倒是在时空中的"无有乎尔"(以孔子为参照的去圣人之世不远而近圣人之居其甚)。此"无有"是一个中断。关键不是王者兴起与否,而是自身之能兴起与否。在充分自觉的个体性担当活动的意义上,贯彻普遍之道的道统是一个湮灭实情的虚构之物,正如政治-社会领域中的虚妄来自颠倒者一样,出自言说与思考领域之中的颠倒者(比如戴震对"以理杀人"的论断,此当另文论述)。

第五章　道德与生命之择

——《孟子·告子上》"鱼与熊掌"章疏释

在《孟子·告子上》第十章,孟子以"鱼与熊掌"之论,类比论证生命存在与道德应当之关系,提出"舍生取义"的主张。论者一般以为,孔子已提出"杀身成仁",即"志士仁人,无求生以害仁,有杀身以成仁"(《论语·卫灵公》),孟子提出"舍生取义"发展了孔子"杀身成仁"的道德至上论。就此而言,孔、孟似乎认为道德与生命直接对峙,在二者之间,符合道德的选择是舍弃生命而追求道德。但从生命哲学的角度看,为后世所强化了的道德优于生命的道德至上论,确乎显露出思维的片面性。究实而言,就道德与生命的关联而论,生命存在本身是道德之所以可能与必要的本然前提,无生命则无道德可言;而道德之所以可能与必要,也正在于道德更有利于生命的存在及继续。因此,单纯地说道德与生命对峙,因而在二者之间只能作出非此即彼的选择,是不妥当的。恰当的理解应当是说"有道德的生命高于无道德的生命",而非简单地说"道德高于生命"。如果不是从生命出发理解道德,而是从脱离了生命的道德来评价生命,那就是一种特别的谬误:"道德倘若不是从生命的利益出发,而是从本身出发进行谴责,它便是一种特别的谬误。"①

一、以想象性故事情境凸显道德纯粹性体验

就日常生活常态而言,鱼乃饮食之美味。在特定时代,鱼作为美味似乎并未成为一般人饮食之常物,即在孟子本人设想的理想王道仁政社会中,亦只是"五十者可以衣帛","七十者可以食肉"(《孟子·梁惠王上》)。由此而言,在饮食场景中鱼与熊掌兼具,就更为鲜有了。而将鱼与熊掌加以区别且在一定意义上对立起来,并设想二者不可兼得、只能选择其一——"鱼,我所欲也;熊掌,亦我所欲也。二者不可得兼,舍鱼而取熊掌者也"(《孟子·告子上》),这显然是一种美学意义上的想象情境。在实际的情境中,也许是基本生活需求的物质资料(比如稻、粱、黍、麦、菽)与超过基本生活需求的更高口味追求(比如鱼与肉)之间的对立和抉择:获取更多满足基本生活需求的食粮以使得生活更长久稳定地展开,还是选择一顿大鱼大肉以短暂满足口味的瞬时快乐而牺牲长久的温饱需求?孟子不从基本生活需求的长久而稳定的满足与短暂而奢侈的追求之间的关系出发来进行讨论,即是为过滤现实苦难因素,而渲染一种纯粹的想象性情境,凸显在其中进行选择所牵涉的纯粹性体验。②

随之,孟子所举"一箪食,一豆羹,得之则生,弗得则死。呼尔而与之,行道之人弗受;蹴尔而与之,乞人不屑也。万钟则不辨礼义而受之"(《孟子·告子上》)之境,更是一种美学意义上的想象之境。在此,不必诉诸野

---

① ［德］尼采:《偶像的黄昏》,周国平译,光明日报出版社,1996年,第33页。

② 所以,在《孟子·告子下》中,孟子就对食色与礼(道德规范)之间的轻重关系进行讨论,其基本点就是将食色与礼置于生命的整体存在中来加以考量。其中就不再是纯粹想象性境域了。

蛮而残忍的特定历史时期来理解,仅仅在常识所理解的日常境域中,一颗野山枣、一片瓦砾之水可以让人之生命继续下去的情景,并非常人之所能实际遭遇者。严格言之,如此想象性情境,仅仅对特定人群(平素有着无忧的衣食满足且获得相当教养者之阶层)才有其意义:可以想见,真正面临生死存亡关头的穷困者,是不会以精神之高贵来拒斥箪食、豆羹的;而万钟之得与否,更非常人所能遭遇。将身处生死存亡之际而不受箪食、豆羹,与悖于礼义而受万钟相对比,无疑有着更多的美学渲染之意。

　　无论就鱼与熊掌兼具而二者不可得兼的情境而言,还是就箪食、豆羹决定生死而不取与万钟不辨礼义而取之的对比之境而言,孟子都是在过滤现实牵扯而凸显纯粹性之境,其目的在追求一种道德上的纯粹性体验,即在远离现实物欲之忧的情境下,让明觉在想象的单纯对峙中得以清晰化自身,以彰显自身之所以能明觉并作出相应的选择。这是生命存在展开自身的一个基本体验,即撇开日常所需的纠缠而纯粹化自身。

　　然而,生命经验总是与行动融为一体的。行动有过去、现在和将来三个面向。在孟子判断为"失其本心"的言说中,其所谓"过去",并非严格意义上的实际行动及其结果,而是一种纯然的想象情景;而其所谓"现在",亦非切实处境中的行动及其结果,亦是纯然想象之境:"乡为身死而不受,今为宫室之美为之;乡为身死而不受,今为妻妾之奉为之;乡为身死而不受,今为所识穷乏者得我而为之。"(《孟子·告子上》)以一种想象性的情景作为"过去",并以之与想象性的"现在"之境对比,衬托蕴于其间的行动及其选择的背离,这意味着一种道德纯粹性经验的可能性。

　　在道德领域,过去与现在以及将来的分级,基于切实的行动与相应的明觉以及二者的相融,才能得以确定。孟子所谓箪食、豆羹之决定生死而不取,与万钟不辨礼义而取之,在想象性的纯粹之境中,凸显着纯粹道德性的可能性及其体验。如此想象性情境,并非纯粹的观念或概念之间的思辨演绎或沉思。所以,这里我们称其为想象而非称其为思辨。如此情境是想象性的,其所想象是故事性的,而非思辨性的。在孟子渲染的想象性故事之境中,明觉之心与想象性故事具有相融一体的统一性。然而,如何由想象性故事情境过渡而进入对现实的观照呢?"过去"(向)之"不受",是想象性故事情境;"现在"(今)之"为之",亦是想象性故事情境。在这两种想象性故事情境的时间间距之间,孟子提出"诘问":"万钟于我何加焉? 为宫室之美、妻妾之奉、所识穷乏者得我与?"(《孟子·告子上》)如此"反诘",似乎以一种漫不经心的方式,自然而然地将想象性故事情境引向对"现实"的观照。"反诘"以回溯自身内在体验的方式,将现实经历与想象性情境泯而为一。"反诘"内涵的反身体验,消融了想象与现实的界限,并进而扭转了想象性故事与现实之境的关联,将过去之想象性故事情境视为"实有",而现在之想象性故事情境被视为"实有的缺乏"。从而,过去之"不受"作为某种实有的纯粹精神性体验,对比于现在之"为之"的精神性缺失:在想象性的"过去的故事"中,事情本身与精神的觉悟体验不相分离,觉悟着的精神决断着事情之当与不当;而于想象性的"现在的故事"中,事情之为与精神对其当与不当的觉悟判断,颠顸相离,在缺乏自身精神觉悟引导与制约的状态下,事情冥行妄为而不止歇。这就是"失其本心":"是亦不可以已乎? 此之谓失其本心。"(《孟子·告子上》)孟子通过反诘浑融想象性故事情境与现实行事,以曲折的方式,凸显出在想象性故事情境中能体验到的道德纯粹性,进入现实生命的取舍,很难得以持存。而想象性故事情境与现实行事之间如此曲折,也让我们能更为真切地理解"本心",明了它并不是某种先天的绝对本体。

　　想象与事实的模糊或浑融,表明对理智认知倾向的疏远,而注重其象征性含义以及由此引起的内在体验。"舍生取义"作为想象与事实浑融的情景,首先指向充满象征意涵的内在体验,而非作为一种脱离事实的普遍主义道德原则,这些道德原则往往源自单纯的理智认知的执取,与生命的活生生的继续前行相悖。"舍生取义"作为"象征性的内在体验",实质也就是一种具体个体的道德纯粹性体验。在《孟子》中,"舍生取义"的道德纯粹性体验,在其他文本中,从各个方面多层次、多样性地凸显道德生活的内在体验之维,比如在"大丈夫气概"、"万物皆备于我"之境、"取之左右逢其原"之感,以及"善信美大圣神"等体验之类的叙述中,得到了全方位的印证。

因此,如果将"舍生取义"作为特定道德主体的生命体验,我们就能避免将鱼从饮食需求中加以舍弃,就能避免将抽象的普遍规范作为否定生命的根据(普遍性规则与人格典范的扬弃与自由行动的模仿)。

二、生命存在的"更好继续"基于能动的自觉选择

欲生恶死是人生之常情,亦是生命展开的基本动力。生命本质上就是生命的继续或不断前行。然而,生命的继续前行,总是舍故趋新。在一定意义上,单纯说生命的本质就是生命的不断前行,并未彻达本质的生命。生命的继续前行与不断展开,并非生命的单纯延展,而是生命的不断递进与提升。所以,严格而言,生命的本质是生命不断地更好地前行。"更好地前行"就是有道德的生命的展开,或生命合于道德地展开。生命存在的困境就在于,生命的展开必然要求更好地展开,而已然展开的生命并不总是更好的。在过程的意义上来理解生命之"更好的/地",就蕴涵着对生命之"过去"、"当下"与"未来"的权衡。过去基于记忆,当下呈现于关注,未来源自期望。①记忆、期望流注于当下之关注,彰显着存在历程的内在意识体验维度。在孟子,过去与未来融于"想象中",与当下行动一体相续,涵摄能动的选择而充盈着内在的体验。

鱼与熊掌的比喻,引出生死与义的取舍。鱼与熊掌在想象性故事情境中兼具,虽则二者都能满足人之食欲,常人之情也大多会"兼食之"(当然不能忘却大多数人也许无与于锦衣玉食,从而根本无从想象"鱼与熊

---

① 参见［古罗马］奥古斯丁《忏悔录》,周士良译,商务印书馆,1963 年,第 255—256 页。

掌"的兼具)。但孟子想象了一个困境:如果鱼和熊掌同时在餐桌,而二者只能选择其一,如何抉择? 根据口味美感、营养价值或使用价值的高低,回答很简单:舍鱼而取熊掌。作出如此取舍的前提是熊掌在价值上高于鱼。换言之,对饮食过程或饮食之生来说,熊掌更好地满足其展开。然而,在此舍鱼而取熊掌的取舍选择中,人们可能更多地单纯注目于熊掌之相对于鱼的"优越性",仅仅注目于被选择的"价值更高的熊掌"而忽略了更为基本的生命体验——对鱼与熊掌价值之别的生命理解,以及对鱼与熊掌作出的能动选择本身。被选择的熊掌之所以重要,首先不在于熊掌被抽象地规定为具有价值优先性,而在于它能被选择者能动地选择出来。而每一能动的选择,都相应着内在意识的体验。脱离具体选择者的能动选择及选择体验的"熊掌价值",本身具有某种虚幻性。只有当其在充盈着体验的能动性选择中被选择之际,其更高的价值才具有真正的实在性。简言之,充满体验的能动选择本身,优先于被选择的熊掌本身,是真实的根据。

所以,当孟子由鱼与熊掌的取舍类比引申而至于生与义的取舍时,就不能单纯注目于片面的"舍生取义"之规定,而更应留意于"所欲有甚于生者""所恶有甚于死者"的反思性体验:"生,亦我所欲也;义,亦我所欲也,二者不可得兼,舍生而取义者也。生亦我所欲,所欲有甚于生者,故不为苟得也;死亦我所恶,所恶有甚于死者,故患有所不辟也。如使人之所欲莫甚于生,则凡可以得生者,何不用也? 使人之所恶莫甚于死者,则凡可以辟患者,何不为也? 由是则生而有不用也,由是则可以辟患而有不为也。是故所欲有甚于生者,所恶有甚于死者。"(《孟子·告子上》)如果仅仅关注"被选择的熊掌"之重要性或者"被选择的熊掌"本身,在类比的意义上,舍鱼取熊掌,相应地就是舍生取义。撇开鱼与熊掌在饮食实践以及在更为广泛的生命活动之能动选择和体验中的关联,将熊掌孤立而片面地凸显,相应地,也就撇弃了对生与义的更为广泛的关联,将义孤立而片面地凸显。如此理解,就单纯地将"道德上的应当"(义)看得重于"生命之生",二者在不可得兼的冲突与对峙中,就将舍弃生命的而选择道德之应当。

然而,如此理解的"舍生取义",作为生存困境中的道德选择,本身将是一个悖论而非道德的选择。"舍生取义"作为选择,必然由有生命之主体担当;而"舍生"如果先行被选择而践行,那么,"舍生"作为生命的消失,必然使得"取义"丧失抉择的主体或担当者。"舍生取义"就其本质而言,根本无法作为真实的可能被选择,更遑论付诸行动。因此,孟子所谓"所欲有甚于生者""生而有不用也",不能在狭隘的单一而静态的意义上理解其中所谓之生。所谓"所欲有甚于生者"与"生而有不用也",所谓"所恶有甚于死者"与"患有所不避",恰好显露出一个生命的实情:生命本身具有多样性可能,在多样性可能中,有些可能能被选择,有些可能不能被选择。那么,在生命存在及其继续前行中,生命的多样性可能中,哪些可能能被实现,哪些可能不能被实现,区分的标准是什么呢? 生命自身不能以自身之外的东西为目的,它自己的当下之在及其继续前行就是自身的目的,它也没有自身之外的别物为标准,它自身之在及其继续前行就是标准。换言之,决定生命多样性可能能否得以实现的标准,就是生命本身能否更好地继续存在。因此,生命的能动而自觉的展开,就是"有所为"与"有所不为"、"有所用"与"有所不用"的自觉抉择和行动。孟子明确说:"人有不为也,而后可以有为"(《孟子·离娄下》);"无为其所不为,无欲其所不欲,如此而已矣"(《孟子·尽心上》)。"无为其所不为",对应于为其所为;"无欲其所不欲",对应于欲其所欲。这是先秦儒家中庸之为德的核心所在,即生命存在首先在于它能动地区划自身之所取与舍,并坚持行其所取而不行其所舍。

取舍基于能动的选择。具有能动选择能力的主体,在其行动中经由自主的选择与能动的行动,造就自身的规定性。孟子对人之道德性的论述,突出地强调了能动的选择对于道德性生活的本质性:

> 孟子曰:"口之于味也,目之于色也,耳之于声也,鼻之于臭也,四肢之于安佚也,性也,有命焉,君子不谓性也。仁之于父子也,义之于

君臣也,礼之于宾主也,智之于贤者也,圣人之于天道也,命也,有性
焉,君子不谓命也。"(《孟子·尽心下》)

于此,我们不能简单地作出一个抽象的理智结论,将仁、义、礼、智、信
作为人之本质规定性,而将眼、耳、口、鼻、身之感受作为非本质的规定性。
我们要理解,君子可以能动地选择以何为自身之性,能动地舍弃某些方面而
不以之为性,这才是生命存在的更为本质之处。依照萨特的观点而言,就是
选择和行动的存在活动先于并造就人的本质:"存在先于本质……是说首先
有人,人碰上自己,在世界上涌现出来——然后才给自己下定义。"[1]因此,
理解领悟人的生命,重要的首先不是某种抽象独存的价值、原则、规定被
外在地选择出来,而是人能在生命活动中能动地去做选择、能动地坚持选
择而行动,并在持续不已的生命活动本身中领悟、体验并自得于(陶醉于、
沉醉于)对自身生命的如此选择与行动的能动的展开。在能动的选择中,
生命存在有一个基于此能动选择的内在的升进,即由所欲进于所乐,由所
乐进于所性:"广土众民,君子欲之,所乐不存焉。中天下而立,定四海之
民,君子乐之,所性不存焉。君子所性,虽大行不加焉,虽穷居不损焉,分
定故也。君子所性,仁义礼智根于心。其生色也,睟然见于面,盎于背,施
于四体,四体不言而喻。"(《孟子·尽心上》)君子以能动的选择及行动造
就、确定自身之性(君子所性),意味着更深刻、更为真实的存在之乐,即以
自为肯定的方式"越来越好地继续生存"是生命本身真正的乐。

三、"失其本心"即明觉与行事的割裂

本章开端的想象性情境——鱼与熊掌一体呈现之境中,鱼和熊掌不

---

① [法]让-保罗·萨特:《存在主义是一种人道主义》,第6—8页。

可兼而有之的"想象性困境"，引向"舍生取义"的选择；而本章末端的想象性情境——箪食、豆羹死而不受与万钟不辨礼义而受之的"想象性困境"，则引向"失其本心"的评断。在两个想象性情境之间，有一大段"论理式的议论"："生亦我所欲，所欲有甚于生者，故不为苟得也；死亦我所恶，所恶有甚于死者，故患有所不辟也。如使人之所欲莫甚于生，则凡可以得生者，何不用也？使人之所恶莫甚于死者，则凡可以辟患者，何不为也？由是则生而有不用也，由是则可以辟患而有不为也。是故所欲有甚于生者，所恶有甚于死者。"（《孟子·告子上》）如上文所述，"生而有不用"与"患有所不避"突出的是生命存在中的选择权能，选择的根据在于生命存在及其更好地继续。孟子使用两个反问来突出"生而有不用"与"患有所不避"的主张："如使人之所欲莫甚于生，则凡可以得生者，何不用也？使人之所恶莫甚于死者，则凡可以辟患者，何不为也？"两个反问豁显了某种生存情态：生命自身及其延续，其多样可能性的实现，基于能动的选择，而能动的选择基于对生命自身的明觉。明觉与生命的统一，是生命的本质。"可以得生而有不用"，"可以避患而有不为"，内蕴着"生而有必用"与"避患有必为"，用与不用，为与不为，都是行动和事情。明觉于生命，其实质就是明觉于生命之展开中的具体事情、具体行为，因明觉而有为与不为、用与不用的具体选择与行动。对人的生命存在而言，"行事"概念在孟子哲学中具有核心的意义。人的存在及其过程并不是天命的外在表现或工具化实现，而是人通过自身的具体行事而自我实现："天不言，以行与事示之而已矣。"（《孟子·万章上》）

只要生命存在，生命就有明觉之心或心之明觉；反之，心之明觉总是对生命之领悟，或明觉之心总是领悟于生命本身。生命与明觉的统一，一定意义上就是行事与明觉的统一。明觉与行事的统一，是生命展开的基础，是生命历程的本质。而一旦明觉与行事的统一被阻断，则或者事情在冥妄之中盲行，或者明觉在空无内容之中枯寂。如前已述，在孟子通过想象性故事情境的诘问中，想象性故事情境与现实浑然一体，突出了明觉与行事的相融一体。但是，并非每一个人都能持存明觉与行事的相融一体，很多人都可能丧失，只有贤者才能不丧失："非独贤者有是心也，人皆有之，贤者能勿丧耳。"（《孟子·告子上》）

这种明觉与行事相融一体的丧失，即是心之明觉与行事的割裂或背离，孟子称为"失其本心"："乡为身死而不受，今为宫室之美为之；乡为身死而不受，今为妻妾之奉为之；乡为身死而不受，今为所识穷乏者得我而为之，是亦不可以已乎？此之谓失其本心。"（《孟子·告子上》）"过去"之不受，即有着对行事的觉悟而对单纯欲望加以自觉的限制与否定（"身死"不外乎是寡欲在想象性故事情境中的一种形象性说法）；现在之"为之"而"不可已"，则是行事丧失了觉悟，从而失去了对肉体欲望加以自觉的限制与否定。所谓"本心"，在此有两层意义值得重视：一是觉悟或在行事中的觉悟，二是自觉的自身限制与否定。"过去之不为"，也就是在行事与明觉浑融统一的整体中，不为身体性欲望所裹挟，表明生命本身的道德纯粹性获得了某种对于单纯身体欲望的优胜，而能自觉地约束自身，乃至于遏绝身体性欲望本身也能选择不去做；"现在之为之不已"，即为"宫室之美""妻妾之奉""所识穷乏者得我"所萦绕而失却了基于觉悟的自身约束。严格言之，所谓"失其本心"，是心之觉悟或觉悟之心，在行事的展开中丢失或缺席，使得行事表现为冥行妄作。换言之，"失其本心"就是生命活动或行事失去了内在觉悟。由此而言，"失其本心"的意思，并不如通常人们理解的那样，是心自身丢失了自身，而是行事本身失去了其本来应有之心之觉悟或觉悟之心。把心作为某种脱离行事的精神本体，认为"失其本心"是在行事中丢失了先天本体，这样的理解，是悖于孟子的本旨的。

在孟子，心与事，是整体的生命活动绵延展开过程中相融互摄的统一体。《孟子·公孙丑上》第二章中有一句话说："必有事焉而勿正，心勿忘，勿助长也。"据焦循，"正"作"止"解："盖正之为止，即是已止之止。"[1]必有

---

[1] 焦循：《孟子正义》上，第204页。

事焉而勿止，首先是行事本身的绵延展开不断绝。相对于心可能具有的觉悟力量，不止歇之行事具有本体论意义上的地位。心只有融进不间断的行事，才成其为心；事也只有在心渗透其间才成其为人之所行。心与事相融，一方面，心外无事，要求不间断的具体行事必须有心的渗透，即"心勿忘"（行事而心忘，即是冥妄之行）；另一方面，事外无心，要求心不能脱离不间断之行事而抽象孤立地使用，即"勿助长"（所谓"助长"，即心脱离事而外在强加自身虚构的物事于事情，即所谓自私用智）。从实质上看，"忘"和"助长"都是"失其本心"的表现——前者离心言事而冥行妄作，后者离事言心而枯寂玄思。

孟子对将心之觉悟隔绝于行事的倾向特别警觉，称之为"造作的理智"："所恶于智者，为其凿也。如智者若禹之行水也，则无恶于智矣。禹之行水也，行其所无事也。如智者亦行其所无事，则智亦大矣。"（《孟子·离娄下》）所谓"禹之行水也，行其所无事也"，即顺水自身之道而让其流淌，并不是脱离水的自然流淌之外，悬设一个水的本质，从而规范水、改造水，如鲧的行水方式。相应地，所谓智的造作或造作的理智，就是智脱离其现实的本原而在自身虚构悬设关于生命的本质或普遍性，反过来扭曲生命存在本身。孟子反对智脱离生命存在之实而造作，但并不轻视智之内在于生命存在的意义。领悟智在生命存在中的真正意义，必须基于心与事的相融互摄之统一。

在心与事相融互摄的统一体中，觉悟与行事浑融，内蕴着生命存在自身最高的自我肯定，即"乐而忘我之在"："仁之实，事亲是也；义之实，从兄是也。智之实，知斯二者，弗去是也；礼之实，节文斯二者是也；乐之实，乐斯二者。乐则生矣，生则恶可已也。恶可已，则不知足之蹈之、手之舞之。"（《孟子·离娄上》）仁作为人之安宅广居，义作为人之正道大路①，即

---

① 《孟子·离娄上》："仁，人之安宅也；义，人之正路也。"《孟子·尽心上》："居恶在？仁是也。路恶在？义是也。居仁由义，大人之事备矣。"

是具体行事活动之不断绝或生命绵延不绝之展开。事情切近而平易,但有内在之觉悟,自有其自觉之克制与约束(礼);自觉的自我持存与自我克制,是整体生命过程中同一觉悟的两个方面,由此生命抵于其自身肯定而忘我陶醉的最高状态:"肯定生命……生命意志在其最高类型的牺牲中,为自身的不可穷竭而欢欣鼓舞……成为生成之永恒喜悦本身。"①在不绝的生命展开中,生命展开自为目的,超绝言诠而自为肯定。这一肯定展开为一个过程:"可欲之谓善,有诸己之谓信。充实之谓美,充实而有光辉之谓大,大而化之之谓圣,圣而不可知之之谓神。"(《孟子·尽心下》)生命之神圣与生命之快乐,在孟子哲学中是一体,任何偏废的理解都是不准确的。

四、道德与生命之对峙消融于生命存在的整体过程

综上而言,在孟子的文本中,"舍生取义"作为生死之际的生命考量,似乎突出了生命与道德处于某种对峙之中;然而,这种表面上的对峙式理解,脱离了生命历程以及生命体验的连续性。孟子提出"向"与"今"(过去与现在)的行动对比,他的诘问是:向(过去)"不"……(对过去经历中的否定性价值的否定性选择),今(现在)却……"做"(现在对否定性价值的肯定性选择),在今昔之对比中,"现在"的负价值行动何以不能止歇呢? 在孟子的诘问中,反衬的是过去事件中,行动与生命领悟的一体本身,作为一种自身延展的过程,自然而必然地体现为现在行动与生命领悟的一体相融。这是生命自身的可理解性所在。换言之,生命的可理解性在于其自身的连续性,或者是明觉与事情(或行动)在绵延展开中的相融。而其不可理解性恰好在于:在过去与现在(向与今)的事情连续性中,欠缺明觉

---

① ［德］尼采:《偶像的黄昏》,第 101 页。

的生命体验或丢失了明觉之心。

　　表面上,鱼与熊掌、生与义(道德)的对峙仅仅是一种非事实的想象性情景。然而,如此想象性情景不仅是一种纯粹性的彰显,还在双重维度上蕴涵着生命自身的切实历程:一方面,这一想象本身就是"即事而显"的,它并不是一种单纯的封闭式内省,而是对"事情"之应该如何"行"的精神"实验";另一方面,对事情的想象,本身植根于想象展开的更为深远而广泛的生命经验及其过程。

　　人的生命本身,只有通过生命的完整的历史过程才能得以解答。生死之际与道德应当之间的对峙,即是生命完整过程中的展开环节,二者同样归属于生命的整体过程本身,并且同样以促进生命继续前行为旨归。生命的完整过程,是事情与事情在深层意义上的连续不绝。事情的连续性,实质上就是行动的连续性。行动的连续性,即是行事(选择与坚持)与明觉的统一。所以,此所谓深层意义,即是事情之连续获得明觉的领悟。

　　忽略生命的整体及其过程,而片面地注目于道德与生命的表面对峙,将导致道德的反生命倾向。在后世关于道德与生命之关联的理解中,以理欲对峙形式为道德原则之反生命本质成为一种醒目的倾向。在戴震的犀利批判下,这得到了揭露:"乌呼,今之人其亦弗思矣!圣人之道,使天下无不达之情,求遂其欲而天下治。后儒不知情之至于纤微无憾是谓理,而其所谓理者,同于酷吏之所谓法。酷吏以法杀人,后儒以理杀人,浸浸乎舍法而论理,死矣,更无可救矣!圣贤之道德,即其行事,释老乃别有其心所独得之道德;圣贤之理义,即事情之至是无憾,后儒乃别有一物焉与生俱生而制夫事。古之人学在行事,在通民之欲,体民之情,故学成而民赖以生;后儒冥心求理,其绳以理严于商、韩之法,故学成而民情不知。天下自此多迂儒,及其责民也,民莫能辩,彼方自以为理得,而天下受其害者众也!"[1]道德之达情遂欲,即是道德之使得生命更好地继续;而"以理杀

---

　　[1]　戴震:《与某书》,《孟子字义疏证》,何文光整理,中华书局,1982 年,第 174 页。

人",则是道德与生命在本质上相背离,成为生命存在的反面。生命之展开及其继续展开,就是行事之不断;生命之更好地继续展开,就是事情之得其无憾。道德及其原则,如果脱离具体行事而独立存在,就易于走向生命的反面。在戴震看来,但凡"以理为'如有物焉,得于天而具于心',未有不以意见当之者也"①。以意见当理,其间的转折是,将个人独己的体验与认识伪装成为天下万物万民普遍而公共之理义原则(道德原则),与自身所处之优越地位相勾结,为保护自身利益而责杀、侵夺处境相异者之利益:"尊者以理责卑,长者以理责幼,贵者以理责贱,虽失,谓之顺;卑者、幼者、贱者以理争之,虽得,谓之逆。于是下之人不能以天下之同情、天下所同欲达之于上;上以理责其下,而在下之罪,人人不胜指数。人死于法,犹有怜之者;死于理,其谁怜之! 呜呼!"②道德至于情欲之遏绝乃至于生命之丧失,无疑是道德的反面,是极其不道德的。在尼采看来,"每一种健康的道德,都是受生命本能支配的","道德倘若不是从生命的利益出发,而是从本身出发进行谴责,它便是一种特别的谬误"③。道德为了生命自身,这是道德自身的道德性所在;一种否决生命的道德,本身就是不道德的。

实际上,生命存在自身蕴涵着丰富多样性,在其继续前行中,不仅是"更好地"展开,而且是更多地展开、更丰富地展开、更深邃地展开。从"更多、更丰富"与"更好"的统一来看,就生命存在的整体而言,并不能从彼此排斥性的对峙或矛盾来理解理与欲或善与恶。生命存在的展开及其继续,需要对自身之欲乃至恶进行宽容,而非直接地对抗乃至灭绝之:"人也必须学会容忍自己,也容忍那些他身上被他视为坏的和堕落的爱好。人不可直接对这些爱好进行斗争,而必须学会间接地克服它们,把精力投入到他的良心认为是善的及适合的、为他所接受的任务中去。"④在完成为自

---

① 戴震:《孟子字义疏证》卷上,"理"条,第 4 页。

② 同上书,第 10 页。

③ [德]尼采:《偶像的黄昏》,第 31、33 页。

④ [德]马克斯·舍勒:《人在宇宙中的地位》,李伯杰译,贵州人民出版社,1989 年,第 55 页。

身所理解、接受了的,善的、适合的任务过程中,领悟"有一个较高的价值,实现这个价值就使人忘掉恶,而且这个价值还吸引着人的精力"①。此即马克斯·舍勒所谓"勿抗恶"的思想,它意味着"转移"与"提升"的统一,而非灭绝(情欲)与保存(道德)的对峙。生命之存在及其继续前行,情欲之得其适当的满足,是一个不可或缺的基础;然而,生命更好地、更多地展开,生命内在之领悟的升华,不能局限于情欲,而需要转化——转移并提升自身,才得以可能。

王夫之就强调说,孟子以鱼与熊掌、生与义对举,并不是要遏欲、绝欲以断生,而是突出明觉领悟于欲之当与不当、生之可与不可。王夫之说:"将得生避患作人欲说。则是遏人欲于不行者,必患不避而生不可得,以日求死而后可哉?孟子以鱼与熊掌配生与义,鱼虽不如熊掌之美,然岂有毒杀人而为人所不可嗜耶?若夫人欲,则为鸟喙之毒而色恶、臭恶而不可入口者矣。孟子于此,原以言人之本心纯乎天理。即在人所当欲之生、当恶之死,亦且辨之明而无所苟;而况其为非所当欲、非所当恶者,曾何足以乱之哉!若论在所当得,则虽宫室、妻妾、穷乏得我,且未是人欲横行处,而况欲生恶死之情!……饮食之人,人皆贱之。饮食之于人,其视宫室、妻妾、穷乏得我也,缓急利害,相去远矣,讵可以饮食之人贤于富贵之人耶?是知宫室、妻妾、穷乏得我,以至得生避患,唯不知审,则可以为遏抑天理之具,而成乎人欲。固不可以欲生恶死即为人欲之私,而亦不当以宫室、妻妾、穷乏得我,与生之可欲、死之可恶,从利害分缓急也。"②因此,就王夫之的理解而言,从生命存在及其展开的整体过程来审视,生命与道德并不是一种简单的、抽象理智中的非此即彼的对峙,而是统一融和于生命自身的更广、更深的丰富性历程。孟子说:"可以死,可以无死,死伤勇。"(《孟子·离娄下》)所以,"舍生取义"并非单纯地否定生命而坚守超绝的

---

① [德]马克斯·舍勒:《人在宇宙中的地位》,第55页。

② 王夫之:《读四书大全说》,《船山全书》第六册,第1079—1080页。

道德原则，本质上是一种要求更好地生活的引导性论述。宋儒所谓"义在于生则生，义在于死则死"，失之简单，将道德之义超越于生命，反而陷于非道德了。

　　道德与生命对峙的扭曲理解，常易于陷入将道德规范脱离生命现实，从而毁弃生命本身根基的错误泥潭。这一点为孟子所明确反对。对时人交口称赞的陈仲子以其兄不义而不食其食的"正直"一事①，孟子评判说："仲子，不义与之齐国而弗受，人皆信之，是舍箪食豆羹之义也。人莫大焉亡亲戚、君臣、上下。以其小者信其大者，奚可哉?"(《孟子·尽心上》)在孟子，亲戚、君臣、上下，就是"立于安宅广居"与"行于正道正路"的生存活动所在。以某种脱离这一生存活动的抽象普遍规范来扼杀生存活动本身，为孟子所否定。如果说"得齐国"是得大利以厚生，陈仲子的道德操守即是不以义则不得其利以养其生，这个生，仅仅是片面的、丧失根基的小体或身体之生。因之，"不义而不受齐国"象征的"不义而舍生"仅是"德之小者"，更是"生之小者"。相反，"亲戚、君臣、上下"作为大者，则是"德之大者"与"生之大者"的统一，意味着生命与道德在生命活动自身中的相融。

　　由此言之，不能简单地在道德与生命的冲突和对峙的意义上来理解孟子之"舍生取义"，我们应换一种更为深刻的眼光来领悟其意。

----

　　①　参见《孟子·滕文公下》。

第六章　境界的整体性及其展开

——孟子"不动心"的意蕴重析

历史地看,孟子"不动心"的意蕴主要是在道德修养论意义上被视为一种很高的精神境界,即主体或人心以普遍的道德原则(义)经年累月地约束自身:一方面,内心能动地认知超越的理或普遍的道德原则(知);另一方面,心自觉地以自身认识之理约束自身,不为外物或利欲所牵引而弃理滑离开去(行)。这一具有认知主义倾向的理解,显然将"不动心"的意蕴窄化了。本章从道德-生存论角度出发,强调"不动心"的意蕴必须在基于具体行事(道德实践活动)的整体性境域中加以理解。①

一、心(志)在心、气一体的整体中具有主体性

从《孟子》文本来看②,公孙丑追问的关键是:如果得卿相之位,可以大

---

① 伽达默尔认为实践是一个整体,此整体就是人的生活形式或生活之整体与全体。参见[德]伽达默尔、杜特《解释学　美学　实践哲学:伽达默尔与杜特对谈录》,金惠敏译,商务印书馆,2005年,第67—68页,以及第68页译注。

② 本章将"不动心"章从义理上分为五个部分,对应文章的五个小标题。由于"不动心"章(《孟子·公孙丑上》第二章)文本众所周知,原文不另作引述。

有作为(形式上实现道)而"王霸不异",是否动心?

就孟子思想的主旨而言,心自身当然一开始就必然处在一种自我展开的动态之中:"心焉能不动?裁说不动,便是道家之'嗒然若丧',佛氏之'离心意识参',儒者无是也。"①心总是处于"动"之中,在此意义上依然说"不动心"是什么意思?换言之,心本就是"动"的,而这里否定的"心动",是什么意思?心本即在"动","动"作为行事当然与物关联。因此,此"心动"的意思,显然不是说心与物在行事中发生了关联,而是说在行事中心为异己的力量(卿相之位)所牵引而远离自身。公孙丑所谓"动心",意味着在某一行事活动中,"心"将之前不行事时认可的东西(王道仁政)抛弃,而拥抱一种新的东西(现实的权位与利欲)。孟子回答说"不动心",则是在行事活动中,心恒在其自身,持守于自身。

公孙丑不明白在行事活动的整体中心持守自身,而将孟子所谓"不动心"理解为一种武士式的"勇",即以为孟子勇于坚持一种与现实政治割裂的、外在的理念。公孙丑之意,勇是孤另之心对自身所选择对象的偏执坚持。但在孟子,勇是在心与气的关系上实现的:"'养气'一章在不动心,不动心在勇,勇在气"②,"养勇即是养气"③。如此所谓勇,不是公孙丑意义下的勇,"未尝非勇,而不可以勇言"④。

在孟子对北宫黝、孟施舍到子夏再到曾子的渲染中,孟子首先否定了北宫黝、孟施舍那样专守其气而丢失其心的勇,然后以曾子否定了子夏博而无守。王夫之认为,曾子之"守义而约"并非"反求诸己"(单纯内指而制约内心):"然曾子之言大勇,与孟子之引此,则意在缩,而不在自反。缩者,集义也。唯其缩,乃能生浩然之气而塞两间。"⑤在王夫之看来,孟子所

---

① 焦循:《孟子正义》上,第 194—195 页。

② 黎靖德编:《朱子语类》第四册,第 1267 页。

③ 焦循:《孟子正义》上,第 191 页。

④ 王夫之:《四书训义(下)》,《船山全书》第八册,第 183 页。

⑤ 王夫之:《读四书大全说》,《船山全书》第六册,第 919—920 页。

谓"不动心"之勇,是心在世界整体之中经由行事集义而使存在的道德性
(浩然之气)充满此一世界整体。这里有两点需要强调:其一,此一世界整
体之谓世界整体(王夫之所谓"两间"),是基于具体行事而有的统一整体;
其二,这一基于具体行事而有的统一整体,以心、气一体为其本体论基础。
与孟子"不动心"将心置于此一整体世界而不动摇相比,孟施舍乃至告子,
则因割裂心与气为二而动易了心的本然样子:"施舍有气无志,告子无志
无气,曾子、孟子以志帅气,则有志有气。"①"不动心"的根源是有心有气,
心、气一体,而心能在与气互动中持守自身而真正不动。简言之,"不动
心"的首要意蕴是:心将自身的具体行动展开于与气一体的整体世界中。

　　从理论上说,道德生存的具体境域包含着心物与群己两方面的关系。
在现实之中,两者并非截然相分,而是统一在一起的。具体现实的行动,
展开为心、物(气)与他人(社会,这里主要以言为表征)三者的统一。告子
之不动心,表现在言、心、气三者关系上,将三者彼此隔绝而固守不动:

　　　　告子谓于言有所不达,则当舍置其言,而不必反求其理于心;于
　　心有所不安,则当力制其心,而不必更求其助于气,此所以固守其心
　　而不动之速也。孟子既诵其言而断之曰,彼谓不得于心而勿求诸气
　　者,急于本而缓其末,犹之可也;谓不得于言而不求诸心,则既失于
　　外,而遂遗其内,其不可也必矣。然凡曰可者,亦仅可而有所未尽之
　　辞耳。若论其极,则志固心之所之,而为气之将帅;然气亦人之所以
　　充满于身,而为志之卒徒者也。故志固为至极,而气即次之。人固当
　　敬守其志,然亦不可不致养其气。盖其内外本末,交相培养。此则孟
　　子之心所以未尝必其不动,而自然不动之大略也。②

────────────

① 焦循:《孟子正义》上,第199页。
② 朱熹:《四书章句集注》,第230页。

　　显然，朱熹强调言、心、气三者的相通一体的关系，不能主观地对三者加以阻断孤守（其中心与志可以说是一个东西，因为志是心之所之，亦即具有内容与指向的心即是志）。在现实行程中，心（志）与气是一种动态的交养关系；并且，心、气一体中，心为主、为本，气为次、为末。

　　心、气在现实活动中的交养关系，基于心、气的本然一体。对心或志与气的本然一体，黄宗羲说："天地之间只有一气充周，生人生物。人禀是气以生，心即气之灵处，所谓知气在上也……心即气也……志即气之精明者是也，原是合一，岂可分如何是志，如何是气？"①但心、气之本然一体，是在二者统一的现实活动中实现的，是一种动态的统一关系。王夫之从动态展开的角度，认为孟子此处志、气关系分为三层。"第一层以志为主，而气从志令，曰'帅'，曰'至'，曰'持其志'，所重在志。告子一定拿着个主意，不为物动，与此相近，故上曰勿求于气可也。然此自无志及志不正者言之耳，则以持志为重。第二层言志与气有互相为功之道……志气交相为功，志以作气，气亦兴志，两者俱不可不求，既以明'勿求于气'之非果可矣。第三层就气之有功于心，全重气上，则就能持其志者上说，此时全恃气以配之。"②在动态展开过程中，由于主体自身在过程的不同阶段具体处境的差异，心、志与气的关系也有轻重缓急与层次之别。心、气一体在动的意义上的一体，也就是下文所说的在具体行事中的一体。

　　综上而言，"不动心"作为心、气一体基础上心的主体性表现，即是心在自身展开的活动过程中不偏离自身，它蕴涵着两方面的要义：一是心展开自身的活动本身处在与万物一体的整体性（本体论）境域之中，因此，心的自身展开就不是将心隔绝于外物而孤守自身；二是在万物一体的整体性境域中展开自身就是自觉于其主体性的实现。

---

① 黄宗羲：《孟子师说》，《黄宗羲全集》第一册，浙江古籍出版社，1985 年，第 60—62 页。
② 王夫之：《四书笺解》，《船山全书》第六册，第 286—287 页。

告子与孟子"不动心"的差异,就在于告子是"强制不动"或"硬把定",孟子则是"酬酢万变而不动"①。孟子自认为"知言"与"养气"作为超越告子之"不动心"的两个方面,就是在心、气一体的动态整体中,心持守自身。

二、"浩然之气"是对心、气本然一体的道德转化

如上所说,气是生天、生地、生人、生物的共同本体。气本来通天地而浑沦弥漫为一整体世界,这是自在的气一体相通的世界。作为人自身"体之充"的气,也就是弥漫天地之间的气:"天地吾身之气非二";"气只是充乎体之气,元与天地相流通"②。从道德-生存论的立场来看,自在的气一体相通,仅仅是一种承诺——除了承认它是道德实践行动的基础之外,不能赋予更多的内容,世界的一切内容来自道德之践履与修养。

在孟子,气之浩然的意思,当然不是指气的本然通为一体,而是这种气之本然通为一体在道德上的自觉,即达到自为的气之通为一体。所以朱熹说:"气,一气。浩然之气,义理之所发也。浩然之气,是养得如此。"③"浩然,盛大流行之貌。气,即所谓体之充者。本自浩然……程子曰:'天人一也,更不分别。浩然之气,乃吾气也。养而无害,则塞乎天地;一为私意所蔽,则欿然而馁,却甚小也。'谢氏曰:'浩然之气,须于心得其正时识取。'又曰:'浩然是无亏欠时。'"④在朱熹看来,"浩然之气"即是心得其正而无所亏欠时人的整体性存在。

"浩然之气"需要"养",就是"必有事焉"的行为,即"浩然"是通过主体

---

① 黎靖德编:《朱子语类》第四册,第 1233 页。

② 同上书,第 1248、1261 页。

③ 同上书,第 1242—1243 页。

④ 朱熹:《四书章句集注》,第 231 页。

自觉的道德实践,渗透道德性主体力量的一气流通。王夫之说:"吾之气有浩然不易养也,而我必求善养焉,善养之,而后庶几其浩然也……吾身之气一有不振,则即吾身之欲为有不能行;然必不能坐而听气之自生,亦不能起而期气之必壮。吾求之,吾乃善养之;吾益求所以善养之,乃成乎其浩然。"①气之浩然首先依赖作为主体的"吾"之求与行,即气因着主体的善养乃成为浩然。王夫之强调,"善养之,而后庶几其浩然也","不能坐而听气之自生",这里蕴涵着两层重要的意思:一方面,气本自主体的善养行为之展开,由自在而自为,即"浩然之气"是经由主体善养行为而由自在之气转化而来;另一方面,作为主体的人之善养其气,是通过能动行为养自身之气,并行而及身外之气,从而身内身外一气浩然。善养、力行并不必然成就气之浩然,但是,不善养、力行,则必然不能浩然。所谓"浩然",在此意义上,就是指人作为主体经由自身的道德实践活动,将道德的意味从自身之气充盈注入身外之气,使原本自在一体的内外之气由道德实践行为而贯通转化为道德性的浩然之气。气之浩然与否,不是气的自在状态,而是主体道德实践的产物。但回溯地看,气之所以能经由主体的能动道德实践而浩然,当然基于人一身之气与身外之气本自一体(或说"本自浩然")。所以,内外本自一体的气,是合乎道义的道德行为展开的基础,此即所谓"配义与道"。

"浩然之气"是在主体性道德实践基础上的本然一体之气的道德化,因此,孟子说"浩然之气""难言"。何以难言?王夫之解释说:"夫浩然之气,惟有诸己者自信其盛大流行之无可御,而言之则难也。盖言其藏诸己者之实,则不足以尽其用之大,而或近于硁硁之气节;言其加诸物者之盛,则不足以知其本之厚,而或近于一往之风裁;言其固有而不待于安排,则人皆具此气,而何以有全或丧;言其矜持而始成其大勇,则人可鼓其气,而即以无愧而无忧。"②"难言"的意思是,"浩然之气"是切实的修养行动之所

---

①　王夫之:《四书训义(下)》,《船山全书》第八册,第189—190页。

②　同上书,第190页。

得,是实有诸己的流溢,是一种道德-生存论状态,不是理智的言说所能切中。在言说中,追问何以能如此这般"浩然",则不过说为"我本藏有",但说"我本藏有"则不能将其多样而丰富的实际展开恰如其分地表达出来,从而流为一种无实行的气节;如果说"浩然"就是如此这般在诸多事物上表现出来的作用,则不能厘定其在主体自身内在的实有,流为一时的风格气象而已;如果单说是每个人天然就有的,自然而然就会如此展现流淌出来,则无法说明何以有的人全此"浩然",有的人却丧失此"浩然"。因此,"浩然"不是一种语言相应的状态,相比于"知言"作为群己关系上的体现,"浩然之气"是个体性自身内在的德性修养,更多地依赖个体在切己实行中的领悟与自证。

　　"浩然之气"作为自在一体之气的道德转化,是心为主之气:"气,只是这个气。才存此心在,此气便塞乎天地之间。"①心为主于"浩然之气"中,就是主宰与道理的统一,"只是中有主,见得道理分明"②。心为主于气之中,在一定意义上,也就是心以自身获得的理使气获得道德性规定,也就是说"浩然之气"是"集义所生"。义是行之宜,它有两个方面:一是心的方面,二是气的方面。"浩然之气"是心与气一体的道德化,即心对与自身一体的气赋"义"而成。"浩然之气"作为道德-精神性的气,至刚至大,反过来促进着心依循于道义而行。气的道德化与道德化的气能合而有助于道义的实现,两者统一起来,就是"浩然之气"表达的意蕴。但是,二者的统一,作为"集义"活动,实现于具体行事之中。

三、"集义"以养气奠基于具体行事之中

　　从道德-生存论看,"必有事焉"其实是理解整个"不动心"章的枢纽,

---

① 黎靖德编:《朱子语类》第四册,第1254页。
② 同上书,第1255页。

是"集义"而生"浩然之气"的基础。"必有事焉"意味着主体性活动的源初性，或者说，心一开始就自觉自身展开在具体行事之中。"必有事焉"阐明了事情或行动的本质，就是心在一个整体性世界中实现自身。就文本展开来说，"必有事焉"是用以解释如何"集义"的，而不是直接回答"养气"（"浩然之气"以"集义"而生）。

　　"集义"以生"浩然之气"，其基础是"必有事焉而勿正"。"必有事焉"，即人必然处于行事之中，而行事必有其"义"。行是内外之气交互影响、相互作用，因此，行事之义（宜）当然内在于此交织的气中，"气与道义，只是一滚发出来"①。就气与心在动态中的一体而言，孟子与告子"不动心"的区别在于活与死之别："孟子是活底不动心，告子是死底不动心。"②"活"当然是心的本质所在，心无时不在"活"的展开中，也就是心在具体行事中"集义"而不移异。如上所说，心总是处在动之中，实质上也就是人总是处在行事之中："人于日用之间，无时无地之非事，即无时无地之非动。"③行事活动具有根源性，行事之宜（义）先行展现于行事活动之中。《朱子语类》有一个记载：

　　　　问："《集注》云：'告子外义，盖外之而不求，非欲求之于外也。'"曰："告子直是将义屏除去，只就心上理会。"因说："陆子静云：'读书讲求义理，正是告子义外工夫。'某以为不然。如子静不读书，不求义理，只静坐澄心，却似告子外义。"④

　　朱、陆在心与理上的分歧暂不论，就"集义"而养"浩然之气"来说，朱熹强调读书求理的行事活动，通过具体行事活动而"集义"，这更为接近孟

---

①　黎靖德编：《朱子语类》第四册，第1245页。
②　同上书，第1261页。
③　焦循：《孟子正义》上，第208页。
④　黎靖德编：《朱子语类》第四册，第1264页。

子的本意。因此,以行事为基础是理解"集义"的核心,"集义是行底工夫"①,"'必有事焉',是须把做事做"②。经由行事而"集义",在一定意义上是因为人并不能对义生而知之:"若集义者,自非生知,须是一一见得合义而行。若是本初清明,自然行之无非是义,此舜'由仁义行'者。其他须用学知。凡事有义,有不义,便于义行之。今日行一义,明日行一义,积累既久,行之事事合义,然后浩然之气自然而生。"③在行事中认知义、积累义,才能最终自然而生"浩然之气"。通过比喻,孟子既反对"舍而不耘"又反对"揠苗助长",要突出的是气浩然一体的根基在于"必有事焉",即心无时不在行事之中展现自身。而行事有两种异化自身的表现方式,即"舍而不耘"与"揠苗助长"——前者"不"行事,而后者以"私意"行事。

由行事而"集义",实质在于必须将心与义理解为内在于同一行事活动。所谓义之内在,在此意义上,是事之宜,有其自在性;而事本身是人作为主体的行动,因此,心具有对事之宜的宰制与掌握,有其自为性。而就心、物在本质上同在"行事"之中而言,义作为事之宜,以及行事之原则或规范,是心、物二者在行事之中共存的法则,不能认为行事之原则或规范单纯来自心,或单纯来自物。因此,义是"心之制"与"事之宜"在具体行事中的统一。无论将义单纯归为心之产物还是物之属性,都是"义外"之说。如上文所举,朱熹与陆九渊互相指斥对方为告子义外之说,原因就在于二者都没有真正理解孟子所谓"必有事焉"的意思,就是"集义"只能在具体行事中实现,义从行事中经由心的明觉而逐渐彰显。简言之,义与事不能分离,义是心在力行行事之中从事情中所集:"'集义'者,应事接物,无非心体之流行。心不可见,见之于事,行无所事,则即事即义也。心之集于

---

① 黎靖德编:《朱子语类》第四册,第 1261 页。

② 同上书,第 1264 页。

③ 同上书,第 1263 页。

事者,是乃集于义矣。"①因此,行事活动本身具有优先性,"义"是心作为主体性力量展开行事之所"集"。

事之宜内在于事情,事情按其本质而展开,"义"就能到来。如果悖于事情自身的展开而人为任意地介入或离弃事情,都是事之不"宜"。"必有事焉而勿正"②,人"活着"就是"行事",就是事情永不停止地依据自身本质而展开。在此行事过程中,"心勿忘",即是说心必须一直内在于事情之展开过程,并主宰这一过程;而"勿助长",则是要根据事情本身的展开而得其宜(义),不能脱离了事情任自身理智妄为,反过来外在地介入事情而使事情失其宜。③孟子将"不耘者"与"揠苗者"视为两种脱离行事具体性的表现,认为两者都失其宜,而不能"集义"而生"浩然之气"。不耘者是忘却种植之事(失却了"必有事焉"的源初情态),揠苗者是不顾庄稼自身的法则而主观助长。在具体行事中得宜而"集义",只要"勿忘,勿助长"即可:"'勿忘,勿助长'之间,正当处也。"④所谓"正当处",即是行事之宜所在。义是行事之宜,而行事本身又是不断展开的,因此,义也是随着行动而不断生成的:"义,日生者也。日生,则一事之义,止了一事之用;必须积集,而后所行之无非义。"⑤

义作为事之宜,本质上随着事情的变化而变化。不过,义一旦为心的认知能力所把握,就能获得相对的独立性,取得相对于实际行事的外在客观性而体现为似乎单纯为心所颁布的性质。但从根源上看,义的相对独立性是逐渐生成的。

---

① 黄宗羲:《孟子师说》,《黄宗羲全集》第一册,第 62 页。

② 焦循将"正"解为"止","必有事焉而勿正"即是行事不止之义(参见焦循《孟子正义》上,第 204 页)。

③ 焦循将"心勿忘"的"忘"解为"妄","忘通妄,即《易》无妄之妄"(焦循:《孟子正义》上,第 204 页)。由此,"心勿忘"就是"心无妄"的意思。

④ 朱子引程明道之语。参见黎靖德编《朱子语类》第四册,第 1268 页。

⑤ 王夫之:《读四书大全说》,《船山全书》第六册,第 929 页。

四、"知言"是在社会性存在中明理分辨
而自觉担当人之类本质

"知言"关涉道德存在中的群己关系，是"不动心"的另一个环节或方面，即个体存在的合群性或其存在的关系性（即必然与他人同处共在）方面。虽然从一般意义来看，"知言"是对不同观念的评断；但是，恰如其分地评断世间不同的纷纷言说，不仅是因为评断者有一个不可遮蔽的清明之心或者心把握了唯一天理。实质上，"知言"关涉语言的本质问题。从语言的本质来看，言语自身构成评判言语的更为坚实的基础。某种或某些言论之扭曲乃至陷入诐、淫、邪、遁，当然首先应该是从言语自身的本质给出的断定。语言是人存在的关系性或合群性表现，"知言"也就意味着在存在的整体性中与他人之关系在"言说"上的合理性确定。就此而言，对于人的存在，语言具有本质性。一方面，语言植根于人类的共同行动并使共同行动在更高的阶段上展开。在共同行动中，既要将行动的共同对象加以确定，又要将所有行动主体的个人理解加以传递。人类群体的整体性活动构成着语言的前提，"社会群体是语言的条件"①。

如果说"养气"在一定意义上可以抽象为基于个体与客观世界的关系（心与气的关系）而言道德实践（修养行为），"知言"却只能在群体或社会整体活动中才能得到确定。虽然孟子乃至后世的诠释并未能明确而充分给出"社会性"作为理解"知言"的基础，但是，言说的社会性本质无疑构成

---

① ［法］埃米尔·本维尼斯特：《普通语言学问题》，王东亮等译，生活·读书·新知三联书店，2008年，第96页。

我们进一步理解孟子"知言"的基础。正如恩格斯所说,语言是在共同劳动中基于合作劳动的必需而产生的,社会性或者合群性共同活动是理解语言的基础。由此,语言的表达必然关涉言说者与倾听者两方面。就道德意义而言,商谈伦理学(或说对话伦理学)认为,道德原则必须基于主体间的理性对话与交往而建立,强调真正的道德个体只有在社会化过程中才能形成,即有见于此。①

如果语言基于群体生活,个体只有在群体生活中才能获得自身,那么,一切言说对于社会性主体都具有内在性。朱熹说:"言之所发,便是道理。人只将做言看,做外面看。且如而今对人说话,人说许多,自家对他,便是自家己事,如何说是外面事!"②言之所发,总是对话,其间自有"道理"。告子以言为外,所以不得于言则不求于心,其实,对于言说者或对话者,言说或对话并不在自身之外。自己即是能动的参与者,自己即是此言说、对话的内在参与者,必回返其心而获得主体性。

正因为言说发生于合群生活之中,孟子的"知言"指向的就不是自知而独善其身。心所知之理,发于口则为言,发于身则为行。一定意义上,就政治-道德生存而言,政事的展开,就是心-理的实现。在乱世(乃至任何时代),政治治理者并不必然掌握着合理施政的理论,而往往为邪说诬言所惑。"知言"就是对邪诬之言的本质的明了,知之则当辨明之,防止其为害于政事。王夫之说:"吾既知之矣,则守吾之正而听彼之自起自灭于天下,不亦可乎?而固不可也。言不自言,而终以贼道诬人,坏人心而终不可兴王业者,皆在于此。"③因此,孟子"知言"就不是离弃天下而孤守一心,而是明正道于天下而待王者,斥邪说而使之不害天下——无论世道如何卑污,心守此而不动。

---

① [德]尤尔根·哈贝马斯:《对话伦理学与真理的问题》,沈清楷译,中国人民大学出版社,2005年,第9页。

② 黎靖德编:《朱子语类》第四册,第1242页。

③ 王夫之:《四书训义(下)》,《船山全书》第八册,第195页。

　　与"知言"相联系,孟子"好辩"即"知言"以论世。为什么"必须(非得)""知言"而又好辩于世?因为,人当然而必然地存活于"人群"之中,即孔子所谓"鸟兽不可与同群,吾非斯人之徒与而谁与"(《论语·微子》)。"知言"而"好辩",显现为社会责任的担当,实质是社会责任担当与维护个体存在之家园的统一(在此意义上,个体的存在之善与群体生存处境的善是统一的)。孟子的"不动心",则是在社会整体中"知言"而辩其是非得失,知言辞之诐、淫、邪、遁而明其蔽、陷、离、穷,并以道义匡护此世。所以,孟子说:"圣人复起,必从吾言矣。"而告子的"不动心",是遗弃天下事务而孤守一心,王夫之以为类似于佛道异端的逃世避世之行。

　　因此,"知言"的"不动心"意蕴在于:个体生存于社会整体之中,虽然由之而获得自身存在的可能,但是,个体不随着社会整体的堕落扭曲而移异自身,而敢于担当矫正社会扭曲的责任。在孟子,"知言"与"好辩"统一,是孟子自觉的使命、责任承担,体现为两个方面:一是批驳导致人心淆乱的邪说诬言;二是传承历史中维系人自身本质存在的事业。前一方面体现为由"好辩"而作论定:"杨氏为我,是无君也;墨氏兼爱,是无父也。无父无君,是禽兽也。"(《孟子·滕文公下》)所谓"无父无君",就是对人存在的社会整体性的背弃。而对"无父无君"的禽兽论断,不外乎是要以突出的方式强调人不能脱离人自身的整体而存在。在孟子看来,政治治理的恶,就来自治理者自身从与民一体的整体性存在中倒退滑落。无论从对梁惠王与民同乐的论说中,还是从对"诛一夫纣矣"的辩解中①,都可以看到孟子对治理者与民一体的强调。

　　"知言"而"好辩"的另一方面,则是孟子自觉地接续了从禹到周公再到孔子的事业:"昔者禹抑洪水而天下平,周公兼夷狄驱猛兽而百姓宁,

_____

　　①　纣作为"一夫",即是"独夫"(杨伯峻:《孟子译注》,第39页)。独夫或一夫,都是失掉了群众,成为孤立者的意思,意味着他从与百姓一体共在中扭曲抽离,成为百姓展开自身生存的制约力量,从而被诛。

孔子成《春秋》而乱臣贼子惧。《诗》云："戎狄是膺,荆舒是惩,则莫我敢承。'无父无君,是周公所膺也。我亦欲正人心,息邪说,距诐行,放淫辞,以承三圣者;岂好辩哉? 予不得已也。能言距杨墨者,圣人之徒也。"(《孟子·滕文公下》)孟子认为:禹之所为,是将洪水导入河道,并将蛇龙等安置于草泽,使人能在大地上获得居所;周公则在大地成为人的家园之后,将夷狄和非人的猛兽驱逐出去,使大地真正成为人的居所;孔子则是在统一的社会整体作为居所分崩离析之际,对人群整体最能彰显人性的那些社会治理者作出春秋笔法(将背离了人之整体居所的乱臣贼子加以揭露,并提示属人的政治理想)。孟子则是对战乱时代影响君王们的观念学说加以剖别,拒斥那些导向非人生存可能的言说,而在无圣的时代,存留下"将来"圣人复起而必从之言。简言之,孟子认为自己承继三圣人,在不断变化的具体历史境域中,从事维系人之为人本质的事业。

　　由此,"知言"作为"不动心"的一个方面,其意蕴是在社会性整体存在中,勇于担当对类本质的维护。

五、"学孔子"的意蕴在于经由整体而成就自身

　　在"不动心"章的最后,孟子讨论孔子与伯夷、伊尹的同异,更论及自己与孔子以及孔门诸弟子的关系,结论则说"乃所愿,则学孔子也"。从义理上看,"学孔子"意味着孟子通过"知言""养气"以论"不动心"之后的自我认同,其中蕴涵着他在道德-生存论上的价值取向,也是其所谓"不动心"的最终意蕴所在。要明白孟子学孔子的意蕴,就要明白他所说"孔子贤于尧舜","自有生民以来,未有孔子也","自生民以来,未有盛于孔子也",以及"出于其类,拔乎其萃"等,究竟所指为何? 王夫之解释说:"圣人

之于民,亦同此形,则同此义、同此知,亦类也,而圣人者,为民之所不敢
为,不为民之所竞为;于其同类之中,高自标举以伸其志,而超然自拔于流
俗萃聚之中……则孔子之贤于尧、舜者何也? 为百王之不逮者何也? 为
出类拔萃之圣人所莫及者何也? 道义统其同,而仁智立其异,吾之所愿学
者此矣。"①人之为人,当然不是在生物-物理意义(即形的意义)上的界定,
而是在一定自觉行动中贞定的。所谓一般民众,就是其行为不能区别于
他人而与他人混同为俗。在流俗中,似乎都是"人"存在于其中,但究实而
言,无任何真正自主的人活于其中。圣人不在流俗中,因为他凭借其切实
的具体行为与一般民众区分开来。圣人与民同类为人,但圣人不与民同
俗而为,他走出了流俗萃聚之类而成其为自身。《孟子》原文本来说孔子
对于民众而言"出类拔萃",王夫之进而理解为即使是出类拔萃的圣人也
不及孔子,将孟子学孔子的意蕴更为彻底地彰显出来。圣人走出了"流俗
萃聚之类",而圣人不再成为一个"类"。

　　在通常的理解中,似乎有一些人间的精英,他们天赋过人,构成一个
超越一般人类的"圣类"。在孟子的本意以及王夫之的理解中,不存在这
样一个圣人之"类",圣人的本义就是在自己身上完全实现自身者,他拒绝
抽象的类别划分,而是切于行动的自身实现者。因此,尧超越一般流俗萃
聚之类而成就尧之自身,舜超越一般流俗萃聚之类而成就舜之自身,孔子
也超越一般流俗萃聚之类而成就孔子之自身。如上文所述,道义在即事
集义的过程中,慢慢取得相对的独立性,乃至获得公共普遍性,所以道义
表达的是圣人与一般人以及所有圣人之同。但是,仁智是个体在具体处
境中的切己行事本身,不能被普遍化、公共化。孟子说:"仁之实,事亲是
也;义之实,从兄是也。智之实,知斯二者,弗去是也;礼之实,节文斯二者
是也;乐之实,乐斯二者。乐则生矣,生则恶可已也。恶可已,则不知足之
蹈之、手之舞之。"(《孟子·离娄上》)仁作为安宅,义作为正路,其真实的

---

　　①　王夫之:《四书训义(下)》,《船山全书》第八册,第201页。

内容就是"事亲从兄"的具体活动,而智对于"事亲从兄"活动的意义,就是使之抵达"自觉而持守"(知之而不离开)。当智仅仅限于对"事亲从兄"之行事的自觉时,仁义就没有脱离行事而被智抽象地加以孤立化,行事活动本身就是个体化的。

由此,孟子所以要学孔子者,恰好是不能被学的东西。那么,孟子说学孔子究竟学什么呢? 王夫之说:"'愿学孔子'一语,乃通章要领,若于前后贯通有碍,则不但文义双蹶,而圣学吃紧处亦终湮晦,令学者无入手处。夫愿学孔子,则必有以学之矣。孟子曰'可以仕则仕云云,孔子也'。然则将于此而学之耶? 乃此四者则何易学也? 仕、止、久、速之可者,初无定可,而孔子之'则仕''则止''则久''则速'也,自其义精仁熟,由诚达几,由几入神之妙……孔子曰'下学而上达',达者自然顺序之通也。达不可学,而学乃以达,孔子且然,而况学孔子者乎?"①孟子所要学孔子者,即是这"下学"本身,也就是切己行事而明觉之。舜的形象和孔子的形象在《孟子》中表征着某种重要意象,对尧何以禅让于舜这一重大事件,孟子以"行事"为答,亦即舜经由切己行事彰显自身而得禅让。

由此,孟子将自己与孔子的学生相比,并将孔子与别的历史上的圣人相比,用意就在于:将"知言"的与群一体(与他人共在)指向自身志向与身份的确认,即"学孔子"。在与物一体中行事而习得主体性自觉(类的自觉),在与人一体中则获得真正的自身(个体性的自觉)——圣人的意思,就是在行事中切中自身。孔子的"仕止久速",即行事之"时中"。"时中"的意思,就是在具体性境域中抵达行为主体之自身。主体性自觉抵达一般的人,"学孔子"则抵达每个人的自身。以孔子为表征,孟子要说的不是一个抽象意义的孔子之作为圣人是绝对的标准,而是说,孔子超出所有人而成其为孔子,昭示所有人成其为自身的道路。孔子既代表着人主体性的自觉,也代表着人自身个体性的自觉。

———————————

① 王夫之:《读四书大全说》,《船山全书》第六册,第937页。

　　综上所述，"不动心"的意蕴，就是经由自身的切己行动、具体行事，在心物关系与群己关系上，处身整体之中而自为持守。换句话说，即主体经由自身的切己行动，通过成就自身为一个真正的人而为所有人之所以为人进行担当（既是使本然一气的世界成为"人"的世界，也是使相与为群的这个群体成为"人"的群体）。这才是"不动心"的完整意义。

第七章 "明"的展开与天人之间的分合
——荀子"明于天人之分"新论

在一定意义上,天人关系问题是中国古代哲学的基本问题。司马迁著《史记》就强调"究天人之际,通古今之变"①,戴震也说"天人之道,经之大训萃焉"②,张岱年先生直接把整个中国哲学称为"天人之学"③。冯契先生以天人之辩为先秦哲学的基本问题,认为荀子的天人关系论"对'天人'之辩作了总结,批判地审查了诸子关于天人关系的学说"④,是先秦天人关系讨论的总结与集大成者。冯契先生对荀子天人问题的分析、讨论,有一个基本的立足点,即立足于人类"制天命而用之"的实践活动来理解天人关系。冯契先生认为:这是天人之间的动态交互作用;并且此一交互活动展开为一个辩证过程,并不是一个抽象理智的枯燥玄思。

从以"制天命而用之"为天人交互活动的视角来看,无论是单纯地以"天人合一"来概括荀子的天人关系,还是纯粹地以"天人相分"来理解荀

---

① 司马迁:《报任安书》,《汉书·司马迁传》,中华书局,1997年,第2735页。
② 戴震:《孟子字义疏证》,第61页。
③ 张岱年:《张岱年文集(第三卷)》,清华大学出版社,1992年,第209页。
④ 冯契:《中国古代哲学的逻辑发展(上册)》,第195页。

子的天人关系，都是失之偏颇的。

在"制天命而用之"的主体性活动基础上，天人有一个分分合合的辩证展开过程。荀子所谓"天人相分"，并不是二者漠然无关，而是说一旦脱离人自身"制而用之"的活动，就会失去理解天和人的根基。《荀子·天论》开篇所谓"天行有常，不为尧存，不为桀亡……故明于天人之分，则可谓至人矣"之论，不过是一个双重的确认，即一方面承认自然有其自在性，另一方面强调人之主体性活动是呈现天地人以及万物的根基。由此，不能简单地将荀子如此所说之"天"理解为"自然之天"①或纯粹自在之天，即认为"天"有着脱离人之具体知行活动的特定内容。如此观点，混淆了承认天地自然之自在性与独断论的区别——脱离主体性活动或人的具体知行活动，根本就不可能有任何理解与呈现天地万物的可能。因此，《荀子·天论》篇末就凸显了"制天命而用之"的主体性活动，以之为理解天地万物的原始性根基："大天而思之，孰与物畜而制之？从天而颂之，孰与制天命而用之？"但是，基于主体性活动来理解天人关系，并不能简单地归结为荀子只是关注"控制自然"和"改造自然"，认为荀子是"不同意天人合一，强调天人分别的思想家"②。如此看法，与前一看法正相反对，混淆了人类的具体主体性知行活动与主观主义——脱离了人与天地万物的交互活动，人自身也是抽象而不真实的。

同时，脱离人的具体主体性知行活动，用理智思想的方式，在人的主观观念中给出一个"天人合一"来理解荀子，也是错误的。有学者认为，在儒家哲学传统中，"天"是作为"人"的价值根源而出现的，以"天"为人类生存的价值本体。从价值形而上学角度，这些学者认为，荀子"不求知天"之论和"明于天人之分"之论，即是强调"天"不是人类经验性认知与物欲性追求的对象，而是人类经验性活动与物欲性生命活动的超越性价值根基。

---

① 冯友兰先生明确指出"荀子所言之天则为自然之天"。参见冯友兰《中国哲学史》上册，华东师范大学出版社，2000年，第216页。

② 方立天：《先秦哲学与人类生存智慧》，《光明日报》1999年3月19日。

甚至,价值形而上学论者由此将荀子之"天",视为人类具体知行活动的本体论根据,其中的自然意义,只是"天"之价值意义的衍生与附属之性。如此论点,似乎以为荀子提出"夫天生蒸民,有所以取之"(《荀子·荣辱》)以及"天之立君,以为民也"(《荀子·大略》)等说法,是在有"人"之前,"天"就对"人"的现实及活动有所决定,即先天超越地决定了。因此,他们认为,荀子非认知的"天",就是作为人类道德价值性生存根基之"天",即是"德性之天":"荀子不仅以道德作为人的本质规定,而且作为天的本质规定。"①如此之论,以人类的道德价值消解了"天"的自然自在性维度,但是,实质上这种意义上的"天"也是脱离了人的具体主体性知行活动,经由理智的抽象思辨独断地构造出来的,不是真实的东西。

如实地看,基于人类具体知行活动的展开,所谓"自然之天",是指尚未进入人的知行活动之域,或者说尚未被主体认知与践行而有待于被主体开显之"天",是于人而言的某种异己性存在或自在性存在,故可称之为"天之天"。所谓"德性之天",尤指已为主体的知行活动所开显,或者说已为主体所认知与践行之"天",是为人类具体知行活动内蕴的价值所投射其上的自为性存在,是于人而言的某种属我性存在,故可称之为"人之天"。两者之间的划分都奠基于同一个根源,即人类自身的具体知行活动。二者的区分,只具有抽象的理论意义,在人类现实而具体的知行活动的展开过程中,又是统一的。王夫之就明确指出:一方面,"人之天"与"天之天"具有不同的内涵;另一方面,二者又在人类具体生存展开的过程中互相转化而统一起来:

　　　人所有者,人之天也,晶然之清,皛然之虚,沦然为一,穹然之大,人不得而用之也。虽然,果且有异乎哉? 昔之为天之天者,今之为人之天也;他日之为人之天者,今尚为天之天也。②

---

①　惠吉星:《荀子天人哲学的人本学特质》,《河北学刊》1988 年第 2 期。

②　王夫之:《诗广传·大雅》,《船山全书》第三册,岳麓书社,2011 年,第 463 页。

在任何具体历史阶段,人类自身的知行活动都是有限的。在此意义上,有限的人类具体知行活动,都有一个不可跨越的界限。在此界限之内,就是操之在我的人类自为之域,或"人之天";在此界限之外,就是非操之在我的在外者,就是世界的自在之域,或"天之天"。特定历史阶段人类有限的知行能力,自身领悟其有限性,也就让渡出了一个作为自在之域的"天之天"。如此"天之天",拒斥着思辨的虚构与价值的强加。但是,另一方面,人类的具体知行活动的时间性绵延,又昭示出一个有限性自我不断突破的无限性倾向(但并不等于无限性本身),它就使得在过去的"在外者"在现在转为"在我者",即"天之天"化为"人之天"。同时,进入人类知行活动之域的事物,也依然保持着其自身不为人类知行活动所消解的自身性或自在性,也有一个从"人之天"不断回返自身"天之天"的过程。因此,天人之间的关系,既非一个简单的"分离",也非一个单纯的"合一",而是在人类具体的知行活动过程中,展开为"分分合合"的不断深化的过程。基于人类自身具体历史的知行活动过程,我们既不能以人类知行活动的主体性与自为性,消解世界与万物相对于人的自在性或异己性,也不能以世界整体或事物自身永远不可被人类知行活动穿透的自在性或异己性,抹煞人类自身具体知行活动的主体自为性与价值属我性。

荀子哲学在天人关系上的复杂性与深邃性,并非简单的"分"与"合"所能阐释。以人类自身浑融的知行活动及其具体的展开过程为基础,并理解在此基础上认识本身的辩证发展——有知之域与无知之域的相持而长,以人类行动的辩证展开。人自身生存之浑融一体的有限性与无限性,是深入把握荀子天人观不可或缺的重要两翼。

简言之,人的具体的知行活动构成天人关系的真实基础。正是通过人真实的日常劳作,人在不断地化"天之天"为"人之天"的过程中,在不断地化异己之天为属我之天的过程中,使"天"和"人"得以共同地从洪荒蒙昧走向澄明透亮;"天"和"人"不断地交融为一,从不断地更加深刻地彼此相分,再走向更为深邃的彼此相通。由此,"天""人"二者在"分离"与"合

一"的具体而辩证的交互作用过程中,彰示出二者从玄冥混沌的虚妄走向
清晰具体的真实。

一、"明"的两重性与天之显现的两重性

对荀子而言,天人关系并非一般的感知或理智所可认识,而是要
"明":"故明于天人之分,则可谓至人矣。"(《荀子·天论》)所谓"明",是区
别于一般认识能力的一种领悟,其中内蕴着两层不可分割的含义:

其一,天人之分,需要一种极高的明悟,而非一般的感性-知性认识能
力所能理解。这不是一般人所能做到的,只有超出一般人的"至人",有着
不同于一般人的感性-知性认识能力,才能"明"或"领悟"天与人之间的
"分别"或"分离"。①就此而言,与拥有极高领悟能力的"至人"不同,大多
数普通人陷于感性-知性的认识眼光,就会"昧于天人之分"。而且,现实
的情形往往是因为"昧于天人之分"或"不明于天人之分",就有天人之
间的未经反省的合一或者僭越的合一。但是,这并不是说,对天人之
"分"的明悟,不需要感性-知性认识的基础。实际上,在暗昧的天人合一
和僭越的天人合一中,缺乏的就是经由感性-知性认识充分展开而后抵达
的"明悟"。

其二,"明于天人之分"不单是一种纯粹的精神性明悟,而且更是对
人类自身具体知行活动的生存论领悟。用荀子自己的语言来说,就是
"从天而颂之,孰与制天命而用之"——要在天人的暗昧合一与僭越合一

---

① 分别和分离的含义各有不同侧重:一般而言,分别是一种认知上的差异,分离则是一种
存在上的差异。本章从人类具体知行活动整体来理解天人关系,因此对二者不作具体区分,随文
使用"分别"或"分离"。

的阴影中,开显出人类自身存在的原点与道路,从而指向人类自身的生存之"明"。

对荀子而言,"明于天人之分"并不是人自身存在的一种源初状态。事实上,现成存在的恰恰是对天人相分之"昧"或"不明"。在此"昧"而"不明"中,天人就陷于暗昧的合一与僭越的合一之中。正是这种"昧"而"不明",构成《荀子·天论》篇的立论指向。因此,在荀子那里,"明于天人之分"在一定意义上就是"去明于天人之分"。换言之,也就是"去"天人关系之上的"昧"。去昧,也就得到了明;去-明,也就实现了去昧。在此,"去-明"与"去昧"似乎有着意蕴的一致性。实际上,"去-明"指向的是时间维度上的未来性,"去昧"指向的是时间维度上的过往性。换言之,"去"的完整含义应该是由"过往"出发而指向"将来"。正是在过往与将来不断转化的过程中,"明"的真实含义才得以不断地呈现和显发。

确然无疑的是,无论是"昧"还是"明",最终的根据都在于"人"。无论是"明"的自身显发还是"昧"的呈现,都是人自身之知的体现:"知在人不在天,斯为至人。"①"昧"并不能将自身显现为"昧",只有"明"才能将"昧"显示为"昧";同时,"明"也并非直接地将自身显现为"明",而是通过将"昧"显示为"昧"而显示自身为"明"。所谓"明于天人之分"的"至人",就是"明于昧"并"去昧"而"明"的人。

明于昧而去昧存明,就是在明、昧之间的二分与转化。如此"明"而能分辨,荀子视之为人区别于其他动物的本质规定。因此,荀子将明而去昧视为人之能"辨":

> 人之所以为人者,何已也?曰:以其有辨也……故人之所以为人者,非特以其二足而无毛也,以其有辨也。(《荀子·非相》)

---

① 王先谦:《荀子集解》,沈啸寰、王星贤整理,中华书局,2012年,第301页。

人之所以为人,在于人有"分辨""分别"的能力和活动。如此"辨"的能力与活动,是对差异物之为异的"兼知":"心生而有知,知而有异,异也者,同时兼知之。"(《荀子·解蔽》)将不同之物的异如其异、分别地加以认知,并在更高的认识中将差异性认知融而为一:"同时兼知之,两也,然而有所谓一,不以夫一害此一谓之壹。"(《荀子·解蔽》)如此兼知差异物而融为一体,是人类生存活动与人类认识的根本之处。如此"别异而兼知"的能力与活动,在"天人关系"中,就表现为人能够"分别"出天与人具有各自不同的"职分"而"兼知",并且让自身生存活动展开在如此"兼知"之中。换言之,人自身的生存活动展开在觉悟于自身与天(包括禽兽)相区别的精神状态中,并且人自身的觉悟蕴涵着人对自身与天(包括禽兽)的精神性区别及人自身活生生的生存活动。

人对天和人的"职分"做出"分别",在内容上呈现出积极和消极两方面的意蕴。两方面的意蕴,表面上具有"不求知天"与"知天"的矛盾性。一方面,在消极意义上,荀子强调:"列星随旋,日月递炤,四时代御,阴阳大化,风雨博施,万物各得其和以生,各得其养以成,不见其事而见其功,夫是之谓神。皆知其所以成,莫知其无形,夫是之谓天功。唯圣人为不求知天。"(《荀子·天论》)如此消极意义上的"不求知天",实质上是对认知的一种限制,即不能在人自身具体生存活动之外去玄想自在之物的本质。另一方面,荀子又在积极意义上认为:"天职既立,天功既成,形具而神生,好恶、喜怒、哀乐臧焉,夫是之谓天情。耳目鼻口形能,各有接而不相能也,夫是之谓天官。心居中虚以治五官,夫是之谓天君。财非其类,以养其类,夫是之谓天养。顺其类者谓之福,逆其类者谓之祸,夫是之谓天政。暗其天君,乱其天官,弃其天养,逆其天政,背其天情,以丧天功,夫是之谓大凶。圣人清其天君,正其天官,备其天养,顺其天政,养其天情,以全其天功。如是,则知其所为,知其所不为矣,则天地官而万物役矣。其行曲治,其养曲适,其生不伤,夫是之谓知天。"(《荀子·天论》)如此积极意义上的"知天",其实质的意义不是在认识上,而是在生存活动或者人类主体性行动上,强调人之具有主体性行动是一种不可致诘的源初性生存处境,即人不得不经由自身与天地万物的交互作用而展开自身,并由此而逐渐呈现天地万物。

基于一种具体交互作用的视角,也可以说,这种表面上"不求知天"与"夫是之谓知天"的矛盾,更深入地看,其实就是对"天之天"与"人之天"的区分。这也就是说"圣人不求知天"的"天",是"天之天";"夫是之谓知天"的"天",是"人之天"。"人之天",就是在我者;"天之天",就是在天者。基于自身的主体性生存活动之明悟,君子能动地生成-造就并觉悟于其生成-造就,这是"人之天";一般人或小人的错误,就是错失了主体性生成-造就的"人之天",而去玄思、祈求"天之天":"故君子敬其在己者,而不慕其在天者;小人错其在己者,而慕其在天者。君子敬其在己者而不慕其在天者,是以日进也;小人错其在己者而慕其在天者,是以日退也。"(《荀子·天论》)

在消极意义上,就人类具体知行活动过程中相对独立的抽象思辨而言,人类能够设想一个"无人的世界"或"尚未有人的世界",这个世界及其万物在未有人的状态下自在地存在、自然地运行,而与人类主体性行动无关。甚至在人类主体性活动所牵连、涵摄的领域之内,所牵连、涵摄之物,依然保持着其自在性与自然性。世界及其万物的自在性与自然性,无疑为人类行动划定了界限。在一定意义上,作为界限的世界及其万物的自在性与自然性,就是人类主体性行动的异己者。

但是,作为异己者的消极意义上的自在世界与自然世界,可转出积极意义上的自为世界与在我者;因为自在世界作为界限,遏断人自身僭越的行进,人便转而内在地实现自身。世界本身及其万物自成其自身,但人作为人,也有其"天生而有的能知能行之心",并由此而能自成人之自身。物之自成自身是其自然与自在,人之自成自身则是人为与自为。将人自身从自然与自在之域区分出来,从而走向自为与价值之域,这是荀子"明于天人之分"的本意所在:

> 强本而节用,则天不能贫;养备而动时,则天不能病;修道而不贰,则天不能祸。故水旱不能使之饥,寒暑不能使之疾,祅怪不能使之凶。本荒而用侈,则天不能使之富;养略而动罕,则天不能使之全;倍道而妄行,则天不能使之吉。(《荀子·天论》)

与人类自身生存相关的"贫""病""祸""饥""疾""凶",乃至"富""全""吉",这些蕴涵着价值意味的生存状态,都是人类自身主体性行动所能避免或所能造就的东西,而非天之所为。自在之天的自然之化,若以与人自身的主体性行动相悖的方式显示出来,似乎引向贫、病、祸、饥、疾、凶等;或者若以与人自身的主体性行动相合的方式显示出来,似乎引向富、全、吉等。这都不是天之属人性的必然之应,而仅仅是偶然的相应。实质上,只有基于人类自身对在我者的充分领悟之明,以及对"天之天"的自在性与自然性的了然之明,二者相合,才能避免"错人而思天,则失万物之情"(《荀子·天论》)的生存悖谬。人类生存世界的价值性与属我性,其根基只能是人类自身主体性行动的展开及实现与否。天本身或自在之天并没有价值性与属人性,但自在之天并非隔绝于人类的价值世界与人类自为的世界:

> 故大巧在所不为,大智在所不虑。所志于天者,已其见象之可以期者矣;所志于地者,已其见宜之可以息者矣;所志于四时者,已其见数之可以事者矣;所志于阴阳者,已其见和之可以治者矣。(《荀子·天论》)

自在之天与人类知行活动的如此关联,是一种"弱关联",或者说广义的生存论关联,即与人的生存相关而在知上有所不知——"与人相关而不为人所知"。如此相关的不知的弱关联,与心作为人类知行活动之主体的本质相一致:"心者,形之君也,而神明之主也,出令而无所受令。自禁也,自使也,自夺也,自取也,自行也,自止也。"(《荀子·解蔽》)自行、自使当

然是积极意义的主体性行动,但是,自禁、自止也是心自身的主体性行动,
可以说是消极性的主体性行动。不过,如此积极性与消极性的划分,只具
有相对意义,因为积极性主体活动会造成消极后果,而消极性主体活动也
具有深刻的积极意义。在某种意义上,对心在行动和认知上的消极性缺
乏足够的明悟,往往造成莫大的谬误。内具消极性的主体性知行活动,也
就是自明于自身有限性的人类主体性活动。

　　进而,"明于天人之分"与"唯圣人为不求知天"和"夫是之谓知天"的
统一,就是有所明与有所不明的统一。所谓"不慕其在天者","不与天争
职",就是人对自身局限性的自觉和领悟之明。如此之"明",一方面是"明
于能明之所明",另一方面是"明于所不能明之明"。如此之"明",就是有
所"止"而"明",也是有所"明"而"止",是"明"和"止"的统一,从而拒斥蒙
昧与僭越。如此之"止"而"明"或如此之"明"而"止",是心固有的"自行、
自使"与"自禁、自止"的必然而本质的展现。就此而言,指向深刻地认知
世界与修养自身的学,其更为本质之处,就是学"止":

　　　　故学也者,固学止之也。(《荀子·解蔽》)

　　如此"止"之"明",在中国哲学中有着深远的传统。《易·艮卦》的
《彖》辞云"艮,止也",其《象》辞云"兼山,艮;君子以思不出其位"。朱子注
曰:"艮之义则止也。然行止各有其时,故时止而止,止也;时行而行,亦止
也。艮体笃实,故又有光明之义。"①《易传》显示的,就是"止"与"明"的本
质一致性。"明"与"止"的本质一致性,在《大学》中具有更为重要的显示。
《大学》开篇即云:"大学之道,在明明德,在亲民,在止于至善。知止而后
有定,定而后能静,静而后能安,安而后能虑,虑而后能得。"如此之"止",
一方面是停止与住止之意,另一方面是永不停止之意。庄子对此有更深

――――――――――

①　朱熹:《周易本义》,廖名春点校,中华书局,2009 年,第 186—187 页。

刻的揭示:"虚室生白,吉祥止止。夫且不止,是之谓坐驰。"(《庄子·人间世》)人类认识的智慧之光,必须止于其所当止之域,而不能僭越地超出其域限而坐驰。

本质上,与"明"具有本质一致性的"止",就是"止之明"或"明之止"。"止之明"的实质就是人在具体的知行活动中对自身有限性的领悟。

一方面,"天之天"作为人的知行活动所未开显、未抵达的异己之域,以自然的自在之态构成人之"明"的外在边界,同时为人之"明"的不断扩充提供了外在可能;另一方面,"人之天"作为人的知行活动所已开显、已抵达的属己之域,以行动和观念的自为之态构成了人之"明"的具体呈现,同时以行动和观念的属己之态构成了人之"明"的内在障蔽,湮没了世界及其万物的自在性与自然性,从而使人之"明"有逐渐消亡的可能。

人对自身有限性的领悟,就是在主体性基础上,对世界及其万物的自在性与自然性保持某种敬止或畏止。同时,人对自身有限性的领悟,也是对自身知行活动自在性的某种让与,因为人自身的生存,并不全然是自为与自觉的。这两方面使外在的自然和内在的观念都得以保持某种敞开的状态,即所谓"不以所已臧害所将受谓之虚"(《荀子·解蔽》),从而使人之"明"得以不断地扩充而不至于流于虚妄的造作而走向最终的僵朽。

简言之,"明"有其有限性,就是有所明与有所不明之两重性,"明"与"止"的统一及行与悟的相融,也就是天作为"天之天"和"人之天"二重性显现的原始根基。

二、"明"在知行整体中的展开与天人之间的分合

由上所述,"明"具有认识论上的意义。但在天人关系上的"明",则不为单纯认识论的视野所限。奠基于人的知行活动整体的认识活动,具有

相对独立性,尽管认识活动并不是某种单纯理智的自我活动,而是有其整个生命活动的根基,但对认识的相对独立的考察,可以更为深刻地透显人类整体生存的某些侧面。在认识论上,天人关系被视为主客体关系,"人"被视为认识的主体,"天"被视为认识的客体。虽然由单纯知识论的进路出发,并不能彻底揭示天人关系问题的全部真实内蕴;但从主客二分的认识论进路对天人关系进行讨论,从其固有的理论特征与理论困境,可以显明认知在具体知行活动中的地位,并揭示出天人之间并非单纯的合一关系,而是分离与合一不断展开的动态关系。

在西方认识论发展史中,休谟以彻底的经验主义立场,指出"关于实际存在的一切论证都是建立在因果关系上的;而我们对于这种关系所有的知识又是从经验来的;而且我们一切经验上的结论又都是依据'将来定和过去相契'的这一个假设进行的……分明是来回转圈"①。在休谟看来,一般认识以对客体的实在性承诺为前提,并且预设客体间的自然而自在之运行与人类感官对其经验具有内在而本质的一致性。然而,休谟认为,如此客体实在性承诺及自然客体运行与人类感觉经验具有一致性的预设,并不具有必然性,只是人类自身有限经验的习惯性联想及其僭越。人类的认识,并不能逸出人类有限经验的范围,去把握所谓客观实体的性质与规律;甚至所谓客体本身,也是一种经验推设,并没有认识论上的必然性与实在性。简言之,休谟通过对"因果关系"的批判,揭示出主客二分的认识论进路面临的深刻的理论困境,即认识主体与认识客体之间的连续性何以可能的问题。在休谟的讨论中,基于因果关系的主-客体内在连续性的认识,被揭示为虚妄而不可能的。

休谟这一经验主义立场,给当时的科学认识带来了巨大的挑战。这个挑战,在康德那里就表现为"科学知识何以可能"的问题。但康德的批判哲学转换了休谟哲学的经验主义立场,他不再追问客体自身的性质如

---

① [英]休谟:《人类理解研究》,关文运译,商务印书馆,1957年,第35页。

何与主体的经验一致或"客观的知识何以可能"的问题,而是追问"普遍必
然的知识何以可能"的问题。实质上,这就是康德在认识论的一个革命性
推进,即通过哲学上的"哥白尼革命"——人类的认识"不是知识依照对
象,而是对象依照知识"——来重建西方科学认识与形而上学的大厦。在
康德看来,人类的先天感性形式与先天知性范畴是一切经验得以可能的
条件,从而也就是经验对象得以可能的条件。因为其先天性,所以具有普
遍必然性。这就意味着,康德不是追问人类如何认识客体,而是追问客体
如何以合于人类普遍而必然的认识形式而呈现自身。简言之,康德以"普
遍有效性"来代替和重新诠释了客观实在性。从认识论而言,康德此一
"人为自然立法"的立场,促成了西方形而上学的转向,即康德完成了认识
与对象之间关系的倒转,认识对象就不再是传统认识论意义上的完全独
立于主体之外的客观实在,而是经由人的先天认识形式与先天知性范畴
构造、开显出来的一种"现象"。这与西方传统的主客二元化的实体主义
思维有别,而是一种新的现象主义的思维模式:"康德哲学的伟大之处在
于对传统实体主义的超越,开创了西方哲学的现象主义路线与思维。"①甚
至,有学者径直称康德哲学为"现象论":"康德的哲学是严格的现象论。"②
康德批判哲学的现象主义特征,消解了认识论之域的"实在性实体"幻象,
而还原为人类自身主体性的现象。但在现象之后的支撑问题上,无论作
为主体的人,还是作为客体的对象,康德都没有在认识论范围给出确切无
疑的说法,他认为,作为实体的人和对象,就认识论的经验有限性而言,都
是物自体。所谓物自体,其最为基本的意涵,就是逸出了人类有限认识能
力之域而不可言说。

　　休谟与康德在认识论上的如此进路,显露出单纯认识论的视域不能
真正而全面地揭示人和对象之间的内在关系。相应地,如果以认识论切

　　①　杨寿堪:《实体主义和现象主义》,《中国人民大学学报》2001 年第 5 期。
　　②　郑昕:《康德学述》,商务印书馆,1946 年,第 61 页。

人天人问题,单纯认识论的视野也无法真正而全面地揭示天和人之间的真实关系。但是,休谟和康德的认识论进路,恰好以认识自身的自我否定,否决了天和人在认识论意义上的本质一致性的"合一",而凸显出天人之间在认识论上的"相分"。也就是说,经由休谟和康德哲学的启迪,在天人关系上,本质一致性的合一就是僭越而非法的。

　　不过,休谟与康德揭示的天和人在认识论上的相分,在现代哲学的进一步展开中,体现出另一层转进的意义。在康德现象主义的基础上,现代现象学的创始人胡塞尔进而说:"现存生活世界的存有意义是主体的构造……自在的第一性的东西是主体性,是它在起初素朴地预先给定世界的存有。"①胡塞尔的学生海德格尔从现象学-存在主义的角度更加深刻地指出:"如果没有此在生存,也就没有世界在'此'。"②在人类生存其中的这个世界,一切充盈着意义,而此意义,既是"世界的意义",也是"存在的意义";而存在的问题,也就是存在的意义问题。人通过其在世生存,通过此在与世界浑然一体的"在世界中存在",造就意义、赋予意义,并在在世生存活动的意义造就过程中,不断敞开自身与世界及其万物。经由此在的在世生存的意义造就活动,人自身与世界及其万物都不断走向敞开与临显,如此就为天人之间的合一提供了一种生存论意义上的可能。

　　在天人关系的思考中,从休谟、康德到海德格尔的哲学致思的发展,导引向人之能动的知行活动或在世生存活动对事物的赋意。此赋意活动是世界分化与统一的基础,即有意义的世界与可能有意义的世界相分与统一的基础。二者是基于同一个人类知行活动展开的过程,并非一种理智抽象的不变性质及其实体的思辨牵合。

　　当然,我们这里借鉴休谟、康德与海德格尔哲学来说明天人关系,并

---

① ［德］埃德蒙德·胡塞尔:《欧洲科学危机和超验现象学》,张庆熊译,上海译文出版社,1988年,第81—82页。

② ［德］马丁·海德格尔:《存在与时间(修订版)》,第415页。

不是要对他们有关于天人关系问题的论述作专题化或主题化讨论,而是认识到,就哲学致思的启发性而言,他们在从认识论到现象学-生存论的发展过程中体现的致思进路,可以为我们理解天人关系的分离与合一提供启迪。至少,经过休谟、康德和海德格尔哲学,我们不能再把天视为一切具足的超验实体,并以之为自为的主体,然后推衍出人类的主体性活动,以如此简单而僭越的方式理解天与人之间的关系;而必须基于具体知行活动的展开,将天和人都视为不断生成、不断显现、不断开放自身的自为与自在相统一之物。

实际上,儒学从孔子开始,就已经领悟到天人关系在人自身生存活动中呈现的二重性。孔子一方面突出人自身在道德生存之域的主体性实现活动,另一方面强调天命之不言而自然的隐匿性。当他将两者结合在一起的时候,学生即使聪明如子贡,也不能理解其间的深意:

> 子曰:"予欲无言。"子贡曰:"子如不言,则小子何述焉?"子曰:"天何言哉? 四时行焉,百物生焉,天何言哉?"(《论语·阳货》)

天之不言的时行物生,就是自然的自在运行。但此自在运行并不隔绝于人类主体性的言说与行动(知行活动),而是与之涵融一体的。但是,尽管涵融一体,人类主体性的言行活动(知行活动),也并非直接性地就是天之本质的表达与实现。人自身要经过十有五而志于学、三十而立、四十而不惑的艰苦卓绝的学思修德进程,才能深刻地绽现人自身生存与天命之间的关联,即"五十而知天命"(《论语·为政》)。天命的显现,以人类自身主体性道德生存活动及其展开的时间性过程为基础。那是一个学思而明的过程,是《中庸》所说"明则诚"与"诚则明"的统一。

荀子在"圣人为不求知天"与"夫是之谓知天"的两难困境中,以"制天命而用之"的主体性制器活动来整合二者,自觉在人的具体实践活动及其展开中来理解"天"的呈现:"天不言而人推高焉,地不言而人推厚焉,四时不言而百姓期焉。"(《荀子·不苟》)天地四时之不言,是世界及其万物的自在运行,而人在自身主体性知行活动中,在自为之域将之呈现为高、厚,以及人类自身的期望。不言之天作为自在之天,在属人的世界里,有着合目的性的呈现,这是人类自身的"推设"。这是"明"的某种相对独立性的体现,它先将天和人以分离的方式加以呈现(天地四时之不言与人类之主体性言行是彼此相别的);但在其回归于人自身知行活动整体中之际,它又在天人合一的意义上,将天地四时推想为高、厚与合于期望(人总是要将异己之物以合于自身主体性形式的方式加以呈现)。只有分别或分离的天人关系,与只有合一或同一的天人关系,都不是天人关系的真相和全部;只有在人类具体而鲜活的知行活动整体及其展开过程中、在人类认识之"明"的不断深邃化中,天、人二者在相分而又相合的不断交互作用中,才能真正绽放。

三、"明"的蔽化与去蔽之澄明

然而,有人的这个世界,能"明"与所"明"都并非独一的存在者。能"明"的主体性存在者,有无数的多样性与多元性。不同的人都以为自己明然而知,但在荀子看来,其中很多都是"混然不知"的邪说奸言:

> 假今之世,饰邪说,文奸言,以枭乱天下,矞宇嵬琐,使天下混然不知是非治乱之所存者,有人矣。(《荀子·非十二子》)

人皆"有辨"而可以辨,但并非每一个人都能辨而知之、明之,反而常常蔽之、昧之。世间存在人与物的多样性差异,而此就是"蔽"的根源:"凡万物异则莫不相为蔽,此心术之公患也。"(《荀子·解蔽》)在差异之中的

人,往往陷于其作为差异之一物的一孔之见而不明超越自身的道理:"凡人之患,蔽于一曲而暗于大理。"(《荀子·解蔽》)

所谓"蔽",清代文字学家朱骏声认为:"蔽,小草也……按此字本训盖覆也。"①学者也多从"遮蔽""蒙蔽"的角度来理解"蔽"。在荀子,所谓"蔽",则是整体之多元构成因素之间的相互遮断,或多元观念世界里不同观点之间的互相对峙:

> 故为蔽:欲为蔽,恶为蔽,始为蔽,终为蔽,远为蔽,近为蔽,博为蔽,浅为蔽,古为蔽,今为蔽。(《荀子·解蔽》)
>
> 墨子蔽于用而不知文,宋子蔽于欲而不知得,慎子蔽于法而不知贤,申子蔽于埶而不知知,惠子蔽于辞而不知实,庄子蔽于天而不知人。(《荀子·解蔽》)

一个因其所欲而遮蔽其所恶,或反之因其所恶而遮蔽其所欲,二者相互遮蔽,也就遮蔽了欲与恶统一而成人自身的生命整体;始终的相互遮蔽,也就是遮蔽了始终相连续而成的事情展开之整体;远近的相互遮蔽,也就遮蔽了远近共同构成的空间整体;广博与浅狭的相互遮蔽,也就遮蔽了二者共同构成的知识整体;古与今的相互遮蔽,也就遮蔽了二者共同构成的历史整体。这些实质上都是以整体中的一见之隅遮蔽了整体以及他隅。在观念世界中,一个人因其性情或环境以及受教育经验等,而形成特定之观念,往往就会因其观念而遮蔽甚至阻碍其理解其他差异性观念,墨子、宋子、慎子、申子、惠子乃至庄子等,莫不如此。显然,这些所谓人之所"蔽",实质上是人之所"明"而致。有所明而不明其所不明,"明"转而成为"蔽":"蔽者,言不能通明,滞于一隅,如有物壅蔽之也。"②墨子、宋子等诸

---

① 朱骏声:《说文通训定声》,中华书局,1984 年,第 595 页。

② 王先谦:《荀子集解》,第 374 页。

子之所蔽,恰恰是其所知之明,但其所知之明,没有让与其所不明者以空间,其所明即成为其所蔽。换言之,"蔽"者,非"毫无所明"之义,而是"不能通明"之义。从知识论的角度看,人往往把"滞于一隅"的片面之知、相对之知作为全面之知、绝对之知:"乱国之君,乱家之人,此其诚心莫不求正而以自为也,妒缪于道而人诱其所迨也。私其所积,唯恐闻其恶也;倚其所私,以观异术,唯恐闻其美也。是以与治虽走而是己不辍也,岂不蔽于一曲而失正求也哉!"(《荀子·解蔽》)"明"之转为"蔽",就是自以为求道,却以片面一曲之偏见为道的充足表现,"观于道之一隅而未之能识也,故以为足而饰之"(《荀子·解蔽》)。一个人自己有所见而"明",但不能进而领悟其所见是有局限的见,反而陷入不"明"之"蔽"。

一个人之所"明"反而构成其所"蔽",也就是将对事物的一定程度的有限认识,固执僭越为整体性与全面性认识,此一认识之"明"就会成为不明之"蔽"。观念一旦被固执,观念就会异化。观念的本质是"明",观念的异化便是"蔽"。任何具体的观念都是一隅之明而未能通明,因此,观念的一隅之明便必然地具有异化而蔽的本性。

因为任何具体的观念之"明"总是具有蔽化自身的必然性,在某种意义上,老子和庄子"弃圣绝智"(《老子》第十九章)、"圣人晏然体逝而终矣"(《庄子·山木》)等否定"明"的主张,就具有某种合理性。但是,老、庄没有看到,尽管一隅之"明"有着蔽化自身的必然性,但"明"的蔽化,也具有去蔽的必然性。换言之,一隅之"明"引致的自我遮蔽,此遮蔽本身被回置于"明"之中,成为"明"自身的内在构成部分,从而彰显出一隅之"明"自身的一隅性,亦即有限性,从而不再将一隅之"明"僭越为对于整体之"明"。

一隅之"明"领悟于其自身并非整体性之"明"的有限性本质,恰好使得一隅之"明"不再蔽化自身而持有其明:

> 凡以知,人之性也;可以知,物之理也。以可以知人之性,求可以知物之理而无所疑止之,则没世穷年不能遍也。其所以贯理焉虽亿

万,已不足以浃万物之变,与愚者若一。学,老身长子而与愚者若一,犹不知错,夫是之谓妄人。(《荀子·解蔽》)

不能止于所止之地,而欲图普遍而全面地认识所有之物或整体,则是妄人之所为。"蔽"根源于一隅之"明"不明于其有限性之一隅,而僭越为整体性,忽略了与自身相异的无数异己者。因此,去"蔽"返"明"的一个重要方面,就是将差异如其差异地显现在一隅之"明"的"明"之中:

圣人知心术之患,见蔽塞之祸,故无欲无恶,无始无终,无近无远,无博无浅,无古无今,兼陈万物而中县衡焉。是故众异不得相蔽以乱其伦也。(《荀子·解蔽》)

不固执于对立双方的任何一方,而让对立双方平等共同地显明自身,则无蔽;而无数差异之物(众异),如其差异地呈现自身,则万物有序而相得无蔽。万物普遍得以显明自身,任何个体并不自以为是地充当他物得以显明自身的主宰,而让每一物与所有物得以显明自身的那个根据不被个体化为私人之物,能持守其自在性与自然性,"明"乃去"蔽"而返"明"。

如此之"明",并非无所不知之"明",而是有所不知之"明"。只有深刻地领悟广袤宇宙的"不知其极""不知其德""不知其形",才能有无所蔽的大清明:

万物莫形而不见,莫见而不论,莫论而失位。坐于室而见四海,处于今而论久远,疏观万物而知其情,参稽治乱而通其度,经纬天地而材官万物,制割大理,而宇宙里矣。恢恢广广,孰知其极!睪睪广广,孰知其德!涫涫纷纷,孰知其形!明参日月,大满八极,夫是之谓大人。夫恶有蔽矣哉!(《荀子·解蔽》)

从知识论的角度看,一方面,"明"自身内蕴着暗的一面,即无论对于世界整体还是万物之任意一物,一切认识都是有所明与有所不明的统一。如果只片面突出有所明的一面,而忽略有所不明的一面,"明"就会陷入"蔽"。另一方面,"明"植根于人类具体知行活动的整体,可以有脱离知行活动整体的相对独立性。但是,如果把相对性绝对化,则认识就局限在自身狭隘之域,不能随着人的创造性生存活动本身之展开而不断拓展、突破自身的相对之"明",从而自私凿作而成"蔽"。领悟"明"之为"明"的内在有限性,领悟"明"之暗昧的一面,就是去蔽;同时,不断地回到知行统一的生命活动整体,让单纯的理智之光涌动在生命整体的展开之中,才能最终避免其片面之蔽。简言之,就是一隅之"明"必须领悟于自身并非对于"道"的完全体现:

　　　　夫道者,体常而尽变,一隅不足以举之。(《荀子·解蔽》)

"有所明"当然并非空无之明,但"有所明"只是"一隅之明"而非"全体之明"或"整体之明"。整体作为不可被一隅之"明"所明之物,在无数个体的多样性一隅之"明"的绚烂绽放中,不断地到来与涌现。这个不断到来与不断涌现的全体就是"道"。而此"道"要不断到来与不断涌现,就要去蔽。荀子认为,这个去蔽而让道不断到来、不断涌现的认识过程,或去蔽的认识过程就是"虚壹而静":"人生而有知,知而有志。志也者,臧也,然而有所谓虚,不以所已臧害所将受谓之虚。心生而有知,知而有异,异也者,同时兼知之。同时兼知之,两也,然而有所谓一,不以夫一害此一谓之壹。心,卧则梦,偷则自行,使之则谋。故心未尝不动也,然而有所谓静,不以梦剧乱知谓之静。未得道而求道者,谓之虚壹而静。"(《荀子·解蔽》)就去蔽意义的认识论而言,荀子此处"虚壹而静"的阐释,有两点关键性的主张:一是虚己以让差异性的新知得以可能;二是"道"在不断求而不得中显现自身,或者说"道"并不呈现在任何具体的个体求道活动中,而保持着其自身的自在性与超越性。

　　但是,在所有个体的一隅之"明"的求道之中,尽管"道"并不内在于任一个体,但对作为无数个体一隅之"明"的整体而言,"道"具有内在性而并不与人悬绝。如此,让"道"在虚明中不断地得以到来,就是去蔽。在不断克服"明"之有限性僭越而持守其有限性与保持"道"得以到来的可能性的过程中,天人的分分合合就扬弃了理智的抽象假设而回归于其真实的根底。

　　当然,荀子的有些论述,比如他对圣人(孔子)的无蔽以及绝对无限之知的突出,表明他还具有独断论的色彩。荀子尽管自觉在"明于天人之分"的基础上,通过"制天命而用之"的过程实现天人的分离与合一,却依然有"无欲无恶,无始无终,无近无远,无博无浅,无古无今,兼陈万物而中县衡","坐于室而见四海"的主观虚构等,表明荀子哲学有着自身在天人关系问题上的含混之处与不彻底之处。

第八章　个体性道德与普遍性政治秩序的 一体化及其缺失

——《大学》的政治生存论解读

对人自身存在的泛政治主义理解,在哲学史上有着一定的根基。亚里士多德说:"人是政治动物。"①有人诘问孔子"子奚不为政?",孔子回答说:"《书》云:'孝乎惟孝、友于兄弟,施于有政。'是亦为政,奚其为为政?"(《论语·为政》)从泛政治主义角度出发,人类生存的多维度、多层次性就易于走向逼仄的单维度与单层性。在《论语》中,尽管政治维度受到了突出的强调,但孔子依旧潜涵着对政治、道德、教化以及隐逸四个生存界域的基本分野,而非囫囵一体。但在孔子之后,道德与政治的一体化倾向成为一个显著特征,以至于《庄子·天下》所说的"内圣外王"②成为儒家哲学的一个概括。如此道德政治一体化意义上的"内圣外王",在《大学》中尤其充分地体现出来。其本质之处即在于,将个体性道德与普遍性政治秩

---

① ［古希腊］亚里士多德:《政治学》第一卷第二章,吴寿彭译,商务印书馆,1965年,第7页。

② 《大学》之纲领,明明德是内圣,亲民是外王;"格物、致知、诚意、正心、修身"是"内圣"部分,"齐家、治国、平天下"是"外王"部分。

序视为本质一贯或本质一体之物,以"教"为中心,以修德-修身为手段,实现教化-道德-政治的一体化。朱熹以普遍之理贯通二者,王阳明则以恻隐感通之心融摄二者。无论是朱熹的本质主义,还是王阳明的整体主义,在将二者一贯化或一体化中,都蕴涵着如下基本缺失:一是将世界的自然性与秩序的自在性消解了,二是将他者的差异性湮灭了,三是消弭了政治、道德、教化与隐逸(个体性生存)的应有分界及相互独立。理解这三点,才能克服泛政治主义的迷思,尤其才能克服教化-道德-政治一体化的囚笼而允让个体性生存的可能性。

一、朱熹天理化意义上个体之德与普遍政治之序的一体化

就其字面意义而言,《大学》是在讲"大学之为大学"的"教化"或"教学":"教之以穷理、正心、修己、治人之道。"①朱熹这个界定,直接把认知(内蕴着教化)、修德(观念与身体两方面)和政治视为连贯而一体之物。具体而言,教化-认知、身-心修德与政治的连贯一体,基于所有人"天生之性"的普遍性及其现实分殊:"大学之书,古之大学所以教人之法也。盖自天降生民,则既莫不与之以仁义礼智之性矣。然其气质之禀或不能齐,是以不能皆有以知其性之所有而全之也。一有聪明睿智能尽其性者出于其间,则天必命之以为亿兆之君师,使之治而教之,以复其性。此伏羲、神农、黄帝、尧、舜所以继天立极,而司徒之职、典乐之官所由设也。"②朱熹揭明的《大学》之所谓"教",是在政治基础上的"治"而教,指向天子因其禀理禀气之天命(固有明德)而展开政治治理(司徒之职、典乐之官的设立)。

---

① 朱熹:《四书章句集注》,第 1 页。
② 同上。

这表明,在一理或普遍本质的基础上,教化-道德-政治的一体化是朱熹诠释《大学》的根本之点。

从"本体论"意义上说,每个人、所有人都禀有天理而为仁义礼智之性,但是,在现实中,人类群体因为气质禀赋不同而有聪明睿智与愚笨蒙昧之别。就此而言,禀赋及其差异就是教化之所以可能的根据。也就是说,笨人得向聪明人学习,聪明人得向笨人传教。孔子对现实之人的认识能力进行四个层次的区分:有的人是天生就有知识的"生而知之者"(当然他说自己不是生而有知),有的人是主动求学而知道的"学而知之者",有的人是觉得困厄而努力求知的"困而学之"者,有的人则是身处困厄之境而不知求学的"困而不学"者(《论语·季氏》)。"生而知之者"不用学,他们是施教者;"学而知之者"则是主动来学的人、施教的主要对象;"困而学之"者自己有一定的主动性,但又主动性不足,需要引导他们来学而教之;"困而不学"者大约需要强迫学习。在教与学(施教和受教)的关系上,孔子的基本主张是"自行束脩以上,吾未尝无诲焉"(《论语·述而》),朱熹自己解释说:"但不知来学,则无往教之礼。"①在教化本身相对独立的基础上,"来学而非往教"与"启发教育"②一起,突出受教者的自发性、主动性或主体性,具有积极的意义。但是,当教化与强加的道德主张和政治相连一体之际,因为观念的强加和权力(政治)的强加相纠结,就得提防"人之患在好为人师"(《孟子·离娄上》)这一倾向。

就此而言,在教与学之间存在着紧张关系。对此,荀子回应认为,人分成两部分:圣人和一般人。所有人都有一定的"理性思考能力",但圣人的理性思考能力很高,可以看出人类依据本能生活产生的恶果,所以就为人群设立礼仪法度,来教化一般人过有规范的生活,从而避免趋恶而能向善,这就是圣人设教。一般人则有天生的能思考、学习、理解礼仪法度从

---

① 朱熹:《四书章句集注》,第95页。
② 子曰:"不愤不启,不悱不发,举一隅不以三隅反,则不复也。"(《论语·述而》)

而遵守礼仪法度的能力，比如大禹制定礼仪法度，一般人通过学习能理解并遵循礼仪法度而做得与大禹一样，所以叫作"涂之人可以为禹"(《荀子·性恶》)。

孟子在道德理想主义立场上，也强调"人皆可以为尧舜"。但是，面对同样的道德理想主义目标，有着现实的差异："尧舜，性之也；汤武，身之也；五霸，假之也。"(《孟子·尽心上》)尧、舜、汤、武乃至于五霸，都是人世中的"能人"，尧、舜天生就是仁义道德本身，汤、武还得修身以全其德性，五霸则只是表面利用仁义道德之明而无其实了。那作为匹夫匹妇的一般大众，则处于被担当责任而不自知的生存处境之中。《孟子》说到有个叫作伊尹的圣人，起初商汤请他出来做官，他不愿意，后来转念一想，又出来帮商汤了。孟子借伊尹的话说："'与我处畎亩之中，由是以乐尧舜之道，吾岂若使是君为尧舜之君哉？吾岂若使是民为尧舜之民哉？吾岂若于吾身亲见之哉？天之生此民也，使先知觉后知，使先觉觉后觉也。予，天民之先觉者也；予将以斯道觉斯民也。非予觉之，而谁也？'思天下之民匹夫匹妇有不被尧舜之泽者，若己推而内之沟中。其自任以天下之重如此，故就汤而说之以伐夏救民。"(《孟子·万章上》)在孟子如此言说中，圣者自觉地担当教化众生的责任，成为圣者自身的道德历练；而如此教化责任的担当与道德修练，指向的则是政治生活本身的展开。以教化为中介，教化-道德-政治三者实现一体化。也因此，教化和道德丧失了其自身的独立与自在意义，而依附于政治。

如此教化、道德与政治的一体化，朱熹以理本论的进路，有更为清晰的诠释："天道流行，发育万物，其所以为造化者，阴阳五行而已。而所谓阴阳五行者，又必有是理而后有是气，及其生物，则又必因是气之聚而后有是形。故人物之生必得是理，然后有以为健顺仁义礼智之性；必得是气，然后有以为魂魄五脏百骸之身。周子所谓'无极之真，二五之精，妙合而凝'者，正谓是也。然以其理而言之，则万物一原，固无人物贵贱之殊；以其气而言之，则得其正且通者为人，得其偏且塞者为物，是以或贵或贱而不能齐也。"①朱熹如此宇宙-本体论解释,以理禀担保人性的先天之同,以气禀解释人性后天之异。与在《孟子集注》中以禀理禀气之同异讨论人与禽兽之别不同②,这里朱熹以禀理禀气之同异来说明人与人之间的贵贱之别。朱熹的用意,就是用禀理所得之先天的本质之同,与禀气所得之后天的实际之异,来为政治意义上的现实教化提供理论基础:"彼贱而为物者,既梏于形气之偏塞,而无以充其本体之全矣。惟人之生乃得其气之正且通者,而其性为最贵,故其方寸之间,虚灵洞彻,万理咸备,盖其所以异于禽兽者正在于此,而其所以可为尧舜而能参天地以赞化育者,亦不外焉,是则所谓明德者也。然其通也或不能无清浊之异,其正也或不能无美恶之殊,故其所赋之质,清者智而浊者愚,美者贤而恶者不肖,又有不能同者。必其上智大贤之资乃能全其本体,而无少不明,其有不及乎此,则其所谓明德者已不能无蔽而失其全矣。"③禀理禀气之天赋差异,在其现实实现中,就是德性的差异。而德性的差异,内在地指向参天之化育的泛政治主义立场。如此,所谓教化,就是禀理禀气之天赋的明德者,与现实中的君王合二为一,亦即天命天生睿智者为百姓之君师——以君为师,即以权力为基础的政治自身成为展开教化与个体修德的根据、目的。这表明作为教化论阐述的《大学》,就绽露出政治哲学的本意。

简言之,在朱熹对《大学》之为教的天理化解释中,教化与道德、道德与政治、教化与政治相互之间失去了应有的分界,教化与道德也丧失了独立性。因此,朱熹就用"理"把八条目统一贯穿起来:"致知、格物,是穷此理;诚意、正心、修身,是体此理;齐家、治国、平天下,只是推此理。"④在某

---

① 朱熹:《大学或问》,《朱子全书》第六册,第507页。

② 朱熹说:"性者,人之所得于天之理也;生者,人之所得于天之气也。性,形而上者也;气,形而下者也。人物之生,莫不有是性,亦莫不有是气。然以气言之,则知觉运动,人与物若不异也;以理言之,则仁义礼智之禀,岂物之所得而全哉?此人之性所以无不善,而为万物之灵也。"(朱熹:《四书章句集注》,第326页)

③ 朱熹:《大学或问》,《朱子全书》第六册,第507—508页。

④ 黎靖德编:《朱子语类》第一册,第312页。

种意义上,教化-道德-政治的天理化一体,也就是凸显了政治的弥漫与教化及道德的消隐。

二、王阳明仁心感通基础上个体道德
与普遍政治融摄的整体性视野

《大学》的三纲领、八条目展现为两个秩序的复合结构。一方面,所谓"欲……,先……"句式表达的秩序结构,是一种反思的秩序;另一方面,"……而后……"句式表达的秩序结构,是一种工夫或行动的秩序。二者合一的复合秩序结构,在反思与行动的内容完全一致意义上,突出了一个将教化、修德与政治一体化的脉络秩序:从对天下秩序的反思,本质地过渡到个体道德行动以及道德意识的秩序;从对个体道德认知与道德行动(修养工夫)的秩序,本质一贯地过渡到天下秩序。如此个体道德与普遍政治本质一致的秩序,实质上有着内在的困境。简言之,在明明德与新民之间,存在间断或断裂。《朱子语类》载:"或问:'明明德是自己事,可以做得到极好处。若新民则在人,如何得他到极好处?'曰:'且教自家先明得尽,然后渐民以仁,摩民以义。'"[1]"若是新民而未止于至善,亦是自家有所未到。若使圣人在上,便自有个处置。"[2]朱熹认为:"自格物至修身,自浅以及深;自齐家至平天下,自内以及外。"[3]这个"自内以及外"的过渡,在理论上是有困难的。在某种意义上,朱熹诠释由内至外、由己及人乃至天下的"顺序过渡",有一个基本的人性认识,这种认识基于本体论上的人性平

---

① 黎靖德编:《朱子语类》第一册,第 271 页。
② 同上书,第 272 页。
③ 同上书,第 312 页。

等、人性相同预设（禀理为性、禀气为形）。从认识论上说，这就是一种人性知识："存在这样一种'你'的经验，这种经验试图从同伴的行为中看出典型的东西，并且能够根据经验作出关于另一个人的预见，我们把这称为人性知识。"①如此人性知识，本质上是一种经验类推。这种经验类推并没有必然性，而总是导致一种幻觉："人性认识只试图估量另一个人将怎样行动。要将另一个人看成一个可以绝对被认识和使用的工具，这是一种幻觉。"②因此，在认识论立场上，无论基于先验设定还是经验类推，从自我推衍到他人和社会乃至于世界整体，都是没有可靠性和必然性的。

同时，倘若更为细致地看，《大学》还有所谓本末精粗之序，亦即在如上反思秩序与工夫活动秩序混合的复合秩序中，还蕴涵着另一种秩序，即价值先后或高低秩序。这也就是说，教化、道德、政治三者一体化的世界，是一个以政治意义指向为基础的价值世界。在此价值世界中，反思顺序、行动顺序与价值秩序的浑融，便有一个教化或道德或政治的"起点"或"本根"问题。王夫之有所见于此："《大学》固以格物为始教，而经文具曰'以修身为本'，不曰格物为本。"③实际上，朱熹在具体讨论反思秩序的"致知在格物"和行动秩序的"物格而后知至"之际，就陷入了一些左支右绌的困境。④

王阳明切入《大学》的理解，一开始就是一种整体性视野。这种整体性视野，以仁心或侧隐之心的感通为基础，对纯粹认知式的由个体向整体跨越的难题，以及教化-道德-政治一体化世界的起点或本根问题，加以转化和消解。王阳明将大学理解为大人之学，所谓"大人者，以天地万物为一体者也，其视天下犹一家，中国犹一人焉"⑤。"大人"基于一个整体视

---

① ［德］汉斯-格奥尔格·加达默尔：《真理与方法：哲学诠释学的基本特征》上卷，洪汉鼎译，上海译文出版社，1999年，第460页。

② 同上书，第462页。

③ 王夫之：《读四书大全说》，《船山全书》第六册，第619页。

④ 参见朱熹《大学或问》，《朱子全书》第六册，第511—512页。

⑤ 王阳明：《王阳明全集》，上海古籍出版社，1992年，第968页。

野来看待天地万物鬼神以至于所有人,这个整体的基础是源自孔孟的
"仁心"。王阳明对孟子"孺子将入于井"的例证作了一个拓展性的发
挥:"大人之能以天地万物为一体也,非意之也,其心之仁本若是,其与
天地万物而为一也。岂惟大人,虽小人之心亦莫不然,彼顾自小之耳。
是故见孺子将入井,而必有怵惕恻隐之心焉,是其仁之与孺子而为一体
也;孺子犹同类者也,见鸟兽之哀鸣觳觫,而必有不忍之心焉,是其仁之与
鸟兽而为一体也;鸟兽犹有知觉者也,见草木之摧折而必有悯恤之心焉,
是其仁之与草木而为一体也;草木犹有生意者也,见瓦石之毁坏而必有顾
惜之心焉,是其仁之与瓦石而为一体也;是其一体之仁也,虽小人之心亦
必有之。是乃根于天命之性,而自然灵昭不昧者也,是故谓之'明德'。"①
王阳明所谓的"大人"与天地万物一体,有两个基本点:其一,仁心感通、
渗透、弥漫天地万物;其二,仁心内蕴灵明觉知而不昧。如果用先秦儒
学的概念来说,仁心感通即是仁、智统一。仁心的感通渗透是情的濡染
一体,而智的灵明觉知即以此濡染之一体为自身之所明觉的实在内容:
明觉是有内容而非空洞的,此内容就是人与物的情意性感通渗透而为一
体;仁心感通一体是明觉而非蒙昧的,仁心之感通渗透天地万物,展开在
明觉之光中。

　　由此,仁心情意的感通渗透为一体,从"明明德"到"亲民"(朱熹因为
以认知主义为基本立场,所以会有自新到新民的鸿沟需要跨越)的过渡,
就摆脱了外在性牵补,而成为整体自身的一体内在之呈现。王阳明以体
用来说明:"明明德者,立其天地万物一体之体也。亲民者,达其天地万物
一体之用也。"②以体用来阐明"明明德"与"亲民"之间的关系,使得个体主
体与他者主体乃至天地万物之间的关联也克服了由此及彼的那种空间性
界限。换言之,以体用关系来理解主体间关系,是富有诠释力的。

---

① 王阳明:《王阳明全集》,第 968 页。
② 同上。

　　同时，在王阳明看来，心、意、知、物、身并不是一个线性过程中依次展现之物，而格、致、诚、正、修亦不是一个线性过程中依次进行的不同环节。王阳明强调心、意、知、物、身只是"一物"，格、致、诚、正、修只是"一事"："盖身、心、意、知、物者，是其工夫所用之条理，虽亦各有其所，而其实只是一物。格、致、诚、正、修者，是其条理所用之工夫，虽亦皆有其名，而其实只是一事。"①所谓"一物""一事"，是一种整体性的视野。它不再将八条目视为一个线性展开的过程，也不将各个环节视为彼此独立之物。尽管其中内蕴着条理或秩序，但是，这个秩序基于行动而展开为时空交错中行动自身展开之序——不是单纯空间之物的并列和时间之事的相续，而是同一个活生生的行动本身之不同方面浑然相融的整体。如此的整体性视野，使王阳明对《大学》中的始终本末(物有本末、事有终始)之序，做了一个更为合理的诠释，即本末一物、始终一事："即以新民为亲民，而曰明德为本，亲民为末，其说亦未为不可，但不当分本末为两物耳。夫木之干，谓之本，木之梢，谓之末，惟其一物也，是以谓之本末。若曰两物，则既为两物矣，又何可以言本末乎？新民之意，既与亲民不同，则明德之功，自与新民为二。若知明明德以亲其民，而亲民以明其明德，则明德、亲民焉可析而为两乎？先儒之说，是盖不知明德亲民之本为一事，而认以为两事，是以虽知本末之当为一物，而亦不得不分为两物也。"②

　　在整体性视野下，认知倾向下线性展开的过程中内涵着的个体到整体的界限跨越与起点或本根问题被消解了。但是，也可能蕴涵着新的难题：如果每一作为个体的主体都是一个整体，那么，不同主体之间的关系又如何安顿呢？一方面，现实而具体的个人总是有其身体性存在，如何能彻底克服躯壳的限制(王阳明认为"小人"就是局限于形躯的人)，而成为一个"大人"，就不免仍然陷于"去欲复性"之说："故夫为大人之学者，亦惟

---

　　①　王阳明：《王阳明全集》，第 971 页。
　　②　同上书，第 970 页。

去其私欲之蔽,以自明其明德,复其天地万物一体之本然而已耳,非能于本体之外而有所增益之也。"①在整体之中,局限于形体束缚的"小人"本身何以可能?"大人"何以能自合于整体?这些都是悬而未决的事情。而且,另一方面,即便在心学自身的范围内,王阳明体用一如的整体观,在道德-政治视域内,也仅仅关注了个体向整体跨越的积极肯定性的一面,而忽视了消极否定性的一面。在孟子哲学中,有所谓"推扩"之说。"推扩"的基础,一方面是"万物皆备于我"的整体性,另一方面是自我本有的仁心、不忍人之心或良知。就积极肯定性而言,孟子说:"善推其所为而已矣。"(《孟子·梁惠王上》)但就其消极否定性而言,孟子则说,"人能充无欲害人之心"(《孟子·尽心下》)。从个体到他者和社会的过渡,并不仅是仁爱的本质一致的单线式推进,而且是个体之心与他者之心和社会之间本质相异的曲线式回返与自制。返回自身的自制,意味着对他者和社会自在性的让与。个体与整体(以及整体之中的他者)之间具有的一致性,使积极肯定性的推扩得以可能;而个体与整体(以及整体之中的他者)之间具有的异质性,则使消极否定性的推扩(即让与)成为必要。一致与异质的统一,使个体与整体的关联呈现出自为与自在两个维度。整体之为整体而言,必须具有相对于个体的超越性与自在性,否则,整体就堕落为少数个体的僭越之物。道德的僭越,往往与权力的恣肆一体而有。没有自然的让与,也就导致自由的丧失。

　　因此,王阳明尽管以仁心感通基础上个体与万物的整体性,克服了朱熹认知意义上天理制约下的个体道德与普遍政治一体化中的鸿沟及起点问题,但也以新的独断方式,重复甚至加深了个体道德与普遍政治"一体化"的基本困境,即忽略天地万物乃至于人自身的自然维度、秩序的自在性、他者的差异性等,泯灭了道德、教化、政治三者之间应有的间距与界限,关闭了个体真正走向自身的隐逸之域及其通道。实质上,与人类生存

————————————

①　王阳明:《王阳明全集》,第 968 页。

走向纯粹个体性或真实个体性的绝对目的相比，朱熹和王阳明依然是在让每个人和所有人走向普遍本质。

三、道德-教化-政治一体论的多重缺失

由上而言，《大学》将学以自修的个体道德践履与社会-国家的整体治理之间，视为本质一贯的"必然联系"，以为修齐治平"四者，层累而上，本末一贯"①。如此道德-教化-政治的一体化，窄化了人类的生存视域，扭曲和遮蔽了人类生存与处身其间的世界及其秩序的自然-自在维度。

个体道德修养何以成为社会治理秩序呢？刘宝楠在解释《论语·雍也》第一章"雍也可使南面"时说："古人为学，皆以尽伦。学也者，效也。学之为父子焉，学之为君臣焉。推之昆弟、夫妇、朋友，莫不各有当然之则，即莫不各有当学之事。舍人伦，无学也。学修于己，自能成物，而得势以行其所学，故能措施裕如，《中庸》所谓'道前定则不穷'者也。《大学》言'格物致知'，而极之'治国平天下'。夫治国平天下，皆天子、诸侯之所有事，而列于《大学》之目，此正言人尽伦之学。若曰为君而后学为君，为臣而后学为臣，则当其未学，便已废伦，一旦假之以权，其不至于败乃事者几希。孟子谓士志仁义，不能'杀一无罪'，此亦指天子、诸侯言之，故曰'大人之事备矣'。大人以位言之，举位则德自见，盖德必称其位，而后为能居其位。故夫天子、诸侯、卿大夫、士位之差，即德之差。其德能为天子而为天子，则舜、禹之由登庸而进也。其德能为天子、诸侯，而仅为卿大夫，或仅为士，则孔、孟不得位以行其道也。《孟子》云：'匹夫而有天下，德必若舜、禹，而又有天子荐之者，故仲尼不有天下。'《荀子》谓'圣人之得势者，

---

① 钱穆：《晚学盲言》，广西师范大学出版社，2004年，第230页。

舜、禹是也。圣人之不得势者,仲尼、子弓是也。'子弓即仲弓。夫子议礼考文作《春秋》,皆天子之事。其答颜子问为邦,兼有四代之制。盖圣贤之学,必极之治国平天下,其不嫌于自任者,正其学之分内事也。夫子极许仲弓,而云'可使南面',其辞隐,其义显。"①刘氏此说,有三点值得注意:其一,否定《大学》内涵着一般学子修身以为帝王的"僭越"说,直接肯定天子、诸侯、大夫就其"应然"而言,突出了学以成德并强调以德践位,具有一定的"革命性"在其中②;其二,强调政治的目的就是伦理秩序或伦常秩序的充分实现;其三,肯定个体德性和德行的完满与社会-政治治理秩序之间是完全一致的,甚至是同一个东西。

就《大学》本身的义理旨趣而言,是将个体的道德修身与天下国家的政治治理视为本质一致的事情。朱熹说:"《大学》是修身治人底规模。"③修身是个体道德的事情,治人是政治生活的事情。在"内圣外王"(《庄子·天下》)的某种想当然的理解里,二者之间似乎未能被加以更为细密的分疏。特定个体(即使是圣人)以为其内在道德性的内容都有一个超越自身的普遍性基础。就所谓"内圣外王"的一般理路而言,个体自身设定有一个超越自身的普遍之道为修身成德的基础;然后,又反过来以为自己能将道实有诸己,并以为自己有责任经由自身将实有诸己的道推行于他人和社会。即便我们能在最弱的意义上认可有一个超越个体的普遍之道,必然的结果是,我们就会在更弱的意义上认可某些个体能够更多地彰显普遍之道,而且必然会否定某一特定个体之所有就是那个普遍之道自身。实质上,即便有一个超越的普遍之道,某一个体以之修身,然后再以之治世,这个由内而外的推扩,并不就是一个积极的递进过程,而可能是

---

① 刘宝楠:《论语正义》,第209—210页。

② 朱熹对此也有一个讨论。学生怀疑让所有人学习治国平治天下是一种思出其位的僭越,朱熹认为君王学习这个条目可以明其治理之当然,一般士人学习《大学》之条目可以对君王起推进劝勉或批判谏阻的作用。参见朱熹《大学或问》,《朱子全书》第六册,第513—514页。

③ 黎靖德编:《朱子语类》第一册,第250页。

一个消极的衰退过程:"道之真以治身,其绪余以为国家,其土苴以治天下。由此观之,帝王之功,圣人之余事也,非所以完身养生也。"(《庄子·让王》)道家对从道向德以及仁、义、礼的倒退过程的论述,从老子开始就是一以贯之的:"故失道而后德,失德而后仁,失仁而后义,失义而后礼。夫礼者,忠信之薄而乱之首。"(《老子》第三十八章)尽管我们并不一定认同道家将道与德及政治-道德礼仪加以对立的看法,但是,证成二者之间的单纯一致性是更加困难的,简单地肯定二者的一致性则更是偏颇的。

而且,视道德为政治的基础,在历史与现实中,实质上反倒是对"把道德奠基于政治之上"①的反映。在一个重视传统的社会里,也许从道德到政治的过渡具有一定的"合理性"。"古代伦理学优越于近代伦理学的特征在于:古代伦理学通过传统的不可或缺性证明了伦理学向'政治学',即正确的立法艺术过渡的必然性。"②但即使如此,也是"伦理学"向"政治学"过渡的习性,而非"道德"向"政治"过渡的性质。就此而言,以《大学》为代表的所谓"内圣外王"道德-政治一体论,往往没有清晰地清理过其"隐含的政治前提",扭曲道德本身来将就"政治",如此道德并非真正的道德,而是政治的奴婢。一些论者在"理论思辨"上的高调,完全无视"历史与现实的实际",空喊儒家仁政之类的口号,实属误国误民。休谟就洞见到,个体自身的自然一致性的道德,与社会性的义务之间具有本质性的间断或鸿沟③,忽视从个体到社会的间断性,如《大学》所展示的那样,"一种从自我之纯粹主体主义出发的道德宣告,为战争所拒绝,为战争所揭示的总体性所拒绝,为诸种客观必然性所拒绝"④。

在个体修身之德以至于天下秩序之间,认知意义上的间断性必须得

---

① [法]伊曼纽尔·列维纳斯:《总体与无限:论外在性》,朱刚译,北京大学出版社,2016年,"前言"第2页。

② [德]加达默尔:《真理与方法:哲学诠释学的基本特征》上卷,第360页。

③ 参见[英]休谟:《人性论》下册,关文运译,商务印书馆,1980年,第558—559页。

④ [法]伊曼纽尔·列维纳斯:《总体与无限:论外在性》,"前言"第7页。

到强调。作为整体的"天下"或"世界"，超越了具体个体自身的理解与认知能力界限，以个体自身内在之德与天下或世界整体之道"视而为一"，在认识论上是独断论，在政治-道德上就是权威主义。众多他者及其共处的整体，单纯作为一种空间意义上的异质性延展，就逸出了某一特定个体有限性理解与认知的畛域——这就是一个空间性的"外在"。而且，任何个体，其自身发展有一个过程，而他者和世界整体的存在也有一个流程，这就有一个时间性的"未来"。无论是空间性外在之域，还是时间性未来之域，都要求一种特殊的责任与使命："确认一个人面对特定实践界域，对此界域，他无以窥视其一二。他乐于循理以至未来，而同时承认他之依理以至未来，并无任何善的真实观念可以依靠。他只是致力于一个单纯观念，即（仅仅是）某种（不确定的）善将要出现。但是，他如此努力，是认识到其（既有的）关于善好生活的厚实理解行将消失。因此，他就展示了一种使命，此使命面向如此观念——世界之善超越了自己竭力去理解它的有限而羸弱的努力。一个人历史性地形成之理解有其界限，说一个人能瞥见超越此界限之物，这毫无意义。（任何人）不能宣称掌握了神圣真理（ineffable truths）。的确，在某种程度上，如此形式的使命予人深刻印象，因为它承认神圣真理不可掌握的可能性。即使这样，如此推理显示了一个特异形式的使命，它是可能的而又是不可理解的。也就是说，尽管普能提·库普斯（Plenty Coups）能认识到，他对自我与世界的理解建基于一套羸弱的现存义务，然而，献身于超越其理解的善是可能的。因而，他不需要宣称他对此善之何以是有任何把握。这是一个献身于超越了其理解之善的使命。"①印第安部落在欧洲移民占据北美大陆之后，面临着其传统的彻底断失，从而需要转向他们传统根本无法理解的新的善。普能提·库普斯

---

① Jonathan Lear, *Radical Hope: Ethics In The Face Of Cultural Devastation*, Harvard University Press, 2006, pp.94-95. 文中有多处"it"我译为他。这段文本前面是引用的印第安部落 Crow 的首领 Plenty Coups 对自己一个梦的解释推理，"it"意指这段推理本身，我转译为他。

作为部落首领,表达出这种作为责任或使命的"激进希望"——我们所献身的善,超出我们的理解。表面上,这是印第安人的一种极端处境。但实质上,它揭示了任何社会寻求社会整体之善的一些共同处境,即整体的善,具有不可掌控性或自在性,不能被具体个别人完全掌握。这就使自我促进的完善之旅与整体的自在性之间达到了某种平衡:一方面,个体在求善;另一方面,整体的善超出任何个体的理解。让"某种被期待而超越自身理解的整体之善"到来,较之"由我的自我完善而实现天下整体之善",更为充分地绽放出人类生存的实情和可欲前景。

因此,在人类的整体性自觉行动中,有着自然的面向。在人类整体自觉行动中的自然,其突出的意义有三个方面:其一,无论是个体还是类整体,都有自身迄今未能完全自我认识的自在一面,个体与类的生存都有着自然一面。其二,即使在已经抵达自觉的范围内,每一个体的自觉行动,并不就意味着人类整体的自觉。行动总是具体个体的行动,因此,无数个体的自由行动,从类的角度看,依然具有自然的性质。其三,个体和类达到的自觉,在趋向自由生存的过程中,经由历史与教化的展开,最后也要指向自然,成就个体的内在德性和社会的淳朴风俗。尤其值得一提的是第二点,哈耶克对此有一个富于启示的说法,即"基于人类行动却非人类设计的自然"[1]。以为经由道德教化与政治权力的结合,可以彻底而完全地改变所有人的自然禀赋和实现理想社会,这是道德学家和政治学家们的痴心妄想和自以为神的僭越[2]。

因此,简单地以为道德和政治一体而实现"人为设计"的理想社会,这

---

[1] 哈耶克反对单纯的自然与人为的二分,提出了在二者之间有一个"人类行动却非人类设计"的第三项,这在本质上使我们理解庄子哲学中的自然更为"开阔",就是自然真实的生命活动,自我领悟却并非人为设计(同时彰显了道作为普遍秩序的自然性,即与所有人作为整体的行动相关,却并非任何有限个体的认知与作为所设计)。参见 F. A. Hayek, *Studies in Philosophy, Politics and Economics*, the University of Chicago Press, 1967, pp.96-105.

[2] [英]休谟:《人性论》下册,第561页。

是一种极端错误的遐想。它以道德之善恶和权力沆瀣一气的方式，戕害了人类及其个体生存的自然。虽然在朱熹的解释里，"格物致知"似乎有可能蕴涵着作为对象的"一般自然物"之意，但是，朱熹所谓"穷理"，就是"善恶"："圣人教人穷理，只道是人在善恶中。"①善恶，是道德-价值之域的事，并不能涵盖非道德-价值的自然。将道德、教化与政治融为一体以湮没自然，在《中庸》从"天命之谓性"到"天地位焉，万物育焉"的陈述中体现得更为鲜明，这一陈述的历史持续及生命力，意味着一种吞噬自然、道德与教化的泛政治主义传统根深蒂固："天有四时，春夏秋冬。风雨霜露，无非教也。"（《礼记·孔子闲居》）

对道家的自然观念而言，自然并不是某种异己之物，而是某种可以理解的东西，它涵融着对单纯道德主体性偏见的克服，是经由对道德以及其政治化弊端之否定的更为深层的理念——对特定自圣化道德褊狭人格的警惕，以及对他者和世界自身的自在性的让与，这些都在《大学》的道德-政治视域中付之阙如。

更深入地看，道家的自然论中有一种观念，即认为存在的最高状态，是一切对立消弭的世界，不再有善恶对立，不再有利害对立，甚至物理意义（冷热）、生物学意义（狼羊）上的对立等都消弭了。这种对立消解的状态，是最为自然的状态，这个状态不单是特定个体独己的境界，更不是自雄式圣人施治的结果，而是超越特定的、具体的个别人自身的道使然——此道的具体运作方式，以每一物以及所有物之在其自身并自行实现自身为根本。存在的至高状态，神圣而自然——让每一物回到其自身最为深邃之处，超越了单纯的政治之域，也超出了道德之域，甚至道德-政治纠合沆瀣之域。

尽管人们认为，儒家也有一个高高在上的天、天道或天命作为最终决定根据；但是，在超凡入圣的个别人那里，天与内在之心或内在之德具有

---

①　黎靖德编：《朱子语类》第一册，第310页。

隐秘的通道,以至于天人在特定个体那里合二为一,并且通过这些特定的个别人,天也就成为所有人(尽管它们并不能与天合二为一)的本质或决定者。这在道家看来,就违背了他者之自然以及世界整体之自然,因此,儒家设想的所谓道德之善的世界,也就是不可欲的世界。根本上,作为整体的世界在任何个体之外,不能作为个体独占性的可欲之物;具有差异性的他者也在特定个体的欲求之外。如此双重自然意义被忽略,是"内圣外王"观念最为根本的局限所在。

在以普遍化天理为基础的个体道德与政治秩序的一体或以仁心感通为基础的个体道德与政治社会的一体中:"这里经常存在着一种危险,即在理解中'同化'他物并因此忽略它的他在性。"①无疑地,《大学》对自身与他者、自身与社会、自身与世界关系的理解,过分地突出一致性乃至于视为唯一性,忽略"他在性"或他者、社会与自然自在性的一面。而这恰好就是我们需要在今天与作为传统的《大学》进行"攀谈"或"彼此关联"之际必须加以显明之处。无论从认知(格物致知)还是从意识(诚意正心)出发,当其牵涉他物或他者之际,在《大学》的三纲八目之有序化一体中,无疑有着一个深层的问题,即它将一切呈现者及其存在,在实质上还原为特定个体的"意向相关项"②。这消解了他物的自在性;也没有把他者与一般物区别开来,而是将他者视为一般的他物,湮没了其差异性。如此,在个体道德僭越为普遍政治秩序的泛政治境域中,他者就无法走向其自身而丧失自身。

毕竟,只有一个世界,无数的人都只能共存在这个唯一的世界里,如果它被某一个圣人个体化,世界及其秩序就会丧失,无数差异性他者也就相应地丧失了。因而,如此唯一世界自身的自在性与无限性,如此世界之秩序的自在性与超越性,是让每个人乃至所有人都能自由而自在地生存的前提。

---

① [德]加达默尔:《真理与方法:哲学诠释学的基本特征》上卷,第385页。
② [法]伊曼努尔·列维纳斯:《总体与无限:论外在性》,第107页。

第九章　真实存在的可能入口

——《中庸》首章的生存论诠释

　　《中庸》强调仅仅存在着"这样一个世界",无分于人物、圣凡与贤愚。不过,《中庸》认为,在这样一个所有人同处,甚至万物也和人同在的唯一的世界里,并不是所有的物都以"真"的方式"在"这个世界里,"真"的"在"这里只是关乎人的"在"。而"不真"与"真"相应,"不真"的"在"也只关乎人。简言之,只有人的"在"才有"真"与"不真"之分。但是,并非所有的人都"真"的"在"这个世界里:"人莫不饮食也,鲜能知味也。"(《中庸》第四章)《孟子》《易传》具有一致看法:"行之而不著焉,习矣而不察焉,终身由之而不知其道者,众也"(《孟子·尽心上》);"百姓日用而不知"(《易传·系辞上》)。在这个世界里,并不等于以真的方式在这个世界里。因此,《中庸》之所谓"中庸",就是在这个唯一世界中的唯一可能的真的存在状态及方式,这即是"中庸的存在",或者说"真实的存在"。与之相应的是"非中庸的存在",或者说"不真实的存在"。在《中庸》看来,"中庸的存在"与"非中庸的存在"都在这个世界,所以,《中庸》所谓"真的在"就与"不真的在""同在"。真实的存在不是离开这个世界而别有洞天,如宗教悬置的"天国世界"或者诗人与哲人想象的"乌托邦",而是就在此同一个世界。

同在这个世界,有"真的在",有"不真的在",《中庸》以"中庸"为在此世界之"真在",关键就在于:"中庸"与"非中庸"同在这个无所可逃的世界,"中庸"何以可能? 换言之,不离开"非中庸"之世界而进入"中庸"的世界何以可能? 或者说,以"中庸"方式进入"中庸"与"非中庸"二者共有的同一的唯一世界何以可能?《中庸》给予一个入口以及连接这一入口的通道,"中庸"就是此一入口与通道的统一。

《中庸》作为对"真在"于此世界的阐述,第一章则以凝练的论述构成我们探究的焦点。

一、作为生存论界定的性-道-教之平行连贯一气

《中庸》的首章,是《中庸》对"真在此世界"阐述的核心所在。作为首章,它关乎在这个唯一世界里以中庸方式而存在的概括性陈述:以中庸方式或真实方式存在的源初起始何在? 要以真实方式进入世界的通道,或者说以中庸方式而存在的入口在哪里? 要切中《中庸》整个文本的本真内蕴,首先要对其开篇(第一章)有一个"恰如其分"的理解。如果对第一章没有一个切实的解析,那么,《中庸》所谓"中庸"就不可能获得真正的理解,更不用说真正的中庸的存在方式之来临。而要合理理解《中庸》第一章,必须对其内蕴迄今未曾得到完全昭示的首句论断作出精到而准确的解释。

《中庸》第一章第一句说:

> 天命之谓性,率性之谓道,修道之谓教。

《中庸》的第一章,在王夫之看来,要点在于回答中庸之道(使这个世界成为真实的入口与通道,即法则)"何所自出"的问题:"夫道何所自出

乎？"①对这一问题，在朱熹的天理化诠释中，解"天命之谓性"为"人物皆得天之所命而为性"，而"性，即理也"②。对朱熹的解释，我们可以从两点加以分析：第一，从文法上看，在朱熹的这个解释中，"天命"是一个主谓用法，但是，后面"率性"与"修道"是动宾用法，前后的文法解释具有不一致之处。第二，从义理上看，《中庸》首章的第一句，在朱熹的天理化诠释中，以"命"的动词意义来理解，首先不是给出一个关乎人自身存在的源初界定，而是转而抬出一个超乎人之上的天理作为包括人在内的万物本体——由之作出一般宇宙-本体论（cosmo-ontology）诠释。然而，《中庸》要显露的，是一种切于人自身的真实存在，而不是为包括人在内的天地万物奠定共同的宇宙-本体论依据，毋宁说是以人自身为关注中心的生存论（existentialism）视野。朱熹的解释，在此意义上并未切中《中庸》本身的真实脉理。对此，王夫之明确说：

> "天命之谓性"兼人物言，乃程子借中庸以论道，须如此说。若子思本旨，则止说人性，何曾说到物性上？物之性却无父子君臣等五伦，可谓之天生，不可谓之天命。至于"率性之谓道"亦兼物说，尤为不可。牛率牛性，马率马性，岂是道？③

所谓子思本旨，亦即《中庸》本旨所在。王夫之认为，《中庸》首章第一句仅仅是在论断人自身存在的起点，而不是兼为万物说本体。程朱一系的解释，在具体万物之外虚悬一个"如有物焉者"的普遍本体，不但在此给出一个多余的本体之理，而且在将天等同于理的同时，把性-道-教之间的关系理解为一种由上而下、从高到低的"贯注式"本质一贯的关系。这样

① 王夫之：《四书训义（上）》，《船山全书》第七册，第 105 页。
② 朱熹：《四书章句集注》，第 17 页。
③ 王夫之：《四书笺解》，《船山全书》第六册，第 125 页。

的解释,在天(或理)-性-道-教之间,划分了严密的本体论层级,嵌入了不可逾越的逻辑界限。就王夫之的批评来看,程朱一系的天理化-宇宙本体论诠释没有切中《中庸》"性-道-教"连贯一气的真意。程朱理学通过由上而下、从高到低的宇宙-本体论"本质一如的贯注式"进路来理解《中庸》"天命-性-道-教",没有切中《中庸》之本意,更为本真而切近的理解就是将三者"平行连贯一气"。相应地,《中庸》不是在本体论上说人与万物同有一个本体,那么,它要说什么呢? 在《孟子·告子上》中,孟子与告子有一个关于"生之谓性"的千古争论,通常以为,孟子不同意告子的"生之谓性"说,而以仁义之理为人之本性。这一见解在朱熹的注解中得到加强:

> 生,指人物之所以知觉运动者而言。告子论性,前后四章,语虽不同,然其大指不外乎此,与近世佛氏所谓作用是性者略相似……性者,人之所得于天之理也;生者,人之所得于天之气也。性,形而上者也;气,形而下者也。人物之生,莫不有是性,亦莫不有是气。然以气言之,则知觉运动,人与物若不异也;以理言之,则仁义礼智之禀,岂物之所得而全哉? 此人之性所以无不善,而为万物之灵也。告子不知性之为理,而以所谓气者当之,是以杞柳湍水之喻,食色无善无不善之说,纵横缪戾,纷纭舛错,而此章之误乃其本根。所以然者,盖徒知知觉运动之蠢然者,人与物同;而不知仁义礼智之粹然者,人与物异也。孟子以是折之,其义精矣。[1]

朱熹的解释内蕴着一些"辩证"的转折,折射了其理-气本体论(万物一本)与伦理-存在论(人与物别)的矛盾。从伦理-道德上看,基于"人性以理言且物不全于此理,物性以气言且人物于此气相似",朱熹基本否定于人而言的"生之谓性",认为这是告子错误地将与物相同的气禀的知觉

---

[1]　朱熹:《四书章句集注》,第326页。

运动当成有道德的人的本质。可是,恰恰是朱熹的这一划分本身,源自其形上之理与形下之气的本体论框架制约,而在这样的搅扰中湮没了原本可能的准确理解,即孟子并不否定"生之谓性",只是在更高的意义上说"生之谓性"。王夫之看到了这一点:

> "生之谓性"四字,亦无甚错。生气,"生"也;生理,亦"生"也。生则有,死则无,食色然,仁义亦然,故此语破他不得。但其意是说有生之气,有知觉能运动的,故凡生皆生,凡性皆性。孟子灼见其所言之旨而反诘之,告子果以为然,故可以人与犬牛破之,以人之知觉运动灼然即非犬牛之知觉运动,即人之甘食悦色亦非犬牛之甘悦也。故其说又穷。[①]

简言之,王夫之的如上意思也就是对"道何所自出"的回答:"夫道何所自出乎? 皆出于人之性也。"[②]也就是说,"仁义道德之善"即是于人而言的"生之谓性"。禽兽等动物有禽兽的"生之谓性",人有自身的"生之谓性",而人的"生之谓性"不同于禽兽等动物的"生之谓性":人天生就不同于动物乃至万物。孟子的脉络与告子不同,关键在于人天生之性就是善(即能为道德者)。[③]如果孟子哲学中的"生之谓性"在更高层次上直接肯定

---

① 王夫之:《四书笺解》,《船山全书》第六册,第 342 页。

② 王夫之:《四书训义(上)》,《船山全书》第七册,第 105 页。

③ 值得注意的是,在告子与孟子的争论中,作为物之一般共性概念的"白",与将犬牛和人区别开来的"性"的概念,并不是在文法学上等同的。因为,"白雪之白 = 白羽之白 = 白玉之白"不能直接类比于"犬之性 = 牛之性 = 人之性"。因此,这里"白"和"性"的区别,除用以彰显人自身的"生之谓性"不同于禽兽的"生之谓性"外,还蕴涵着一些深一层的分疏:对白雪、白玉、白羽等物,只能使用一般概念把握其共性;而对人、犬、牛等,因为这里有了"人",就不能简单地用一般概念来笼统地把握其共性(当然,在人单纯作为认知对象的时候,还是可以以一般概念来加以把握的)。前者是认识论的眼光,后者是存在论的眼光(在孟子,即伦理或道德-存在论眼光)。在孟子,"大体"与"小体"都是天之所与我者,"大体"只要发动其思之功能,就能实现人自身(为大人);当把"大体"天然之思作为对人本质的维护时,孟子在更高层次上坚持着"生之谓性"。参见[美]安乐哲《孟子人性论的理论背景》,载[美]江文思、安乐哲编《孟子心性之学》,社会科学文献出版社,2005 年,第 54—63 页。

了人的道德性存在的天然根据,而没有从天之外去虚构人自身的依据,那么,从这个意义上说,《中庸》首章之首句,将"性-道-教"连贯而言,实质上只是一个实然的肯认而已:人自身的存在就是能自循其天然本性,此循之之活动即是开辟自身的道路;人在此由自身开辟之道上自觉文饰自身之在。换句话说,它直接肯定人天然、自在地就是能自主开辟道路、自觉文饰自身的存在者。

基于此,从文法上看,与朱熹的注释不同,我们认为:"天命"不是一个主谓式动词性词组,而是一个复合式名词性词组;而"率性""修道"则是动宾式结构作为名词性词组。因此,"天命之谓性"并不表示从一个超越的本体那里获得人自身本质的界定,只是将人天然自在的本性(此所谓本性,没有任何理智抽象意义上的静态规定之意,而是强调人源初生存的实然之情态)实然地加以肯定。"天命之谓性"与"率性之谓道"及"修道之谓教"并没有一个逻辑上不断下贯的关联,三者是一种同义并列的平行关系:人之天命之性即是率性而有道,率性而有道即是修道而有教。人的存在就从"人能自主率性而成道、自觉文饰而成教"的源初状态开始,而不必也不能从别的任何地方开始。《中庸》的首章首句,要旨就在于确认此一"人的源初状态"作为中庸存在方式的真实出发点。

二、人率性成道途中自觉了的张弛裂缝是中庸之在的入口

如果对天命与率性、修道之间的关系得到如上的理解,那么相应地,对整个《中庸》第一章的理解就需要一种新的视角:它不表示一个超越之道(或本体)的绝对性贯注,而是彰显一条人行走的必由之路的展开可能;几句不同的话之间是重重诠释与彼此回应的关系。如果人之天命就是率性而成道,就是修道而成教,那么,这个道显然不可逃离,作为人而存在就

必须自己开辟出一条道路。这就是"道也者,不可须臾离也,可离非道也"
(《中庸》第一章),而这个"道"仅仅是关涉人自身的(王夫之反对将"道"视
为一切物之当然之则)。用孔子的话来说,就是:"谁能出不由户? 何莫由
斯道也?"(《论语·雍也》)①人必行走,行走必由其"道"。它具有双重意
义:一方面,"道"由循性活动所开辟——人就是必须走出自身的存在者,
它的走出自身必然彰显出一条"道";另一方面,一旦人对"道"有所开辟,
此"道"即刻又被文饰。开辟自身的"道"是造道,文饰自身的"道"是修道。
而开辟(造)与文饰(修)都是动的过程,因此,《中庸》首章第二句是对第一
句的深化与强调:自主以造道、自觉以修道是人不可逃避的生存使命(此
即天命之本意),而"命定"自主造道、自觉修道的生存者,必须时刻都处于
造道与修道之中;恰好因其时刻都在不可止歇的自觉自主的造-修活动之
中,如此命定才成其为真实而有其意义(否则,它就成为脱离切己生存活
动的单纯理智抽象物)。

　　人必然造道与修道而在,然而,自我开辟道路而在,这个开辟从何开
始? 能开辟是人的天命,但是,开辟的斧子第一次是如何劈下去的呢? 如
上所说,王夫之批评程朱天理化诠释的错误,但他本身也没有真正坚定地
站在人的源初状态上,而只是将朱熹的理本体回置到气本体之中。因此,
对《中庸》首章"戒慎、恐惧、慎独、中和"的诠释,他虽然抛弃了形上与形下
的区分,但使用已形与未形的区分,并且沿用"动静"之分来理解,说明他
虽然在第一句的理解上有独到之处,但对后面几句的诠释同样陷于朱熹
式的窠臼:将"天命-率性-修道"与"道不可须臾离"视为先行给出(先验而
有)的普遍存在法则,而不是视为彰显作为人自身源初状态的存在活动。
这样,他们就都将后文"戒慎、恐惧、慎独"视作持守道的特殊时刻,而不是
视为自主开辟道路的必然之机。

　　在生存论意义上,"戒慎、恐惧"是一种深刻的、在生存活动中绽露的

---

　　① 　显然,在孔子处,跨出的行动本身构成着道,或者说道是被跨出者。

自警情态,我们需要以充分惊-觉的眼光来审视《中庸》自身之所说:

> 是故君子戒慎乎其所不睹,恐惧乎其所不闻。莫见乎隐,莫显乎
> 微,故君子慎其独也。(《中庸》第一章)

程颐注意到这句话的重要性,即在于它说出了《中庸》为学的起点。
"《中庸》之书,学者之至也,而其始则曰:'戒慎乎其所不睹,恐惧乎其所不
闻。'盖言学者始于诚也。"①程子将戒慎-恐惧的情状/情态视为《中庸》所
言为学的起点,这意味着他将戒慎-恐惧理解为人存在的一种源初情状。②
不睹、不闻、莫见(现)和莫显,与戒慎、恐惧与慎独相应,这是一种无法畅
然而显的状态——一种紧张、一种矛盾:有某种东西降临、袭来,然而它莫
可名状,超乎耳目的把捉,浑然于戒慎-恐惧-慎独的情状之中;这样的情
状,有所关注,然而不知究竟何所关注;"戒慎-恐惧-慎独"之为"戒慎-恐
惧-慎独",即是一种不流畅的警觉-惊觉。③这是一种轻微但霍然的撕裂,
一道裂缝的绽现。造道的开辟活动的第一步,就从道还没有显现而裂缝

---

① 程颢、程颐:《二程集》,中华书局,2004 年,第 325 页。

② 在先秦哲学中,因为"学"与"觉"的源初统一关系,"学"的开始也就是存在的开始。在此
意义上,《论语·学而》的第一章,既是教育学意义上的,又是生存论意义上的,而且教育学上的意
义恰恰在其作为存在论意义的衍生体现时才具有意义。从"学而时习之内在性的悦",到相对在
外的"有朋自远方来之乐",再到更为外在的"人不知而不愠",首先不是给出一个学习的层次性或
者思想/学习的共同体,而是以后两者反衬第一句中的"学而时习"的绝对性之乐(作为内在性的
悦):"学"即"觉","时习"即觉悟着的不间断践行,如此自我觉悟的不间断践行具有绝对性的乐,
简言之,存在之乐。这样的诠释,将二程追问的"孔颜乐处"推向了更为深入的层次(参见本书第
一章的相关论述)。

③ 《论语·雍也》:"子曰:'贤哉,回也! 一箪食,一瓢饮,在陋巷。人不堪其忧,回也不改其
乐。贤哉,回也!'"程颢在解释这段话时,强调"箪瓢陋巷非可乐,盖自有其乐耳。'其'字当玩味,
自有深意。"(程颢、程颐:《二程集》,第 135 页)其实,"其"字在这里无论怎么玩味,或者指"颜回",
或者指"箪食、瓢饮、陋巷",很难发现更多的意蕴。但程颢提出"玩味""其"字,就在于这整段关于
颜回之贤的论述中,有某种由"其"字而来的撕裂的张弛感。在《中庸》此处,同样,"其"的含义也
是有些隐晦的,它也彰显了与《论语·雍也》"贤哉,回也"章同样的裂缝张弛感。

绽开的时刻开始,亦即从戒慎-恐惧的情状/情态的绽露开始。由此看来,《中庸》首章第三句更为深入地切中了问题:人作为要造道修道的存在物,正在于他于其存在的源初状态中撕裂出一条必须经由它而前行的裂缝。一片浑然的整体正如一方荒漠,无路可通,无道可行;而一旦它有了裂缝,就有了门径,从而在浑然的荒漠或者旷野中就能够走出一条道路来。

三、"中-和-致中和"统一的整体世界即是
"性-道-教"统一的整体世界

这条以裂缝作为门径而被开启的道路通向"天下"。"天下"就是这个"世界"。绽开的裂缝是自我开凿道路的起点,道路从起点延伸,但道路恰恰在于其不断地"通向远方"才成其为道路。它能通,首先必须有一个入口或门径,而且必是一条能绵延而伸展的道路;然而,它未通达至远方,就是一条未完成的道路,因此似乎又可以说它还不是一条道路。人的存在"不可须臾离"的道路,按其本性又不断延展向前。它究竟从何而展开呢? 源初即有作为入口或门径的那个惊觉之裂缝,那么,使这一展开得以可能的裂缝,又何以可能呢?《中庸》首章最后的话头给出这样的回答:

> 喜怒哀乐之未发,谓之中;发而皆中节,谓之和。中也者,天下之大本也;和也者,天下之达道也。致中和,天地位焉,万物育焉。(《中庸》第一章)

戒慎-恐惧是一种源初情状,撕裂浑然而给出可以有所通向的裂缝。

在此意义上,戒慎-恐惧是一种"已发"的情状:它是"中节"的"已发"①,因此是"和",也就是能至远而通天下的"达道"。但在《中庸》的言说中,此一至远而通天下的"达道",作为"已发"的源初情状,有其"未发"的本然情状——"未发"的喜怒哀乐,即是本然的情状。它即是"中"。"中"的意思就是说,如此这般平实的情状之本然(作为可能的喜怒哀乐),即是天下(这个世界)的"大本"——作为"发"之前的本然是"发"而后的世界整体的本根/本源所在。"中"作为本,意味人作为如此这般具有平实情状的存在物,这些情状的展开发用是打开世界的根源;它发用流行而同时即自我文饰而"中节",此"节"并不是现成的规范,而是指源初性的情状作为绽开裂缝,自身成就内涵条理。

　　作为天下之大本的"中",是多样而丰富的情态。如此丰富而多样的情态,作为内在可能,在源初绽放中浑然相处。此浑然相处有其不可悖逆之序,也有其"条理之节"或说尺度。有序、有尺度的多样性情态之绽放,就是"和"。有多样性之"中",才有多样性源初浑然一处绽放之"和"。"和"必有其序或尺度,此序或尺度,内在于多样性情态浑然一处之绽放本身,或者说,就是多样性之如其多样性地实现自身而有的内在律则。从现实的生存活动而言,"中"即"和","和"即"中"。人自身的多样性情态唯在切己而现实的生存活动中"一同"绽放,才是真实的。而真实的多样性齐放,基于多样性之"齐同"绽放,而必有其序或尺度。有序而符合尺度的多样性情态之真实绽放,在反思中有一种先于绽放的多样性可能。《中庸》

---

①　朱熹认为,"其未发,则性也","发皆中节,情之正也"(朱熹:《四书章句集注》,第18页),仔细说来,有些不知所谓。喜怒哀乐不发如何就是性呢?发而"中节"如何又成了情?在朱熹,因为性成为如有一物的、独立的、光辉而在的东西,所以,脱离活生生的视听言动之后,朱熹就只能以之为性,而如此则错失了《中庸》所说"发与未发"本于动的源初情状之义。刘宗周说:"后人皆以性求性,妄意有一物可指,终失面目。"(黄宗羲:《孟子师说》,《黄宗羲全集》第一册,第78页)性不是如有一物,性就在喜怒哀乐之源初情状的展开之中,所以,才有"发"而"中节"。所谓"节",是"适度"与"法度"的统一。因其"发"总是中于自身的度,所以就显出其法度。一般的准则意义的"节",以此为本。

对"已发"和"未发"的区别，就本质而言，并没有特别的意味，仅仅是强调人自身存在的多样性情态及其绽放是"此一世界"的根源。"未发"与"已发"统一于戒慎-恐惧的当下绽放活动本身，"未发"作为一种基于现实绽放（已发）的反思性肯定，必然奠基于当下绽放中的精神性惊觉-领悟。那种将基于现实绽放的反思扭曲地加以独立，从而将反思肯定的"未发"视为"已发"的更为真实、更为基础的本体或本原的做法，无疑已经是人的真实存在的歧出。

由此而言，这最后的话头其实是在呼应第一句："中"对应"天命之谓性"，"和"对应"率性之谓道"，而"致中和"则对应"修道之谓教"（"致"与"修"在此显然具有相同的意蕴）。人天然而油然地就具有能"发"而为喜怒哀乐情状的源初可能（既是"中"，也是"天命之谓性"）。而且，这个绽放之发的可能油然地蕴涵着发之之节文条理，而在其源初之发动中——在源初的条理与源初的情状的原始统一纠结中，它惊-觉于斯或说自我惊-觉于条理与情状的统一（既是"和"，也是"率性之谓道"）；惊-觉于发动处的统一，也就惊-觉于统一的展开，而使之达于其极致，以至于一个新世界的展现，也即一个纯粹文教/文明化世界的到来（既是"致中和"，也是"修道之谓教"）。

因此，"和"是天下达道。作为"天下达道"，人由此而通往一个世界，在此世界，人安顿天地乃至万物。然而，所谓通往一个世界，本质上即是回到这个世界本身。作为"本"的源初情状，其发用就是从这个世界启动的。因此，"通达世界"的本真意蕴是说，人在这个世界存在的源初情状中，在切己处自警-惊觉于一个裂口，并由此裂口重新进入这个世界——他本在此世界而再行进入这个世界，再行进入且"重铸"（"位育"）天地万物。（不是在自在的意义上说人创造一个世界，而是在自为的意义上说，人经由再行重进而以新的方式切己开拓、展现处身其中的世界为文明/文教世界。）

由上而言，《中庸》首章以简练的方式，给出了：中庸存在方式的起点——人自身处身其中的世界；入口——由人存在之源初情状的发用自省与警觉-惊觉而有的裂口或缝隙；展开的通道以及通道所达的天下世界——再入与重回源初世界(文的世界)。

按照朱熹《中庸章句》，《中庸》文本共分为三十三章。首章之后，从第二章"君子中庸，小人反中庸"到第三十三章之末"无声无臭"，都是对首章的进一步展开、诠说。其中，第二章到第十一章分为一个部分，从"中庸之可能与不可能的对比"反衬切入中庸的入口即在此同一现实世界，而"中庸之为中庸"的具体境域性显示，其入口是这个世界在每一当下被打开的、因"临事而惧"而有的洞裂开辟；从第十二章到第二十章也分为一个部分，从中庸之道的"上-下/远-近的对比张弛"，来呈现中庸之为道的通达流畅性，抵达天下的平治；从第二十一章到第三十三章是最后一部分，通过对以诚明统一在隐微彰显之间抵达中庸的阐述①，结以"无声无臭"，表达出人全其自然而成就天下，此全其自然恰好是复归于其天然(文化/文教的世界恰恰是一个"润物无声"而成就的世界)。因此，《中庸》文本的完整展开，重新回到了其首章的义理结构。

同《论语》《孟子》相比，《中庸》以严密而紧凑的结构总结性地回答了《论语》《孟子》引而未发的一个内在问题，亦即泛政治-伦理的存在何以可能的问题，其答案是"全人之自然而回到人之天然"的"文化/文明存在"。这一答案在《大学》中，以纲举目张的方式得到具体程式性的说明。然而，对泛政治-伦理化存在，如果其理想之境是"全其自然而复归于天然"，那就不能单在"人文之域"展开，从形而上的层次将存在的展开于"人文与自然的融合之域"，这在《易传》之中才得到最终完成。

---

① 就中庸的存在方式而言，"诚"必然即是"明"，"明"必然即是"诚"，不可能"诚而不明"或者"明而不诚"。《中庸》文本自身将"诚明统一"表述为"自诚明"与"自明诚"两个环节，常常湮没了二者源初统一的内蕴，也使得许多解释者错开了中庸的真意。周敦颐《通书》从"诚"开始论述，在《公明第二十一》反对将"明"等同于"能疑"。因为"疑"必有其所疑，而所疑在能疑之外；在周敦颐看来，"明"不能有外，它就在源初处与"诚"蕴涵在一处。(参见朱熹《通书注》，《朱子全书》第十三册，第114页)

第十章　从"天人之际"看《易传》"三材之道"的意蕴

　　中国古代哲学的根本问题,是"究天人之际,通古今之变"①。所谓"天人之际",今天我们常用"天人关系"来取代,而"关系"的静态性质,常常使对"天人之际"进行真实的理解失去了可能性。从字义上看,所谓"际(際)",《说文解字》解为"际,壁会也。"段玉裁注说:"两墙相合之缝也。引申之,凡两合皆曰际。际取壁之两合,犹间取门之两合也。《诗·菀柳》郑笺:'瘵,接也。'此谓假瘵为际。"②就此而言,所谓"际"包含有"缝隙""边界""相遇""交会""之间""中间"等意义。因此,"天人之际"更为宽泛而合适的理解应该是天人之间在动态的意义上彼此交会而有的缝隙、交界。从"际"本身交会、交接的动态意义出发,天人之间可能具有的合理关系才能得到揭示。《易传》所谓"道",作为"三材之道",正好显示了大人之间基于彼此相动而有的关联,给出了古代哲学关于天人之间彼此最为真实的关联。

---

①　司马迁:《报任安书》,见《汉书·司马迁传》,第 2735 页。
②　段玉裁:《说文解字注》,见中华书局编辑部编《说文解字四种》,第 528 页。

一、对《易传》之"道"作外在知解式把握的困境

对《易传》的理解,迄今仍然大多笼罩在知解式眼光之下。知解式眼光的一般手法,是以"知"而"解开"天人为二。作为知性世界观的基础,知解式眼光常常将世界本身看作客观的,具有异在于人的客观性与法则性或规律性(此即广义的"天")。在这个意义上,知性世界观本质上是一个静悄悄的世界观。在对世界进行知解式把握的同时,知性世界观在世界的对岸设置了一个同样静悄悄的人类能力(或者是心灵、知性等,或者是别的什么名目,也即与天相对的人),以为心灵或知性同样静悄悄地观看对面的世界,并将如此静观而获得的世界的本质和法则引用于人自身。虽然知解性领悟所有的知性世界观并不是完全将人看作纯粹静态的物事(它有时在认知角度上也强调人的所谓能动性),但就其先行将世界(天)和人心(人)看作彼此割裂并立乃至对立的两项这一根本性特征而言,其实质就是"静"的世界观。在知解性眼光下,《易传》的"道"首先被理解为自在世界(天)的某种自在法则,人不过将之引而归向自身。

在《易传》对道的言说中,某些话语被孤立地加以理解,而被视为知性世界观的例证:

> 天尊地卑,乾坤定矣……乾道成男,坤道成女。(《易传·系辞上》)
>
> 天行健,君子以自强不息。(《乾·象传》)
>
> 地势坤,君子以厚德载物。(《乾·象传》)

　　看起来,《易传》的如此言说将作为自在的天地世界所有的法则视为人世的决定性根据,或者说人道的天道根据。由此,似乎是天地之乾坤尊卑决定了人世的男女尊卑;天运行之健进本质决定了人(君子)的"自强不息"精神;地运行的柔顺本质决定了人(君子)的"宽厚容忍"精神。自在天地的自在法则对人世的决定,既是其必然,也决定其当然。在这样的视角下,《易传》之"道"被视为人世存在的外在合理性根据,或说人存在的合理性根据只在于自觉地"效法"一个原本外在于自身的客观法则。①

　　然而,天人彼此"外在"且人必须效法天的观念,一方面需要预设天的本体论地位,另一方面则需要对外在说造成的二者之间的鸿沟进行弥合。在这两方面,知性世界观都陷入困境。对天的本体论预设,只能陷入思辨的构造之中;而对鸿沟进行弥合的努力,只能依赖所谓知性的机巧——它为自身设定一个鸿沟以使自身通过跨越鸿沟而实现自身。

　　即便在《易传》自身的话语系统之中,人世存在对天道法则的如此"外在"地效法而引用于自身,也显露出抵牾实情。《小过·象传》说:

　　　　山上有雷,小过。君子以行过乎恭,丧过乎哀,用过乎俭。

　　《小过》卦之卦象是下艮上震,艮为山,震为雷,故说山上有雷。高亨解释认为:"按《象传》乃以山比贤人,以雷比刑,以山上有雷比刑罚加于贤人。刑罚加于贤人因贤人有小错误也,是以卦名曰《小过》。君子观此卦象及卦名,从而谨言慎行,力求无过,其所过者,只是行过于恭,居

---

　　① 主张这样的理解,王弼注、孔颖达疏《周易正义》具有典型性。对《乾·象传》,孔颖达疏说:"'天行健'者,谓天体之行,昼夜不息,周而复始,无时亏退,故云'天行健'。此谓天之自然之象。'君子以自强不息',此以人事法天所行,言君子之人,用此卦象,自强勉力,不有止息。"(王弼注,孔颖达疏:《周易正义》,北京大学出版社,1999年,第11页)。孔颖达疏解释《坤·象传》说:"君子用此地之厚德容载万物。"(同上书,第27页)《周易正义》中象传的其他解释,基本是如此。但《小过》的象传具有不同之处(见下文)。

丧过于哀,用财过于俭而已。行过于恭,则失之谄媚;居丧过于哀,则失之毁身;用财过于俭,则失之吝啬,亦皆是小错误。然而不为有罪,不致触刑,所以君子敢为之。"①高亨对卦象(艮山震雷)的解释使用引申层次的意蕴(视为刑罚加于贤人),《周易正义》则直接就卦象的直观意义来说:"雷之所出,不出于地。今出山上,过其本所,故曰'小过'。小人过差,失在慢易奢侈,故君子矫之,以行过乎恭,丧过乎哀,用过乎俭也。"②这里显露出上述知解式"效法"观念在诠释上的困境:如果用同样的观念来诠释《小过》之《象传》,它对《小过》卦的解释就不能与它对《易传》整体的解释一致。

就高亨的解释来看,他使用引申意义来界定卦象本身,实则已经是用在世效法行为替代卦象的自在意义。他的解释以卦象之警醒于过错而示范效法的行为主体免于过错,但行为主体最终仍不可避免地陷入行为过错,如此过错依然只能归于对自在法则的效法或其许可。而《周易正义》的解释,则直接将卦象彰显的自在法则视为过错,将行为主体的过错直接看作对自在法则之过错的效法,不过其中加入了基于不同行为主体彼此区分意义上辩证(君子矫正小人之过错而陷入过错)。无疑,两者都是在"知性世界观"意义上的自相矛盾。③

因此,知性世界观对《易传》之"道"作为人世存在法则的理解,由于其理论上先行预设世界及其法则与人异在的困境,从而不能对《易传》进行自洽的完整而一致的诠释,也就不能切中对《易传》的真实理解。

---

① 高亨:《周易大传今注》,齐鲁书社,1979年,第485页。

② 王弼注,孔颖达疏:《周易正义》,第246页。

③ 与《小过》卦相关的是《大过》卦,对其《象传》,高亨的解释以《大过》为大过错,认为《大过》"泽灭木"之卦象本身即是大过失,以喻王朝被民倾覆,君子在此处隐居(高亨:《周易大传今注》,第268页)。《周易正义》则将"大过"解释为"极大的超越",行为主体(君子)于世道衰难之际,效法如此之超越而独立不群(王弼注,孔颖达疏:《周易正义》,第126页)。与对《小过》之《象传》的解释相比,《周易正义》的"效法"意义更为明显,而高亨的"效法"意义似乎被湮没。

二、《易传》之"道"基于人的活动而切近于自身

化解如上困境的一个可能性在于,放弃静态而孤立的卦象释义,而注目于卦象本身对于人的切近本质,亦即注目于它作为世界和人之间二者动态关联("际")的表征,而不是看成对一个作为异在的他者,或者说纯粹在人之外的自在世界的静观式映射。作为对二者彼此相动关联的表征,易之卦象、爻辞等不是单纯对外在于自身的对象世界的被动摹写,而是对涵摄人自身活动及其挟带的相应伴随项(与人同在的物)的观念再现。因为,自在世界与人的关系,不是先行被设定为彼此分裂的静态对峙,而首先是共在于同一个动态的接合、交接的"际"。对这样一个二者同在的动态之"际","错人而思天,则失万物之情"(《荀子·天论》)——用知解式眼光将人撇开之后来玄想自在的天,就必然滑离开天(世界)与人的真实性。回到天(自在之物或世界)与人的真实,就必须立足于二者相涵一体的那个"际",立足于二者彼此切近一体处。

理解《易》的卦象,孤立地对每一卦或其中每一爻,当然可以给出多种理解,但是,就六十四卦整体而言,从它们昭示的法则变化来看,这些法则首要的特征在于它们都彰显于不同的特定境域之中。由于境域的变化,法则自身也得到多样性显现。卦象彰显的法则的多样性变化,首先不是自在世界自身及其自在法则的变化,而是让其显现得以可能的场域的变化使然。这个显现的场域,也就是基于世界与人同在一体的动态的"际"。在此"际",世界及其"道"与人近在咫尺、切近一体。

卦象象征的世界及其"道"于人的切近本性,蕴涵在关于伏羲作八卦的言说中:

　　　　古者包牺氏之王天下也,仰则观象于天,俯则观法于地,观鸟兽之
　　文,与地之宜,近取诸身,远取诸物,于是始作八卦。(《易传·系辞下》)

　　表面上,"仰"和"俯"以及"远"取诸物等似乎都暗示了所"仰俯"对象
以及所远取对象的"远",似乎作为对象,它们相距遥遥。但是,实质地看,
仰观俯察与近取远取之所以可能的根源在于,人必须切近于所观察与所
取的对象,如果没有此一切近,观察与摄取根本就不可能。在对伏羲制作
八卦的后续诠说中,《易传》以神农制作耒耜关联《益》卦,以创造贸易市场
关联《噬嗑》卦;以黄帝、尧、舜制衣裳关联《乾》《坤》卦;以制作舟船桨橹关
联《涣》卦,以驯牛马为用关联《随》卦;乃至于以后世圣人建造房屋关联
《大壮》卦,以作棺椁关联《大过》卦,以制作书契关联《夬》卦等。这整个过
程最为基本的意蕴,显然是以人自身制作活动及其制作物的演变,关联卦
象象征的世界及其法则呈现的变化。没有人类制作活动及其制作物本身
的演进,世界及其法则就不可能呈现出样态的多样化演进。《易传》明确
说:"《易》之为书也,不可远,为道也屡迁。"(《易传·系辞下》)"不远"即切
近于人,人本质上就是制作活动的主体,与主体的制作活动相适应而"道"
体现出变迁。这样的视野,即是从动态之"际"看世界与人,而动态之"际"
使得世界及其法则与人处在一体之中。或简言之,"道"与人一体。
　　对世界及其法则与人的一体同在于"际"而非彼此悬隔,《易传》表达
为"道"对于人的"简易亲久":

　　　　乾知大始,坤作成物。乾以易知,坤以简能。易则易知,简则易
　　从。易知则有亲,易从则有功。有亲则可久,有功则可大……易简而
　　天下之理得矣。天下之理得,而成位乎其中矣。(《易传·系辞上》)

　　这里乾坤即指《易传》的乾坤之"道",或"道"。所谓"简易",其反面就
是"繁难"。无论是"道"的知(知晓)、从(遵从)、亲(亲依)、功(成就),还是

"道"的久（永恒性）、大（绝对性），都是相对于作为主体的人而言的。"道"相对于人而言是"简易"而非"繁难"，如上文所说，当且仅当"道"并非与人鸿沟相距时才有可能。否则，"道"作为鸿沟对岸世界的法则，人在此岸根本无以知晓从而遵循，更遑论知而亲依之从而成就之。因此，对岸遥遥的道就不可能是人在世行为活动依据的永恒之道（久），不是作为人世活动合理性的绝对性根据（大）。①反过来说，人所能易简而亲依遵从的"道"、作为人由之以有成就的"道"、作为人在世合理性根据的永恒与绝对之"道"，就是显现于人的亲依遵从活动之中。这样的亲依遵从乃至成就活动，与《易传》所言制作八卦根据的主体性器物制作活动，是同一个活动。

由此，"道"与人的切近关联具有两个方面的意蕴。一方面，人类作为主体的制作活动及其制作物的演进，决定着人类活动所需遵循的"道"或法则的呈现样式和内容；另一方面，经由人的制作活动而呈现的"道"或法则，为人所亲依遵循，是人存在的合理性根据。两个方面统一于同一个活生生的动态之"际"，是同一个动态之"际"的两个方面。如果忽略这个动态之"际"的根源性，就会将它们彼此割裂开来，相应地也就会预设一个与人无关的自在或先在之道，反过来作为这个动态之"际"的基础或担保。

如此以动态之"际"为根源来看"道"与人的切近关联时，《易传》之"道"就不单是人类制作活动的显现，而是制作活动本身参与到了"道"的生成之中。对此，《易传》解释卦之"爻"和"象"说："爻也者，效此者也。象也者，像此者也。"（《易传·系辞下》）卦之爻和象及其表征的"道"，是对"此"而非"彼"的再现，它意味着一切与人切近而为人所亲依遵从的"道"，

---

①　通常的解释是以前文所说的知解式眼光为基础的，比如《周易正义》解释此处"易简"说："天地之道，不为而善始，不劳而善成，故曰易简……乾坤既有此性，人则易可仿效也。"（王弼注，孔颖达疏：《周易正义》，第259页）它将自在之道设定为"易简"，以担保主体效法的"易简"，使效法得以可能。但是，它没有看到，如果道是离人而自在的，即在人的对岸，根本不可能有"易简"。在程颐的《易说》中，延续着如此思路："乾当始物，坤当成物。乾坤之道，易简而已。乾始物之道易，坤成物之能简。平易，故人易知；简直，故人易从。易知则可亲就而奉顺，易从则可取法而成功。"（程颢、程颐：《二程集》，第1027页）

其于人而有的切近性,都必然是由人的主体性活动参与而生成的。这是从动态之"际"出发来审视天人关联的合乎逻辑的结论。

三、《易传》之"道"是人作为能动者而使天地
与自身相遇而生成之道

从动态之"际"来看世界及其法则(或简言之,"道")与人的更为深层的关联,必须深入地审视"际"本身之"动"。在《易传》里,"际"之"动"是通过爻位的构成和变化来体现的。"变"或"动"是《易》的根本,因此《易经》常常被称为"变经"。而《易》之"变"或"动",首先是指天、地、人("三材")之间的相偕共处,亦即天、地、人三者接合之"际"。《易传·系辞》将天、地、人相与之"际"蕴涵的"道",称为"三材之道"或"三极之道":

> 《易》之为书也,广大悉备,有天道焉,有人道焉,有地道焉。兼三材而两之,故六。六者非它也,三材之道也。(《易传·系辞下》)
> 六爻之动,三极之道也。(《易传·系辞上》)

《易传》所说的"道",兼为"天之道"、"地之道"和"人之道",故为"三材之道"或"三极之道"。①《易传》认为,《易》的每一卦都由六个爻构成,其中最上两爻表象天,最下两爻表象地,中间两爻表象人。②爻自身有阴阳的变

---

① "三极"和"三材"(或"三才")意蕴基本一致,但略有差异:"三极,上中下也。极,中也,皆其时中也。三才,以物言也。三极,以位言也。"(程颢、程颐:《易说》,《二程集》,第 1027 页)"三材",指天地人三物;"三极",则指卦上中下的三位。

② 王夫之说:"初、二,地位;三、四,人位;五、上,天位。"(王夫之:《周易内传》,《船山全书》第一册,第 515 页)

化,通过爻位的不同变化与组合,象征世界和人世之道。因此,《易传》所谓"道",作为六爻整体组合所象征的法则,本身不单是天之道,也不单是地之道或人之道;但又可以说,它既是天之道,又是地之道和人之道。简言之,六爻之"变"不是天地自在之变,而是人处身其中之变;而作为六爻变化整体表征的"道",相应地也就并非单纯的自在天地世界之道,而是人融身天地之间一起与天地相偕共处而变之道。

更深入地看,六爻构成的卦象整体,无论每一爻的阴阳性质如何变化,总是以居中两爻表征人。这意味着,《易传》所谓"道",是人具于天地之"中间"与天地一起变动之道。而人的"居间"或"居中",使天、地、人相与之"际"的实情呈露出来:居间或居中的人,是天、地、人构成的整体世界的动的根源。《易传》说:

> 言行,君子之所以动天地也。(《易传·系辞上》)

居间或居中的人作为主体(君子为代表),通过自身的言行(广义上亦即人之活动)来使天地变动,从而有人与天地相偕共处的整体世界的变动。在《易传》的脉络里,人的主体性活动是整个变的动源。天、地、人相与之"际"本身是一个变动的场域,《易传》以主体的活动和行为(言行)为此界域的动源。与天、地、人相与之"际"的变动状态中人是主体对应的是,此变动状态蕴涵的法则本身即"道"或"易"却不是动的主体:

> 易无思也,无为也,寂然不动,感而遂通天下之故。(《易传·系辞上》)

强调"道"或"易"本身的无思、无为、寂然不动,就否定了它是天、地、人相与之"际"(作为动态的场域)的根源性实体依据,而肯定其是归属于天、地、人相与之"际"的法则。因此,并非人与天地的相偕共处(且人居间)是"道"的实现,而是人与天地的相偕共处(且人居间)生成了"道"。"易"或"道"本身无思、无为而寂然不动,但可"感通"于天下。

感通的根据在于,人以自身的活动而让物(天地之间的所有存在者)呈现在天、地、人相与之"际"。在此"际"中,一切呈现的物本质上都是一个"时物":

六爻相杂,唯其时物也。(《易传·系辞下》)

六爻相杂而动,人居其"中间"。人的活动决定天地万物的到场,总是呈现于具体的境域之中,并与人自身当下活动的性质牵连得到其规定。《周易正义》解释说:"物,事也。一卦之中,六爻交相杂错,唯各会其时,唯各主其事。若《屯》卦初九'盘桓利居贞',是居贞之时,有居贞之事。六二,'屯如邅如',是乘阳屯邅之时,是有屯邅之事也。略举一爻,余爻仿此也。"①以事释物本身就已经将纯粹自在的物摄归于人的活动整体之中,而突出事物到场的"时"的性质,则是强调随着主体活动的历史性展开,事物也具有历史性呈现。

在此,事物到场呈现的历史性表明,"易"或"道"经由"感通"而遍及天地万物,不是说"易"或"道"作为实体,自身活动而贯穿于万物,而是说人的活动使万物到场之"际",活动之"道"贯穿于一切于此"际"呈现之物。万物到场呈现于其中之"际",在天地之间。从自然物象来看,天在上,地在下,万物到场呈现之"间",基于天地二者的动态接合之"际"。二者的接合,则是天从其上而往下,地从其下而往上:

天道下济而光明,地道卑而上行。(《谦·象传》)

---

① 王弼注,孔颖达疏:《周易正义》,第316页。

天之由上而下行,地之由下而上行,共趋于"中""间",而此"中"或"间"是人之所在。中间的人,以言行活动动天地,使天地趋近而来。天地的接合,使人通过自身活动使天地相遇于自身。因此,"感通"的意义不是天地自在相感交通,而是人使之相感而通;"感通"不是"道",但"感通"有其道,或者说"感通"中有道。"感通"使一切物之到场呈现成为可能,故一切物就为"感通"所有之道遍在。天地经由人而"感通",或者说天地经由人而相遇,此"感通"或相遇作为动态的接合过程,本身生成自身之道。

《易传·泰卦·象》曰:"天地交,泰。"《周易正义》说:"泰者,物大通之时也。"①《泰》卦的卦象是天在下,地在上,或者说地在天上,表示彼此进入对方,亦即二者相接合。天地相接合,万物如其自身而到场、显现。《泰·象》曰:"天地交而万物通也,上下交而其志同也。"天地之交接,即是上下之交接;二者共同指向其"中"与"间",故说"其志同"。天地万物之趋向于"中""间",是居中或居间的人之活动的二重性使然:一方面,人的活动之能动性招引天地万物使之来;另一方面,活动自身让渡出位置,使到来之天地万物能居于此"际"。《易传·咸卦·象》曰:"咸,感也。"《易传·咸卦·象》曰:"山上有泽,咸。君子以虚受人。"《咸》卦的卦象是艮下兑上,艮为山,兑为泽。"感"即使物相接②,但物之彼此接合需要一个空间,这个空间必须为感自身所给予或让渡。《咸》卦之下卦为山,意指着向上的行或动;而向上的动之中恰好让渡出一个承受的空域,即山上之泽。《咸》卦之上卦为泽,即意指着由上而下行者可以遇合由下而上行者的空域。

上下相遇于中间,叫以说彼此"际遇"于"空域"。《易传》之"道"作为"际遇"于"域"之道,是此"际遇"自身生成的,而相遇中的能动者是人。换言之,人作为主体,使天地万物相遇而生成着"道"。

---

① 王弼注,孔颖达疏:《周易正义》,第66页。

② 此处所说"以虚受人"的人,包括人和物而言。《周易正义》说:"君子法此咸卦,下山上泽,故能空虚其怀,不自有实,受纳于物,无所弃遗,以此感人,莫不皆应。"(同上书,第140页)

四、天、地、人三相遇而有之世界及其"道"以人为中正之心

　　如上而言,《泰》卦卦象天在下、地在上意味的天地相通交接,是人的活动让渡使然。而按象之本来意旨,天本在上,地本在下。天地之本然,无所谓相通交接,只有经由主体性活动而实现天地换位,即天行而往下,地行而往上,天地才能真正交通接合,这是《泰》卦的意蕴所在。如果天地二者不通过趋近于"中""间"而实现换位,天持守其自身之上而不下行,地持有其自身之下而不上行,那就无所谓"通",反而是通的反面,即闭塞。

　　相比较而言,在《易传》中《泰》卦是天地彼此换位而有万物之交通,《否》卦则是天地各守其位而万物闭塞。《否·象》曰:"天地不交,否。"《否·象》曰:"天地不交,而万物不通也;上下不交,而天下无邦也。"《否》卦卦象是天在上、地在下,表示天地各持守其本然之位。《易传》因之以为二者未有交通,故万物不能到场、呈现。"天下无邦"的"邦",可以一般性地理解为作为类主体的人的居住境域,亦即人经由自身主动性活动而使物到场、呈现的界域。天不下,地不上,天地不同趋于"中""间",则闭塞而无"邦"、无万物;天地共同趋近于"中""间",由人活动的让渡而彼此换位,则通畅而有"邦"、有万物。《周易正义》说:"天地若各亢所处,不相交遇,则万品庶物,无由彰显。"①

　　"通"还是"塞",取决于人的活动:有人的主体性活动,则天地通达而万物到来构成"邦";没有人的主体性活动,则天地闭塞而无万物到来以构成"邦"。此"邦"系于活动的人或人的活动。《谦·象》曰:"天道下济而光明,地道卑而上行。"天下而趋"中",地上而近"间",人乃天地之"中""间"。

---

　　① 王弼注,孔颖达疏:《周易正义》,第184页。

在此"中""间",天下行而地上行,二者彼此进入对方而实现天在地下或地在天上。居"中""间"的人由自身主体性活动,让天地换位而构成属己的世界。人居"中""间"而打开、构成一个属己的世界,人就是这个世界的主人或主体。

换言之,人的主体性活动使天地万物到来并构成一个属人的世界。因此,这个世界的本质的贞定,系于主体性活动自身与此世界及其"道"的关联。一方面,"道"和世界是人作为主体与天地相遇而生成的,离开天地万物,无以为世界及其"道";另一方面,人又是相遇的能动者,自在的天地万物虽然不是人之所造,但成为这个世界中的到场、呈现者,是人自身主动的让渡与创造使然。因此,人就在如此世界及其"道"的生成与本质中取得某种特别的位置,《易传》称为"中正":

> 天地相遇,品物咸章也。刚遇中正,天下大行也。(《姤·彖传》)
>
> 文明以健,中正而应,君子正也。唯君子为能通天下之志。(《同人·彖传》)
>
> 大观在上,顺而巽,中正以观天下,观。(《观·彖传》)

"天下"之所以能大"行",首先是天能下而行。天能下而行,即是天地相遇而万物都得到彰显,而天地万物得到彰显必须"遇中正"。此所谓"中正",就是"居间"或"居中"、作为主体的人。[①]因此,所谓天地万物"遇中正",也就是天、地、人相遇,必须天、地、人各守其当然之位,亦即天下地上而遇于人之"中正"的本然处所。否则,天地不趋向"中正",不与"中正"相遇,天下之万物就不能普遍得到彰显。天下大行或说万物彰显,亦即一个

---

① 在《易传》的象数解释中,《姤》卦九二爻为阳爻,为刚,居下卦之中位;九五为阳爻,为刚,居上卦之中位。两者合言之,故说"刚遇中正"。(参见高亨《周易大传今注》,第376页)这里不取象数解释。

文明世界的生成,而"文明"根源于"中正"之人以其本质因应天地之到来与相遇;同时,天地万物之进入文明,一定意义上也是主体性的投射或"观",在文明之中,以天地万物之本然样子而观之,首先必须是人持守其"中正"。在《易传》看来,天、地、人相遇而有的世界及其道,以人为"中正"。换句话说,由天、地、人三相遇而有的世界及其"道",其真实的本质,维系于人在其中的"中正"本质。

作为世界及其"道"的"中正"本质,人也就是此世界和"道"的心。《复·象传》曰:"复,其见天地之心乎。"王弼注说:"复者,反本之谓也,天地以本为心者也。"①"复"作为运动中的返回,其返之所回,即是运动整体的本体所在。如上所述,在天、地、人的动态际遇中,人正是相遇活动不断趋向的中、间或本体。王弼将"本"视为"无",认为天地以"无"为心:"天地虽大,富有万物,雷动风行,运化万变,寂然至无,是其本矣。故动息地中,乃天地之心见也。若其以有为心,则异类未获具存矣。"《周易正义》解释说:"天地养万物,以静为心,不为而物自为,不生而物自生,寂然不动,此天地之心也。"②天、地、人之相遇,是瞬息万变、雷动风行之动,但在此变动之中,人保持着静而无为,正因为此静与无,天地与万物才能到场、呈现,才能作为异类而俱存——亦即物在到场、呈现之际自为而自生。因此,所谓"静"与"无",即是使天地万物能如其自身而到场、呈现的主体性根据。主体自身如果在相遇之中充盈而有,就不能让天地与万物相遇并呈现于自身。因此,《周易正义》将"无"视为本、视为心,其本质含义正是前文所说主体在使天地相遇过程中的"让渡"。

《说文解字》说:"人心,土臧也"③。心的本质作为"让渡",恰恰意味着能让天地乃至万物"藏于自身"。心让渡而天地万物藏于自身,就是心在

---

① 王弼注,孔颖达疏:《周易正义》,第112页。

② 同上。

③ "也"根据段玉裁《说文解字注》加。

与天地万物相遇之际,让天地和万物如其自身地彰显。天地万物如其自身地显现于心,具有双重意义:一方面,如上文所说,心使异类与自身一起存在(异类俱存),也就是说天地万物作为与心具有本质差异性的物事而勾连于心;另一方面,作为与心异类的天地万物在显现于心之际,心能如其自身而彰显物之自身。就后一方面而言,《易传》说:"夫易彰往而察来,而微显阐幽。"(《易传·系辞下》)。就其本质而言,彰察、显阐都是去"蔽"而得光明的意思。在天、地、人相遇的动态之"际",心(人)让渡而天地万物如其自身地显现,即是其彰显。天地万物的彰显,正因为心的让渡,而持守为真实无妄:

> 无妄,刚自外来而为主于内。动而健,刚中而应。(《无妄·彖传》)
> 天下雷行,物与无妄。先王以茂对时育万物。(《无妄·象传》)

心为主于内,作为主体和本体的统一,持守着自身刚健的本质,则万物之到来显现,就是"无妄"的真实("物与无妄")。

在真实无妄中,作为主体的人,是世界及其"道"之心。人不是脱离、疏远天地万物的孤另的精神性实体,而是与天地万物在活生生的不断相遇中彼此勾连而在;但人又不是湮没自身于漆黑异类之中的蠢笨不灵的物事,而是在相遇过程中照亮、主持相遇而成的世界及其"道"的主体和本体。

附录　论冯契哲学自由个性之本体论意义的三重维度

就现代中国哲学而言,我们讲本体,并不就是本体论(ontology)。①从西方哲学的角度来看,"本体论的要点,是区分开感性的东西和思想,并用思想的东西——范畴——来解释世界"②。这就是以"being"为中心的逻辑演绎体系。③尽管冯契哲学是具有论辩性的创造性体系,但冯契的哲学旨趣并不在构造本体论的体系,而是给予本体论以认识论的基础:"认识世界和认识自己的问题,兴趣不在于构造一个本体论的体系,而在于探讨智慧学说,即关于性与天道的认识的理论。也可以说,我们的兴趣在于给本体论以认识论的根据。"④而所谓认识论的根据,在冯契智慧学是从广义

----

① 杨国荣:《熊十力本体论哲学研究》"序",巴蜀书社,2004年,第1—2页。

② 谢遐龄:《康德对本体论的扬弃——从宇宙本体论到理性本体论的转折》,华东师范大学出版社,2014年,第3页。

③ 参见俞宣孟《本体论研究》第一、二章,上海人民出版社,1999年。

④ 冯契:《认识世界和认识自己》,第311页。在一般的意义上,冯契也谈论认识论与本体论互为前提的统一:"认识论和本体论二者互为前提,认识论应该以本体论为出发点、为依据,而认识论也就是本体论的导论。要建立本体论,就需要一个认识论作为导论。哲学的最核心部分就是本体论和认识论的统一。"(冯契:《认识世界和认识自己》,第107页)但基于实践唯物主义的"实践与感性直观的统一"(冯契:《逻辑思维的辩证法》,第50页),冯契所谓本体论,并非指向朴素唯物主义所谓的外在世界或观念论的精神实体之思辨构造,而主要还是指向人类自身活生生的感性活动与直观(觉悟)浑然一体及其本然展开。

认识论意义上来理解的。广义认识论的问题最终的指向是"人的自由问题"："人能否获得自由? 也可以换一个提法,自由人格或理想人格如何培养?"①因此,就广义认识论或智慧学指向人自身的生存而言,所谓本体论意义上的本体,并不就抽象的体系化思辨意义来理解,而是在较为宽泛的意义上将本体视为"万物始所从来,与其终所从入者"②——万物由之而始并复归于它的那个东西。在冯契智慧学中,如此本体也就是自由个性,它既是冯契哲学的出发点,也是冯契哲学的目的："一个个人的活动都是有目的的,目的即人本身。从这个意义上讲,人的活动目的在于实现人的自我价值。"③作为具体个体的个人之自我实现,就智慧学的意义而言,也就是一个根本性的问题,如此根本性,就是冯契所谓本体论问题："从哲学研究人性问题,首先要注意性与天道的关系,把它看作是一个本体论的问题。"④冯契智慧学的如此本体论旨趣,其实质的意义就是生成具有本体论意义的自由个性："智慧给予人类以自由,而且是最高的自由,当智慧化为人的德性,自由个性就具有本体论的意义。"⑤在哲学智慧的进程中,自由个性生成为具有本体论意义的存在,这是冯契哲学的深刻主题。一方面,自由个体作为本体,是精神逐渐生成自身作为自身继续存在的根据："精神……就像黄宗羲说的'心无本体,工夫所至,即是本体'(《明儒学案·序》),可以说在不断的发展过程中间它越来越具有本体的意义……在价值界中,精神为体,价值为用,价值是精神的创造。因此我讲化理论为德

---

① 冯契:《中国古代哲学的逻辑发展(上册)》,第 40 页。广义认识论前三个问题(即感觉能否给予客观实在、普遍有效的科学知识何以可能,以及形而上学何以可能)源自康德,实际上第四个问题也可以视为康德"人是什么"的接续与深化,并与中国传统相融合。从而实质地看,也就是指向着人自身的生存。但是,认识论奠基的具有本体论意义的人之自由生存问题,逸出了传统哲学的窠臼,而具有"哲学革命"的意义。

② [古希腊]亚里士多德:《形而上学》,吴寿彭译,商务印书馆,1959 年,第 7 页。

③ 冯契:《人的自由和真善美》,第 186 页。

④ 冯契:《认识世界和认识自己》,第 360 页。

⑤ 冯契:《人的自由和真善美》,第 347 页。

性,精神成为自由个性,它就具有本体论的意义。"①另一方面,精神生成为
自身继续存在的本体根据,是展开对于自身"本然状态"之认识的一种逆
旅,即在人自身生存过程中生成的精神觉悟,逐渐成为人自身生存之继续
展开的、越来越深的本体根据。如此逆旅是冯契"认识世界和认识自己"
的基本思想:"精神即自我本来不是本体,是本体的作用,但工夫所至,就
是本体,因而在认识的发展过程中,精神越来越具有本体论的意义。这就
是本篇的基本思想。"②

　　在一般传统形而上学或本体论的思考中,人们总是习惯于将未来的
某种可能存在归因于过去乃至现在的某种已然存在。冯契智慧学的本体
论,显然超越了既成性本体论视野,而是生成论的本体论视野。所谓自由
个性,也就是自由人格。自由个性或自由人格作为本体具有本体论的意
义,其中的基本意涵在于"自我主宰的独特性精神实现":"自由的个性就
不仅是类的分子,不仅是社会联系中的细胞,而且他有独特的一贯性、坚
定性,这种独特的性质使他和同类的其他分子相区别,在纷繁的社会联系
中间保持着其独立性。'我'在我所创造的价值领域里或我所享受的精神
境界中是一个主宰者。'我'主宰着这个领域,这些创造物、价值是我的精
神的创造,是我的精神的表现。这样,'我'作为自由的个性具有本体论的
意义。"③一定意义上看,融合价值观照的认识论,本质上就是生存论视
野——每个人存在的价值意味与意义在于个体将自身从联系中独立地区
别出来,在自我创造的价值世界里自我主宰而成就一个独一无二者。如
此独一无二者,就是真正的主体,具有自身内在的自我同一性与绵延持续
性:"作为主体的'我',首先是个实践主体,人正是在实践中同周围环境进
行物质变换,因而'我'是个实在主体,每个实体性的'我'具有本体论意义

---

① 冯契:《认识世界和认识自己》,第84—85页。
② 同上书,第108页。
③ 冯契:《人的自由和真善美》,第320—321页。

的同一性,有其自身绵延的同一性。"①如此实践主体具有的实在性,这是
"实践的实在性"②,即在主体性行动中自我实现的自我确定性。与联系相
区别的自我确定性,内涵着在历史变化中的自我贞定性,即在变化中的
"自我恒在自身",这是自我或自由个性本体论意义的重要方面:"心本来
是用而不是体,但是精神随着功夫而展开,在性和天道的交互作用中成为
德性的主体,成为性情所依持者,那么它在千变万化中间有一个独特的坚
定性、一贯性,这种个性化的自由的精神就有了本体论的意义。"③因此,简
单地说,自由个性具有本体论的意义,主要凸显的是价值世界或精神境界
之价值创造的自为主宰、德性主体对自身行为的支配,以及在精神活动和
现实活动中体现出来的一贯性与坚定性,并非传统意义上的所谓"本体论
哲学"(无论是西方哲学意义上的以"being"为中心的演绎体系,还是中国
传统哲学意义上的事物存在的本来状态,或者现代哲学如熊十力以所谓
本心思辨构造宇宙与人自身存在的本体-宇宙论)。

　　与传统本体论相区分,冯契基于认识论基础的智慧学本体论,其所谓
"自由个性具有本体论意义"这个命题,具有三重基本的意义:一是生成
性,二是认识论的充分展开,三是人与世界的多重划分及其开放性。这三
重基本的意义,也就是自由个性之本体论意义的三重基本维度。只有基
于此,冯契智慧学作为真正的自由生存哲学的底蕴才能充分地绽露:"真
正具有创造性的智慧一定是个性化的。智慧所揭示的性和天道当然是共
同的、普遍的,但是共性寓于个性之中,富于个性特色的自由创造这才是
智慧,才是真正对道有所体会、有所发现。"④与冯契智慧学的自由本体论

---

①　冯契:《人的自由和真善美》,第 187 页。

②　康德区分范畴的思辨使用与实践使用,认为不将范畴超感性地使用,而是实践理性的一
种实践使用自由地生成对象,此即"实践的实在性"。参见[德]康德《实践理性批判》,韩水法译,
商务印书馆,1999 年,第 3—4 页。

③　冯契:《人的自由和真善美》,第 325 页。

④　同上书,第 314—315 页。

相比,牟宗三式道德本体论或道德的形上学——"(道德的形上学)以形上学本身为主,(包含本体论与宇宙论),而从'道德的进路'入,以由'道德性当身'所见的本源(心性)渗透至宇宙之本源,此就是由道德而进至形上学了,却是由'道德的进路'入,故曰'道德的形上学'"①——依然陷于以道德湮没自然、以普遍吞灭个体的陈旧的独断本体论之中。

一、自由个体作为本体并非先天的设定或呈现,
而是在现实生存活动过程中逐渐生成的

　　冯契理解人的本质,是与活生生的人类存在活动,亦即劳动联系在一起的:"归根到底,自由劳动是人的最本质的要求。"②因此,人自身生命存在活动的过程是人自身本质生成的前提和基础:"人的本质被看作是实践过程的产物。这就是对人的本质开始有了真正科学的理解。"③在冯契看来,人自身生命存在的过程就是人与世界或性与天道交互作用的过程:"人性的发展过程即人道。人道离不开天道,人性是在实践基础上,在与天道的交互作用中发展起来的。性与天道的交互作用是个自然的历史的过程。"④冯契认为,就传统哲学而言,王夫之基于性与天道的交相授受作用的说法很充分地阐释了这一点:一方面,人在与对象的交互作用中基于自身之性而接受对象的色声香味之"道";另一方面,对象则以其色声香味之"道"而接受人之性。在人之性与对象之"道"的相持而长中,人之本质

---

　　①　牟宗三:《心体与性体》上,《牟宗三先生全集》第 5 册,联经出版事业有限公司,2003 年,第 145 页。

　　②　冯契:《人的自由和真善美》,第 33 页。

　　③　同上书,第 39 页。

　　④　同上书,第 175 页。

日生日成,体现为一个既接受对象之赐予,又能自取自用的辩证过程。①基于性与天道的交互作用过程,王夫之进而将此过程视为一个"自然过程"(而非伪撰的神意展开),如此,对人的理解,就不是从某种抽象设定的精神实体出发来理解人(更不是从神圣造物的意义上来理解人),而是"行动在先":"'行动在先'这句话是正确的。"②经由在先的行动造就人本身,这意味着生存论视野的一个源初事实,即人总是在自身有所领悟的生存活动或行动中展开自身。

　　行动在先,意味着并没有一种在行动之先的先天精神实体。行动作为交互作用,本质上就是源初领悟与行动的浑然之在。在浑融一体的行动基础上逐渐凝成精神主体,主体性觉悟贯彻于人生存活动的整个过程中。在此过程中,基于交互作用而有其内在的秩序和结构,这也就是行动的逻辑和秩序生成为精神的逻辑和秩序:"精神不是离开物质的另外一个实体,精神是贯穿于意识活动中的有秩序的结构。所以在现实的精神作用之外并没有潜伏着一个心(精神)的实体。但在所有现实的精神作用之中,贯彻着一个昭明灵觉的'我',这就是意识主体,就是良心、良知。黄宗羲说:'心无本体,工夫所至,即是本体。'(《明儒学案·序》)'工夫'是指精神修养、精神活动,心的本质就是工夫所达到的有序的结构,此外别无精神本体。"③此所谓物质,首先是人类自身活生生的感性活动以及此活动中牵涉的非精神性存在者。作为主体的精神生成为本体,实质上就是有序的精神自我与有结构的世界二者的双重生成。对先天精神实体的拒斥,是冯契哲学关于自由个性之本体论意义的　个重要的方面。这为每个人自己生成自己生命的本己内容开辟出了道路。

　　人类在自身的活动中生成自身的精神本质及其秩序,就是自由的生存

---

　　①　冯契:《人的自由和真善美》,第302—303页。另参见冯契《中国古代哲学的逻辑发展(下册)》,上海人民出版社,1985年,第1002—1020页。

　　②　冯契:《人的自由和真善美》,第172页。

　　③　同上书,第83—84页。

活动或自由的行动。冯契以自由或自由活动作为人类存在的本质。他说：
"自由就是人的理想得到实现。人们在现实中汲取理想，又把理想化为现
实，这就是自由的活动。在这样的活动中，人感受到自由，或者说，获得了自
由。"①如此自由的活动，也就是自由人的活动，自由人就是具有自由人格的
人："从现实汲取理想、把理想化为现实的活动的主体是'我'或者'自我'，每
个人、每个群体都有一个'我'——自我意识或群体意识(大我)……它是一
个统一的人格。"②"真正有价值的人格是自由的人格。自由人的活动，就
是从现实取得理想，并把理想化为现实的活动。"③化理想为现实的自由活
动，就是自由个体作为本体，一方面实现精神的有序化，另一方面实现世
界的结构化，从而将自我与世界造就为一个整体的、属我的价值世界。

人作为主体从现实汲取理想并化为现实的自由活动，也就是由自发到
自觉、由自在而自为的过程："人类通过实践和认识化自在之物为为我之物，
就是人取得自由的过程，就是人认识自在之物并使之为我所用的过程"，"在
这个化自在之物为为我之物的过程中，主体由自在而自为，成为越来越自
由的人格"④。因此，人的自由本身或人的本质并非天生的，而是在化自在
之物为为我之物的过程中逐渐获得的："人天生并不自由，但在化自在之物
为为我之物的过程[中]，人由自在而自为，越来越获得自由。"⑤在人类的能
动活动中，"人把自在之物化为为我之物，为我之物又使人的本质力量获
得发展；人的本质力量本身是自在于主体之中的，而为我之物、文化则使
人的本质力量成为自为的。由自在而自为，这就是自由。这个过程是一
个多方面的、复杂的、螺旋式上升的过程……离开主体和客体的交互作
用，人的本质力量就不可能呈现出来"⑥。所谓"文化"，也就是为我之物，

---

① 冯契：《人的自由和真善美》，第 3 页。
② 同上书，第 8 页。
③ 同上书，第 9 页。
④ 同上书，第 10 页。
⑤ 同上书，第 12 页。
⑥ 同上书，第 12—13 页。

"就是人类之'所作'","是自由劳动的产物"①。文化有一个历史的过程。只有经由人类的劳作过程,才能生成或呈现人的本质,才能获得或实现人的自由。以文化作为某种先验存在物以规定无数的具体个体,这是自由生存的歧途。人自身的精神本身具有自在维度,此自在维度是人自为与自由存在的前提和基础;并且,人自身自由生存的无限展开可能表明,自为而自由的生存并不完全消解人自身的自在与自然之维。自在与自为的交织展开在人自身存在的整个过程中,这恰好就是个体精神生成性的凸出之处。

　　就此而言,理解人自身的自由本质,过程的观点就是一个基本的观点:"真理是一个过程,理想是一个过程,自由也是一个过程。"②因此,作为人的本质,"自由是历史的产物"③,"故人的本质是一个历史发展的过程,而不是一成不变的"④。不但人的本质不凝固不变,而且不同的人具有独特的个性;如下文所述,本质并非共性或一般,呈现为多样而差异化的样式。这与精神作为本体的生成性是一致的:"人的精神活动……的本质特点……就在于灵明觉知。灵明觉知的主体就是心,不是在灵明觉知的精神活动之外另有个主体;精神主体,就是在精神活动中间的一贯之体。就心依存于物来说,心,并非像物质一样的实体。但就像黄宗羲讲的:'心无本体,工夫所至,即是本体。'(《明儒学案·序》)'工夫'即能动的精神活动中确实形成了一种秩序、结构,有种一贯性的东西,我们所以把它叫作'心之体'。正是在精神活动之中,随着灵明觉知的发展,形成着灵明觉知的主体,即心灵。"⑤作为本体的个体性心灵的生成,实质的意义就是,在精神活动过程中,心灵自身恒常性秩序的生成与持守,同富于内容的觉悟本身涵融为一。有内容的灵明觉知有着自我展开与生成的过程,这就与单纯

---

①　冯契:《人的自由和真善美》,第 12 页。

②　同上书,第 31 页。

③　同上书,第 28 页。

④　同上书,第 41 页。

⑤　冯契:《认识世界和认识自己》,第 355—356 页。

形式性的、空洞无实的、坚凝不变的某种"空灵之知"或"绝对性直观"区别开来。没有觉知的内容是盲的，没有内容的觉知是空的，只有觉知与内容的过程性统一，才将精神逐渐生成为本体的意蕴显露无遗。

从过程的观点来看人之自由本质，就要反对传统的复性说："'复性'说的错误在于：它讲'天命之谓性'，人性中一切乃天所赋予，生来俱备，一旦复性便可成为圣人，因此，这是形而上学的。我们把人性看作是随社会实践的发展不断由自在而自为，并且把它看作是螺旋式、无限前进的过程。每次自觉、自为，并非是外加的，而是在实践中自发、自在的东西之被唤醒。我们不能把人的觉悟的提高看作从外面输入的，也不能把自在而自为看作是一次完成的'复性'。"①"复性"说错误地认为人能完全洞明自身的自在，完全彻底地消解人自身存在的自在之维，信奉终极性的、静止的"天人合一"，以为人可以一劳永逸地回到一个被遗忘了的本然理想状态，其"错误在于把一定历史阶段下的道德规范形而上学化，把必然和当然混同了。程朱所讲的太极至善，就是把道德规范形而上学化了。他们讲'天命之谓性，率性之谓道，修道之谓教'，以为通过德教可以复性而达到天人合一，这个合一回到人人具有的太极，是复其初。他们并不把它看成发展的过程，而是静止的，这是一种形而上学的观点，而且要引导到宿命论"②。没有现实生命过程的展开，每个人的本质就已经先定，这是虚假的；无数未来个体的生命本质，已经被某个圣人先行规定好了，这是荒谬的。在此意义上，"复性"说是自由生存的反面，与智慧学关于人的自由本质之生成性的主张恰相对立。

自由的个性作为真实的个性，不是理智抽象的单纯本质，而是"有血有肉的，每一个体意识都有其特殊发育过程"③。如此有血有肉的自由个

---

① 冯契：《人的自由和真善美》，第 174 页。
② 同上书，第 348 页。
③ 同上书，第 59 页。

性,作为真实的存在,就不单是一种空灵的精神,而是活生生的自由活动本身:"自由的劳动就是人的总的目的,就是贯穿于全部人类文化史的目的因。自由的劳动是人与动物的本质区别,但自由又是历史的产物,是在历史中展开的,是在人的本质的发展中展开的。人本身以及人所创造的价值,就目的因来说,无非就是要求人的自由、实现人的自由,所以作为价值体系的最基本的东西,就是自由的劳动。"①文化和人类的一切价值创造,最终都指向自由的劳动——而非某种抽象的精神或玄虚的原则。那些以某种所谓传统之道或道统之类虚构之物陵越活生生的自由存在活动的各种说法,就是遮蔽且扭曲了人的本质,是一种纯粹的杜撰和欺骗——将某种无人格的"精神传统"作为所有人的本质,反过来剥夺个体之人的生命存在活动,必然会走向权威主义和独断论,从而价值标准"由权威(大人、圣经)来掌握,权威则以天命为根据"②。从拒斥权威主义和独断论的角度来看,自由个性生成为自身属己价值世界的主体和本体,这是一个"革命性"的哲学观念:"自由人格总是预设着一个前提:主体的特殊性或个性化的要求。"③

二、自由个性之本体论意义的生成,基于充分的认识论展开过程,而非神启式呈现

　　如上文所示,冯契非常明确地说,他的兴趣并不在于本体论体系的建构,而是给予本体论以认识论的基础:"认识世界和认识自己的问题,兴趣

---

① 冯契:《人的自由和真善美》,第100页。

② 同上书,第103页。

③ 彭漪涟:《心灵的自由思考》,上海人民出版社,2010年,第63页。

不在于构造一个本体论的体系,而在于探讨智慧学说,即关于性与天道的认识的理论。也可以说,我们的兴趣在于给本体论以认识论的根据。"①在一定意义上,本体论之认识论基础的充分展开,是传统本体论哲学之现代转换的一个本质性之处。这就必须把认识真理和认识自我视为一个过程:"真理是个过程,认识自我、发展自我也是个过程"②;"本质是发展的"③。脱离认识展开的实际过程,抽象而思辨地预设某种精神实体作为人的本质,必然扭曲人自身的真实存在。只有在认识论的充分展开中,我们才能真正理解本体之为本体的意义,才能避免独断论与权威主义。古代正统派儒学缺乏一个认识论的充分展开,主张"一个独断论的'天人合一'说,理路上和非功利主义的伦理理性与泯灭个性的'无我'论相连结","不仅对自然的态度过于消极,而且在价值观的主要方面……都有无法满足现代生活需求的缺失"④。

作为涵摄认知、评价、人格等的广义认识论,冯契智慧学特别强调价值论角度上对自我的认识。"从价值论角度来说,对自我认识有个很重要的问题:'自我'既是具体的存在,同时也具有作为自我之本质。对人生的真理性认识,要求把人作为主体,人生是'我'作为主体的活动。作为主体的'我',首先是个实践主体,人正是在实践中同周围环境进行物质变换,因而'我'是个实在主体,每个实体性的'我'具有本体论意义的同一性,有其自身绵延的同一性。'我'又不仅仅是个实在个体,而且具有自我意识。"⑤个体作为主体,是实践主体,是一个实在主体。所谓"实在",首先指向具体个体性的活动本身,从而就是独一无二的"单一"存在者,而非不同殊相

---

① 冯契:《认识世界和认识自己》,第311页。

② 冯契:《人的自由和真善美》,第198页。

③ 同上书,第201页。

④ 高瑞泉:《"天人合一"的现代诠释——冯契先生"智慧说"初论》,《学术月刊》1997年第3期。

⑤ 冯契:《人的自由和真善美》,第187页。

的集合："人作为具体存在要求被看作个体,而不仅仅是类的分子和一个社会细胞,也不只是许多'殊相'的集合。人作为独立存在的个体是'单一'的,而殊相是指一般的特殊化。具有本体论意义上的实体(entity)是个体,而不是殊相的集合。这样的个体是个有机整体,是生动发展着的生命,是具有绵延的同一性的精神。它作为自我,是意识和无意识的统一,是理性与非理性的统一,这种统一要凭理性的直觉来把握。"①广义认识论将自我视为不可普遍化的"独一无二的单一",视为摆脱普遍范畴之网囚禁的活的生动展开,这是逸出狭隘认识论以"一般认识一般"②的生存论视野。

认识论的充分展开,作为自由个体之本体论意义的前提,其中一个应有之义就在于在价值生存论视野下认识到:我们不能将对于物的普遍主义认识论眼光,用以理解和认识人自身。冯契很敏锐地指出:"自然界的事物都有个性与共性,都是特殊性与普遍性的统一,而共性即寓于个性之中,类的本质体现于作为类的分子的个体之中。但在无机界,个体间的差别人们往往加以忽略,因为对人来说,这种个体性往往并不很重要。当然,与人的关系密切的,如地球、太阳、长江、黄河等,其个性仍为人们所注意。在有机界,一般也主要注意其群体、类、族,只是对人关系密切者,如手植的花木,家养的狗、猫,才注意其个体特性。但对人类本身,情况则不同,我们不能像对待木石、猫狗那样对待人。人是一个个的个体,每一个人都有个性,每一个人本身都应看作目的,都有要求自由的本质。这是很重要的一点。"③冯契强调的这一点,在认识论范围内,是极为重要的。一般而言,认识论的进路总是从抽象一般来把握对象。我以认识论的眼光对待事物时,注意的是事物的一般共性,其独特的个体性仅仅是那些与人关系密切者,即与人的生命活动相融、渗透了人的情感和价值等因素的事

---

① 冯契:《人的自由和真善美》,第202页。

② [俄]尼·别尔嘉耶夫:《自我认识——思想自传》,雷永生译,上海三联书店,1997年,第299页。

③ 冯契:《人的自由和真善美》,第53—54页。

物。以人类自身的价值投射为基础,少数自然物或动物可以被人类注意到其个体性。这正表明,人类的存在活动本身,有着逸出单纯认识论视野的广阔之维与深邃之维。正因此,人类自身的存在,不能仅仅归结为某种类本质,而是要指向具体而鲜活的个体性:"关于人性的研究……更重要的,要把人看作一个个活生生的个性来对待。特别是亲友、较熟悉的人,我们总是把他们看作一个个完整的、有血有肉的生动的个体。"①亲友或较熟悉的人,只是一个提示式的说法,用以强化或凸显有血有肉的活生生的个体性生存。如果局限于认知之域,仅仅把每个人看成类的分子,实质上"人与动物就没有多大差别(狗和猫都可以看成是类的分子)",在价值之域,"每个人是一个主体,有其个性,都有其自身目的"②。在价值世界或人自身富于价值的生存世界里,"个性是人这种精神主体有别于其他物质的东西的本质特征,离开了精神主体,就谈不上自由的个性,在自然界中,个性被看作类的分子、群体的细胞,这严格说来都不是个性。只有人的精神才真正是个性的,或要求成为个性的。人的个性表现在它的活动、事业和交往关系中"③。真正的个性就在现实的活动与交往中,甚至就是现实的活动与交往本身。智慧学之所以是广义认识论,在此得到一个深入的阐明,即在认识论领域之中,基于人自身的生存活动及其价值自主性,将类与每个人、将与人有密切关联之物同单纯之物区别开来,从而超出狭隘认识论眼光的普遍主义取向,让渡出每一个人的不可普遍化的独一无二性,将人视为不可概念化的、活生生的具体个体,这就是认识论之为本体论奠基的生存论意蕴。

在一般认识之域,认识都使用指向普遍共性的抽象名词,但活生生的人并不等于抽象名词。因此,"不能把人们看成一大堆抽象名词的化身"④。

---

① 冯契:《认识世界和认识自己》,第 359 页。
② 冯契:《人的自由和真善美》,第 211 页。
③ 同上书,第 285 页。
④ 同上书,第 60 页。

人自身的存在不等于概念之所指,将人自身的切身存在与"存在"的概念意涵区别开来,这是现代哲学之思中的一个主题。①人类的存在,其"精神当然有共性、有群体意识,但又是独特的、单一的。在人文领域,更要强调具体性。在理论上,不能把一般与本质等同起来。有一个错误的观点,以为本质的即是一般的,事实上一般并不等于本质。我们说人是目的,指的是一个个的人,本质即存在于具有个性的个人之中(当然并不是说他没有共性),这一个观点,在艺术、伦理学等领域,都是很重要的。文学要描写有个性的人,典型是一个一个的;道德行为所要对待的,也是一个一个的人,不把一个一个的人视为目的,即离开了道德的根本原则——人道原则"②。在传统哲学中,比如亚里士多德关于种加属差的定义,以及孟子关于"生之谓性"的讨论,将所谓人所共有的普遍性视为每个人的本质,这是某种隐藏甚深的哲学枭雄主义——它将某个个体的某种自私特性及对人的私人看法,僭越为所有人的共同生存特性和所有人的共同看法。人所共有的共性或一般性,并不构成一个人的本质。一般不等于本质,这样的论点,具有鲜明的现代性与"革命性",它将每个人的真正本质视为超出一般性或共性的具体个体性。如此,广义认识论也就将无限丰富性和无穷可能性的个体性存在,从普遍主义之超越本质的束缚中解放出来。

就此而言,自由的个性可以分为两个方面。一方面是可以用语言表达的:"从本体论意义上说,'我'是具体的(concrete)、单一的(single),每个'我'都是独特的实体(entity),具体的存在,都具有自我意识,意识到在时光的流逝和心情变化中有'我'为主体,这个'我',不同于你,不同于他。而这里所说的(自身绵延的同一性和自我意识,以及上面讲的个人与社会的统一等)也正是自我之为自我的本质特征,这是用语言表达的"③。但自

---

① ［法］让-弗朗索瓦·马特:《海德格尔与存在之谜》,江炜译,华东师范大学出版社,2011年,第74、78页。

② 冯契:《人的自由和真善美》,第60—61页。

③ 同上书,第188页。

我作为具体存在,又有难以用语言表达的方面:"一个生活中的我,作为具体的存在,却总是有难以用语言表达的情况。对于一个个的'我',我自己、亲人、朋友,总要把他看作有血有肉、有自我意识的具体存在,要诉诸体验、诉诸理性的直觉。因为语言总是要进行抽象,要真正把握作为具体存在的个体须用艺术的手法,诉诸形象思维与理性的直觉。"①突出人自身不能为语言或概念所把握、囿限的具体性,这是冯契认识论的一个很重要论点——人的真实存在逸出了抽象语言或概念的外在把握与束缚。

人的存在本身超越狭隘认识之域与单纯名言之域,这也是在认识论自身范围之内对认识有限性的领悟。只有基于认识的充分展开,经由认识有限性的领悟而领悟人自身存在的有限性,如此才有真正的自由个性,自由个性造就的精神才是真实的德性:"在客观规律与人性发展的要求相统一的活动中,人类实现了其价值。人的价值的实现表现为言行一致、表里如一的人格,用中国传统哲学的话来说,这样的人格不仅'知道',而且'有德',即有真实的德性,实现了人的理想。这样的人格是真诚、自由的个性,而绝不是伪君子、假道学。"②伪君子和假道学的一个基本特征就是自以为拥有普遍真理,并真诚而充满责任地传播此一普遍真理,而不能基于自身领悟了的有限性而宽容并让渡出他者的未知性与差异性。

认识以真理为目标,但是具体的认识总是由具体的个体来承担与进行的,并且真理并不就与特定个体的私人认识具有本质一致的连续性关联,相反,更多地是本质相异的间断性关联——具体认识的个体能经由自身有限性的领悟,而领悟真理在自身有限见解之外。因为,进行认识的是无数作为主体的人,而不同的人总是具有不同的意见与观点。每个人的意见与观点并不就直接等同于真理本身。意见与真理的区分,是认识论中的基本区分。脱离意见的真理是抽象的、虚假的。冯契特别深刻地注

---

① 冯契:《人的自由和真善美》,第 188 页。
② 同上书,第 169—170 页。

意到,不同意见的自由争论是真理得以显现的前提:"展开不同意见之间的争论,揭露人们思维中的矛盾(人们之间的和个人头脑中的矛盾),然后引导到正确的结论,这是人们获得真理的具体途径。"①没有不同意见的自由争论,真理就不可能显现;真理只能显现在无数不同意见的自由争论中,并不显现在某一个人或任何个人的意见里;在对每一个意见的自由而平等的开放中,真理自身以不断退隐的方式显现自身。没有自由的思想争论,就不可能有真理的显现:"若一个人把自己的意见当作真理,把不同于自己的意见一律视为谬论,把真理和错误的界线说成是截然分明的,那就陷入了独断论。"②其中蕴涵着深刻的智慧,正如《论语》记载,"子绝四:毋意,毋必,毋固,毋我"(《论语·子罕》)。尽管我们要尽力避免并克制自身的主观片面性与个体有限性,但是,如此主观性、片面性与有限性是无法彻底根除的——无论自以为没有意、必、固、我,还是以为可以完全克服意、必、固、我,都是独断论,乃至于走向戴震所说的"以理杀人"。因此,意见的自由争论作为真理显现的前提,相对于独断论而言,对普遍真理就具有某种悬置意义。领悟自身的有限性而宽容、让渡无数他者的自行绽放,具有某种"解蔽"或"去蔽"的意义。冯契以荀子"解蔽"说为例说:"解蔽的学说确是很重要的。"③

意见的自由争论具有的如此悬置意义,与认识论中的群己之辩相涉。在认识论中,主体与对象的关系是认识论的基本关系。但是,主体与对象并非抽象的个体与抽象的对象的关系,在心与物的关系中,渗透着人与人(我与人或己与群)的关系:"物我有两重关系,一是我与人、己与群的关系,一是指心与物,即精神与物质的关系;在这里也就有两个问题,即群己之辩和心物之辩。"④现实的认识关系,基于人类现实的实践活动。面对一

---

① 冯契:《认识世界和认识自己》,第 222 页。
② 同上书,第 224 页。
③ 同上书,第 234 页。
④ 同上书,第 240 页。

个认识对象,主体并不仅仅是某一个孤立的个体,而是无数个体或许多个体。在某种意义上,心与物的关系,恰好通过心与心的关系而实现出来。用现代哲学的术语来说,就是主客体之间的关系,经由主体间关系而实现出来。没有合理而正义的主体间关系,就不可能有正确的主客体之间的关系。换句话说,没有不同主体之间不同意见的平等自由而有序的争论,就不可能有真理自身的显现:"把群己之辩引入认识论过程中,所侧重的便是不同主体之间的交流、讨论对认识过程的意义。"①尤其是在天道观问题上,这作为"本体论"上的问题,如果没有认识论上的充分而自由的群己之辩的展开,那么"天自身"或"真正的天",就会隐匿不显。弃绝不同主体之间的群己关系,就易于英雄主义地宣称自己与天道合二为一,这就是传统的权威主义与独断论。

无论就哲学的当下展开而言,还是就对传统哲学的省思而言,认识论之充分展开,都具有关键性与紧迫性。但令人遗憾的是,在我们当下的哲学发展趋势中,认识论本身越来越被忽略。在此情况下,不断重提冯契智慧学对认识论的强调,无疑具有现实的警示性。

三、人自身内在多重性的释放与世界之多层性的开放,而非某种单一实体对人和世界的囚禁

无论就人自身的生成性而言,还是就人自身认识之有限性而言,我们都可以领会到:人并不是某种单一而枯燥的理性之光或者单纯的道德理性之晶莹明亮,不能以此狭隘逼仄的单一之光照亮而消解人的深邃和世

---

① 杨国荣:《中国哲学的当代发展形态——"智慧说"及其意义》,《华东师范大学学报》(哲学社会科学版)2016 年第 3 期。

界的广袤。如上已述,并没有某种单一而纯粹的人性,似乎在人类的灵明觉知之中可以一劳永逸地彻底把捉,人自身具有自身单纯觉知永远不能把捉的退隐性自在之维。关于人自身的复杂性,冯契甚至强调其中包含着兽性与魔性的一面:"人性并不是那么纯粹的,人性中掺杂有兽性、魔性。"①这也就是说,并不能简单地将人视为纯粹善或单纯道德理性的存在物。冯契以孟子为例,对传统儒家道德-人性观有一个基本判断,认为儒家要求"个人的存在从属于本质。孟子很强调个性尊严,他说,'万物皆备于我矣。反身而诚,乐莫大焉'(《孟子·尽心上》)。这个'我'可以成为'贫贱不能移,富贵不能淫,威武不能屈'的大丈夫。但他讲性善说,人性来自天命,个人是宇宙的缩影,故一个人由'尽心''知性'而可以'知天'。这样讲人性论,注意的还是在于人之异于禽兽的本质,是个性所包含的本质。在儒家那里,个人的具体的存在从属于本质;伦理道德关系是人类的本质,对这种本质的认识才是真理性认识,这就多少忽视个人的存在。后来发展到理学家那里,个性被降低到很不重要的地位,甚至被看成是'私欲',这种本质主义也就演变成为理性专制主义。"②人当然存在在伦理-道德关系之中;但是,一方面,伦理-道德关系不是人自身具体鲜活存在的全部,另一方面,伦理-道德关系的抽象理智规定也不是人的本质。伦理-道德的关系及其抽象理智规定太过于逼仄与浅俗了。与儒家相比,道家更为注重个人价值。"在中国哲学中,从认识自我这一点来说,儒道代表了两个主要传统:本质主义与反本质主义。儒家强调把握本质,道家强调把握存在;前者强调社会价值,后者强调自我价值。"③庄子也明了于君臣父子"无所逃于天地之间"(《庄子·人间世》),但是,作为人之存在的命与义,二者常常遮蔽、窄化人自身的生存可能性。儒家的道德理性主义,以

---

① 冯契:《人的自由和真善美》,第335页。
② 同上书,第189—190页。
③ 同上书,第191页。

单维度或单向度的某种本质规定,僭越为人的存在的全部;道家则将人从这种单向度的逼仄之中释放出来。只有绽放出真实的人,才能有真正的本体论:"传统的旧本体论的基本缺点,即总是把本体论仅仅了解为某种外在于人的给定的存在。"①

在其实情上,人首先是一个浑然整体,如此整体包含着人的多方面因素:"人的本质力量是多方面的,人性有理性,也有非理性;有意识成分,也有无意识成分。"②人之多方面的统一,也就意味着人自身的复杂性:"人作为主体是复杂的,主体的精神力量有理性,也有非理性;有意识,也有无意识。这里'非理性'一词是指情感、意志等精神力量,而不是指'反理性';'无意识'或潜意识是指没有进入意识领域的精神力量。"③无意识或非理性方面的凸出,摈弃了单纯理性之光的绝对性,而强调了人的自为与自在、自觉与自然的统一整体:"人的精神整体——理性和非理性、意识和无意识……"④如此整体的人,作为理性和非理性、意识和无意识统一的人,也就意味着人自身的可知性和不可知性的统一。可知性意味着人自身存在的当下现实性与自为自觉性,不可知性意味着人的未来可能性与自在自然性。如此,人就不被束缚在某种先天而超越的本质规定性之中,而释放出自身无穷的未来可能性。

如此当下现实性与未来可能性(自为与自在、自觉与自然),统一在基于行动的人格整体之中:"'我'既是逻辑思维的主体,又是行动、感觉的主体,也是意志、情感的主体。它是一个统一的人格。"⑤行动的引入,使得思维、情感和意志得到一个夯实的地基而不悬空凌虚,并使人自身当下现实性的绵延与未来可能性的到来得以可能。人作为主体,不仅是认知的主

---

① 朱德生:《智慧的探索——读冯契"智慧说"三篇》,《哲学研究》1997 年第 5 期。
② 冯契:《人的自由和真善美》,第 211 页。
③ 同上书,第 151 页。
④ 同上书,第 169 页。
⑤ 同上书,第 8 页。

体,也是评价的主体:"认识的主体是一个完整的人格。单就认知说,主体是一个感觉、思维的主体,可以说这样的主体还不是完整的'我'。主体不仅有知,还有情、意,是一个完整的人格。所以,人不仅是认知的主体,也是评价的主体。在评价中,自我意识就越来越明确起来,成为自觉的'我'。"①认识可能是单纯的理智之光,评价则彰显了情、意等多重维度。把人视为认识、评价的完整整体,意在避免将整全的人归约为单纯道德理性或认知理性,或者规定为某种纯粹的精神性,而具有了宽广的生存论视野。不把人自身某种单一性的因素作为人的唯一本质或突出本质,而在视人为整体的基础上理解人的理性与非理性、意识与无意识之统一,蕴涵着绽放人自身潜蕴的多样性之可能。

　　人类的行动就是主客体的交互作用,也就是它使人的未来可能性得以真正可能:"人的本质力量有其先天的、遗传的基础,它是生物进化的结果,也是长期人类实践的产物。这种自然的赋予潜在地包含着多方面发展的可能性。此外,还有人们在环境、教育和后天的活动中形成的种种习性。这些习性和自然的赋予最初都是自在的,都要凭着相应的对象——人化的自然,才能充分地发展。如果完全脱离对象、离开主体和客体的交互作用,人的本质力量就不可能呈现出来,也不可能成为自在而自为的德性与才能。"②当下现实性作为自为性与未来可能性作为自在性,经由主客体的交互作用(行动)而相互转化。如此转化有两重维度:一方面,不能脱离历史与现实的具体行动或交互作用,去虚构某种人类本质来解释人的存在;另一方面,任何特定历史阶段上之可能性转化为现实性、自在转化为自为,都不能完全穷尽人的潜在可能性,都不能彻底消解人的自在性。未来自在的可能性,是无限多样性与无限深邃性。

　　人自身多样而深邃的未来可能性能够如其自身而来,有一个认识论

---

① 冯契:《人的自由和真善美》,第69页。

② 同上书,第13页。

的根据:尽管我们能从"理"的角度理解所有个体变动不居的生存活动,但是我们并不能用凝固的概念固化每一个体的具体生命变动。冯契借用金岳霖"理有固然,势无必至"之论来说:"从'理'的方面来说,无论个体如何变动,我们总可以理解,所以,世界是理性可以把握的。但从'势'(殊相的生灭)来说,其中总是包含了偶然性,故无论如何去理解,我们都不能完全控制个体的变动。"①冯契这个说法具有很深的意义,彰显了人类自身存在的悖谬之处:一方面,人总是不免于使用概念领悟自身的存在;另一方面,人自身的存在总是不断逸出概念把捉之域。在其基本倾向上,冯契智慧学摈弃了那种以为把握了某种抽象的概念本质或思辨预设的超越实体,就可以将每个人或所有人的生命"囚禁"进去的哲学迷思。

　　与人对自身未来可能性的释放相应的,是人对世界自在性的开放。"人的精神活动也是个体的活动,精神的主体是单一的,独特的,我的感觉不同于你的感觉,我的思想不同于你的思想。每个人都有自我意识,都有一个'我'作为精神活动的核心。当然,这不是说。自我是封闭的……精神具有'世界开放性'(world-openness),我对外界是开放的。"②精神具有开放性,这与认识自身的有限性相一致。精神性自我向外界、向世界开放自身,这既是个体作为主体对自身有限性的领悟,也是对世界整体自在性和他者差异性的领悟。世界不能为某种单纯道德性的本体所涵盖,而是永葆着自然的自在性与必然性。在此意义上,在人类的主体性活动展开过程中,自在之物并不能完全转化为为我之物,而持守其自在性。"所谓自在之物,有这样几层含义:第一,它是离开人的意识独立存在的,故说是'自在'的;第二,它以自身为原因,即庄子说的'自本自根',它自己运动,动力因在自身;第三,具有自然的必然性,在这个意义上,它就是'必然王国'。"③自

---

① 　冯契:《人的自由和真善美》,第20页。
② 　同上书,第56页。
③ 　冯契:《认识世界和认识自己》,第300页。

在之物这三个方面的含义,并不在人类的主体性活动中消解,而是持守着其自在性与必然性。实质上,人类有价值的主体性活动本身,不但不消解自然世界的自在性,反而还扩大着自然的必然性:"这个自然必然性的王国会随着人的发展而扩大。"①尽管在人类主体性活动所渗透了的人化自然中有着人的当然性,有其当然之责,但"人化的自然的领域既是自然过程的一部分,有其不以人的意志为转移的自然规律、有自然的必然性"②。人类知行活动未触及者当然具有自在性,即使在人类熟视无睹的事物中,自在性与必然性依然坚凝地持存在事物自身之中。

　　与人作为认知主体与价值主体的区分相适应,认知的对象与评价的对象也彼此相区分,尽管二者在人类的整体性生存实践活动中彼此相联渗透,却不能将认知的对象与评价的对象混而为一:"认知的对象是客观的存在物,是不以人们的意志为转移的。在认知中,主体和客体的关系是外在的关系,即对象可以被看作是外在于主体的。"③认知在自身范围内预设了对象之在其自身的自在性,但评价则假定物之相对于主体的自为性:"评价在于把握为我之物与人的需要之间的联系。评价的对象是为我之物,评价是要把握'物'与'我'(人)处于一定关系中所显现出来的物的功能,亦即把握一定关系中的为我之物具有什么样的功能。"④认知指向某种客观性,评价指向某种主体性。在此,将客观之物与价值之物(或自在之物与自为之物)区分开来,就摈弃了用人类的价值本体作为自在世界根据的所谓"宇宙本体论"或"道德形而上学",以及所谓"宇宙秩序即是道德秩序,道德秩序即是宇宙秩序"⑤的陈旧进路。让世界保持其自在性,让认知

---

①　冯契:《人的自由和真善美》,第 30 页。

②　冯契:《认识世界和认识自己》,第 347 页。

③　冯契:《人的自由和真善美》,第 66 页。

④　同上。

⑤　牟宗三:《圆善论》,《牟宗三先生全集》第 22 册,联经出版事业有限公司,2003 年,第 135 页。

保持其与价值的差异性,这是近现代以来哲学革命的内容之一,它将中国传统哲学囚禁与湮没了的世界自然性与自在性释放出来。如果在近现代背景下,依然进行抽象的宇宙论思辨构造,用道德、价值的本体解释自然世界及其万物,这就是与近现代哲学的革命进程背道而驰的。

　　人类的主体性活动造就了一个价值世界,但如此价值世界本身的根据在于人类的活动本身,而非某种超验的实体。如此超验的根据,在传统"本体论"中,不但作为价值世界的本体,而且作为自然世界的本体。这就是所谓人类价值追求的迷惘与僭越。冯契强调,在理解人类价值世界时,需要几个层次的世界划分:"人的创造则是化理想为现实,使理想得到表现,创造就是创造价值……对人来说,就有一个价值的领域,人生活在价值的领域中。为了说明这个价值领域,我讲几个观念:本然界、事实界、可能界、价值界。"①价值世界并不弥漫一切,价值的生存不能"塞于天地之间"而"万物皆备于我"。本然界逸出人类的价值之域,是自在之物:"人类以得自经验者还治经验,本然界就转化为事实界。我用'本然界'指自在之物,用'事实界'指为我之物。只有一个现实世界,那就是本然界。事实界是进入经验、被人理解的本然界。"②"……依据事实的秩序和意义的结构来把握现实的可能性。这就有一个可能界……本然界化为事实界,并由思议把握为可能界,这就是知识经验的领域。"③"当人们以得自现实之理想还治现实时,把事实界化为价值界,这同时是性和天道的交互作用、人和自然的交互作用。这一过程既使现实成为对人有价值的,也使人本身的价值不断提高。人主宰着价值的领域,在此领域中,人越来越成为自由的人。但价值界是在现实的可能性基础上建立起来的,本然的现实仍然是前提。"④人类的主体性价值活动,并不消解、湮没世界的本然维度,让

---

① 冯契:《人的自由和真善美》,第87页。

② 同上。

③ 同上书,第88页。

④ 同上书,第90页。

世界葆有其自在而本然的维度,在更高的意义上保持了世界的真正整体性,也在更高的意义上开启了人类价值创造的无限可能性。将世界强行装入人类价值之域,用价值或道德的逼仄袋子,包裹世界与万物,这是对世界的扭曲和对万物的戕害,也是对无数他者的残贼——某一个体的膨胀,狭隘化了世界的广袤,浅薄化了世界的深邃,封闭了他人走向-返回自身的通道。

中国传统哲学尤其儒学强调天人合一,因为突出道德价值,"把自然性(天道)和人的有目的活动的当然之则(人道)混而为一","把一定历史条件下的'当然之则'形而上学化为'天理'(自然的必然性),混同必然与当然"①,把自然世界湮没在道德-政治的罗网之中,使得真实的世界与真实的人都丧失了。如何将自然世界与真实的人释放出来,就成为近现代哲学革命的一个重要方面。冯契在梳理中国哲学史与进行自己的哲学建构的过程中,充分自觉到了这一点。

由此,在本然界、事实界、可能界与价值界的转化中,"现实世界由一个自在之物化为为我之物,精神亦自在而自为,这就是人类认识辩证法的运动。正是通过这种认识的辩证运动,本然界被人的认识和智慧所照亮。工夫和本体统一,可以说物质的本体即现实世界在认识过程中展开,而精神即自我本来不是本体,是本体的作用,但工夫所至,就是本体,因而在认识的发展过程中,精神越来越具有本体论的意义"②。基于交互作用的具体行动,为本体论奠基的认识论之充分展开,既拒斥了朴素唯物论的外在世界(外在物质实体),也拒斥了观念论的精神实体,彰显了自由个体之本体论意义的生成维度。而智慧学最终指向人自身自为目的的生存,而自为目的的生存就是自由个性或理想人格。智慧学将如此理想人格理解为具有本体论意义的自由个性,从而智慧学与本体论就统一起来:"哲学家

① 冯契:《人的自由和真善美》,第111页。
② 冯契:《认识世界和认识自己》,第108页。

提出理想人格,而给这种理想人格以本体论意义,使本体论和智慧学说统一起来。"①本体论与智慧学的统一,使得智慧学与本体论都走出了传统的窠臼而获得其现代形态:将自由个性生成为具有本体论意义的智慧追求,从而智慧学在认识论的充分展开过程的基础上与本体论统一,也就显露出广义生存论的视野,我们可以称之为自由个体的本体论哲学。

就此而言,经由认识论展开的冯契智慧学的本体论,就远远超出了牟宗三式的"自然与道德浑然一体"的那种"淆乱本体论":"本体……不但只是吾人道德实践之本体(根据),且亦须是宇宙生化之本体,一切存在之本体(根据)"②;"就其统天地万物而为其体言,曰实体;就其具于个体之中而为其体言,则曰性体"③;"道体、性体、诚体、敬体、神体、仁体,乃至心体,一切皆一"④;"此形而上的实体(散开说,天命不已之体、易体、中体、太极、太虚、诚体、神体、心体、性体、仁体)"⑤。牟氏的如此思路,显然仍在传统本体论的陈旧窠臼之中:一方面,依然将自然囚禁在泛道德化的本体论界域之中;另一方面,以某种绝对的、超越的普遍实体作为现实的活生生的人的根据,完全走向了人之真实的反面。其实,现代新儒家缺乏康德认识论与黑格尔辩证法,抽象地从传统中给出一个先在的"文化精神"来理解现实的人,"错过了人的本质,而且一定或必然会错过"⑥。在此意义上,牟宗三式的现代本体论,封闭了人走向自身自由与真实的通道,而冯契哲学对自由个性本体论意义的阐述,则开启了人走向自身真实而现实之存在的道路。

---

① 冯契:《人的自由和真善美》,第 319 页。
② 牟宗三:《心体与性体》上,《牟宗三先生全集》第 5 册,第 10—11 页。
③ 同上书,第 33 页。
④ 同上书,第 47 页。
⑤ 同上书,第 63 页。
⑥ [德]马丁·海德格尔:《形而上学的基本概念》,赵卫国译,商务印书馆,2017 年,第 113 页。

参考文献

［德］埃德蒙德·胡塞尔:《欧洲科学危机和超验现象学》,张庆熊译,上海译文出版社,1988 年。

［法］埃米尔·本维尼斯特:《普通语言学问题》,王东亮等译,生活·读书·新知三联书店,2008 年。

［古罗马］奥古斯丁:《忏悔录》,周士良译,商务印书馆,1963 年。

［古希腊］柏拉图:《柏拉图对话集》,王太庆译,商务印书馆,2004 年。

［古希腊］柏拉图:《理想国》,郭斌和、张竹明译,商务印书馆,1996 年,

班固:《汉书》,中华书局,1997 年。

北京大学图书馆索引编纂研究部:《孟子索引》,北京大学出版社,1992 年。

陈立:《白虎通疏证》,吴则虞点校,中华书局,1994 年。

陈荣捷:《朱子新探索》,华东师范大学出版社,2007 年。

程树德:《论语集释》,程俊英、蒋见元点校,中华书局,1990 年。

戴震:《孟子字义疏证》,何文光整理,中华书局,1982 年。

段玉裁:《说文解字注》,中华书局,2013 年。

冯契:《冯契文集》,华东师范大学出版社,1996 年。

冯契:《中国古代哲学的逻辑发展(上册)》,上海人民出版社,1983 年。

冯契:《中国古代哲学的逻辑发展(下册)》,上海人民出版社,1985 年。

冯友兰:《中国哲学史》,华东师范大学出版社,2000 年。

[德]贡特·奈斯克、埃米尔·克特琳编著:《回答——马丁·海德格尔说话了》,陈春文译,江苏教育出版社,2005 年。

郭象注,成玄英疏:《南华真经注疏》,曹础基、黄兰发点校,中华书局,1998 年。

[德]汉斯-格奥尔格·加达默尔:《真理与方法:哲学诠释学的基本特征》,洪汉鼎译,上海译文出版社,1999 年。

何晏注,邢昺疏:《论语注疏》,《儒藏·四书类·论语属》(精华编)本,北京大学出版社,2005 年。

[德]黑格尔:《精神现象学》,贺麟、王玖兴译,商务印书馆,1979 年。

皇侃:《论语义疏》,高尚榘点校,中华书局,2013 年。

黄宗羲:《黄宗羲全集》,浙江古籍出版社,1985 年。

[德]伽达默尔、杜特:《解释学　美学　实践哲学:伽达默尔与杜特对谈录》,金惠敏译,商务印书馆,2005 年。

焦循:《孟子正义》,沈文倬点校,中华书局,1987 年。

黎靖德编:《朱子语类》,王星贤点校,中华书局,1986 年。

刘宝楠:《论语正义》,上海书店,1992 年。

[德]马丁·海德格尔:《存在与时间(修订版)》,陈嘉映、王庆节译,生活·读书·新知三联书店,1999 年。

[德]马丁·海德格尔:《形而上学的基本概念》,赵卫国译,商务印书馆,2017 年。

[德]马克斯·舍勒:《人在宇宙中的地位》,李伯杰译,贵州人民出版社,1989 年。

牟宗三:《心体与性体》上,《牟宗三先生全集》第 5 册,联经出版事业有限公司,2003 年。

牟宗三:《圆善论》,《牟宗三先生全集》第 22 册,联经出版事业有限公司,2003 年。

[俄]尼·别尔嘉耶夫:《自我认识——思想自传》,雷永生译,上海三联书店,1997 年。

[德]尼采:《偶像的黄昏》,周国平译,光明日报出版社,1996 年。

尼古拉斯·布宁、余纪元编著:《西方哲学英汉对照词典》,人民出版社,2001 年。

钱穆:《论语新解》,生活·读书·新知三联书店,2007 年。

钱穆:《晚学盲言》,广西师范大学出版社,2004 年。

钱穆:《中国思想通俗讲话》,生活·读书·新知三联书店,2005 年。

[法]让-保罗·萨特:《存在主义是一种人道主义》,周煦良、汤永宽译,上海译文出版社,2005 年。

[法]让-弗朗索瓦·马特:《海德格尔与存在之谜》,江炜译,华东师范大学出版社,2011 年。

阮元:《揅经室集》,邓经元点校,中华书局,1993 年。

王夫之:《船山全书》,岳麓书社,1998 年。

王先谦:《荀子集解》,沈啸寰、王星贤整理,中华书局,2012 年。

王阳明:《王阳明全集》,上海古籍出版社,1992 年。

熊十力:《熊十力全集》,湖北教育出版社,2001 年。

[英]休谟:《人类理解研究》,商务印书馆,1957 年。

[英]休谟:《人性论》,关文运译,商务印书馆,1980 年。

[古希腊]亚里士多德:《政治学》,吴寿彭译,商务印书馆,1965 年。

杨伯峻:《孟子译注》,中华书局,2010 年。

[法]伊曼纽尔·列维纳斯:《总体与无限:论外在性》,朱刚译,北京大学出版社,2016 年。

[德]尤尔根·哈贝马斯:《对话伦理学与真理的问题》,中国人民大学出版社,2005 年。

［英］约翰·密尔:《论自由》,程崇华译,商务印书馆,1959 年。

张岱年:《张岱年文集(第三卷)》,清华大学出版社,1992 年。

赵岐注,孙奭疏:《孟子注疏》,北京大学出版社,1999 年。

郑昕:《康德学述》,商务印书馆,1946 年。

中华书局编辑部编:《说文解字四种》,中华书局,1998 年。

朱骏声:《说文通训定声》,中华书局,1984 年。

朱熹:《四书章句集注》,中华书局,2001 年。

朱熹:《周易本义》,廖名春点校,中华书局,2009 年。

朱熹:《朱子全书》,上海古籍出版社、安徽教育出版社,2002 年。

后　记

哲学于我，就是生命的本身。

然而，从起初，乃至于今，我其实根本不知道哲学为何物。

我一直想找到"我"活着的道理，于我而言，哲学就是这个寻找道理而活着的过程本身。在我迄今为止的存在历程中，有许多记忆、许多人进入我的生命，有些人对于我的生命历程具有本质性。

我的幼年，我的小学阶段，父母构成了我生命存在的本质。我的意思不仅是说父母在生物学与社会学意义上造就了我。我出生在四川西南富顺的一个穷乡僻壤。父亲是个右派分子，母亲则是地主子女。因此，在我生命成长的最初，我一方面受土地的制约，另一方面受到思想的牵引。我眷恋故土，我渴望远行。父亲的生活昭示一个外界，使得我一直渴望走出丘陵围绕的盆地的束缚；母亲的勤劳耕耘，以一种无声的方式支持我远行。母亲对我们几个孩子说："只要你们自己能走远，能走多远，我就支持你们走多远。"于是，我10岁左右立定了要读大学的志向。这在那时四川西南偏僻的丘陵地区是很"先进"的理想。母亲今年71岁，父亲2007年77岁时在上海去世。

1985年，我由于因缘际会到了县城读初中——富顺县城关初级中学。

学校的校长姓王,名麟秋,大家叫他王校长。王校长的夫人是父亲的姑姑。于是,我就叫他王校长,叫她三姑婆。父亲本来万事不求人,但家兄多年复读初三仍未能考上中专"农转非",迫于生活的压力,父亲一次回县城路遇姑婆,就请她帮忙让家兄去城关中学读复读班。姑婆顺便问问家里其他孩子读书的情况,父亲就说我读书还过得去。姑婆就说,让他哥俩一起来城关中学读书吧。在此之前,我根本不知道县城里有这般亲戚。后来,姑婆常叫我去她家里吃饭,似乎漫不经心地问起我的学习,那种以问询而鼓励的神态,让我刻骨铭心。王校长在学校以严厉著称,老师和学生们都很敬重他。曾经有个周一,一个老师迟到,被他发现,那个老师吓得直哆嗦。王校长常常巡视校园,有时候经过我所在的班集体,看到我,严厉的眼神略微柔和,绽出一丝微笑,偶尔也会叫一下我的名字。姑婆的慈爱,王校长的严厉,是我初中时代学习生活的两股伟力,牵引着我前行。初中尤其初一是我整个读书生涯中最为刻苦努力的一年,经常陪同家兄熬夜"学习"到凌晨一两点。同时,我还学会了读学校报栏里面的各种报纸,觉得开阔了一种视野。姑婆前两年因病去世,我听闻后,悲恸而泣。王校长身体依然硬朗,一个人住在城关中学那幢老旧的教工楼的三楼。

我上高中是在 1988—1991 年,那是一个风云变化的年代。慢慢地,我似乎逐渐丧失了一切学习的兴趣。高中阶段的青年,都喜欢撷取名人名言作为座右铭,我也不例外,但又有一些不一样。当时高中的语文老师是敬邦新——这是一个令我铭记一生的平凡而不朽的名字。他有时在语文课开始的前几分钟让同学起来作即兴演讲。在一次演讲中,我讲了一个想法,并强调以之为座右铭:不管今生如何,我将永远用自己的脑袋支配自己的双手双脚,而不用别人的脑袋来支配自己的手脚。敬老师笑笑,继续上课。他知道我有些恣肆,缺乏一些准绳,但他愿意笑着鼓励我。在我丧失一切前行兴趣的时候,他用自己最为本真的方式,使得我重拾读大学的源初念想,唤醒我战斗下去的意志和激情。从灰心到再次激越,是一种重生。敬邦新老师是给予我重生的人,一个正直的人,一个令所有学生敬爱的人。他本着自己作为老师的理念和一个长者的爱心，在我懵懂无知的年岁，庇佑我的重生。我偶尔回县城的时候，总是要去看看他。敬老师快 80 岁了，精神矍铄，豁达乐观，一派年轻人的风采。

1991 年 9 月，我进入华东师范大学哲学系。进入华东师大读哲学，是一个偶然。1991 年 6 月，高考前填报志愿，我一直犹豫，不知道如何填报——按最初向父母许下的诺言是读大学不要家里的钱，只能读师范大学，可是 20 世纪 90 年代，教师不是人们理想的职业方向。有一会儿，有点想不守诺言，转了很多念，最后还是"良心"之责任觉醒，就在北京师范大学和华东师范大学之间选择。此际，地理课的知识的应试性也展露无疑：我以为北方很冷，南方暖和，我就填报了华东师范大学。选定了华东师范大学，一看可选择的专业，诸如历史、中文、英语、哲学……我不太明白哲学是什么，就字面看有点意思，就把哲学填为了第一志愿。入学后听老师们说，将哲学当为第一志愿来填写的人，在华东师范大学哲学系的学生之中，并不多见。其实我不是喜欢哲学，只是觉得更不喜欢另外几个学科的名字。

读大学作为一种自幼而有的"早熟"理想，经由曲折而实现。承继高中阶段的重生，我努力自觉地开启了一种新的生存状态。我当时深受情绪的驱动，在图书馆漫无边际地寻找，大约"不小心"就受到了存在主义与意志主义哲学的影响。现在想来，这种"被影响"也有着"天性"与"宿命"的意味。然而，大学的"新生"几乎夭折，让我绝望至极。我驰骛地想过许多可能，但是，刚刚自觉了一点点的哲学学习生活攫取住了我。我本能地拒斥那种凭理智就可以预见的"机械往复"的日子，我总以为唯有哲学之途，才超越了理智而进入智慧的深妙玄通之境。我心灰意冷，重生了的激越，复又跌进冰冷的窟窿。

我永远能记住王龙道老师。王龙道老师并不从事哲学研究，但是有一段时间"管理"哲学系。很久之后我才知道，他"无声无息地"将冰窖融化，让我继续了"大学"和"哲学"。他的智慧和善良拯救了我，而那时他根本就不认识我。那是一种哲学识见，基于精神领悟了事情的本质而行动。我到现在一直认为王老师是真正"哲学"的人，因为道理而拯救了一个愚笨的青年。

从哲学学士学位到哲学博士学位，我在华东师大哲学系有 10 多年的读书经历，我养成了一种习惯，总是以"我们学校""我们系"来言说她。虽然我是偶然地进入华东师大哲学系，但在华东师大哲学系的学习经历使得我必然成为现在的样子。

我的这个样子，很大程度上是王龙道老师给予我的再造。我珍惜现在这种生活，我感恩王老师。王老师已 80 多岁了，春节只要不回四川，我总是去他家拜年。王老师退休后练了书法，能写一手很好的毛笔字，我求了两幅来珍藏。

哲学作为我的生命本身，真正开启在 1995 年。那些曲折和灰心的阴霾，终于完全消散。我选择了中国哲学专业，读了杨国荣老师的硕士、博士研究生。最初选择做杨老师的学生，有着对治自己弊端的考虑。我生性有些散乱，情感有些亢奋，意志有些固执，理智有些偏激。杨老师的严谨和深邃，虽不能至而心向往之。而且，在我的感觉中，包括我在内的所有师兄弟，皈依于杨老师门下，大多有着对哲学的深沉之爱、一种对哲学的纯粹之爱。冯契先生承自金岳霖的哲学思考，注重元理论自身的思辨。他在"学无古今、学无中西"的前提下，强调基于对哲思理论的领悟和掌握，展开哲学自身的思辨。这在杨国荣老师的哲思中，达到了一个全新的高度。观念在思辨的秩序中展开，问题得到条分缕析的阐明。在杨老师指导下，我完成了以熊十力为研究对象的硕士学位论文和博士学位论文。两者之间具有连续性，我关注的是一个切己生存的哲学问题：经由"我"的真实存在何以可能？借助对熊十力哲学著作的阅读、分析和诠释，我领悟了哲思自身作为内涵矛盾关系的"流变过程"，它展开的内在脉络及其秩序，是哲思的本质所在。

哲学抵达其自身，在其自身中展开自身。以熊十力哲学思想为主题的博士论文写完后,我转向先秦,转向《孟子》。多年来,在阅读《孟子》的过程中,我慢慢地积累了一点想法。但这个想法又发生了很大的变化。起初,我觉得从熊十力转向孟子,是回到心学的源头,我的问题是:如何经由孟子找到我自己生存的理由?但随着阅读的展开和深入,问题又转进为:如何经由为自己切己生存寻找理由而为所有人的生存寻找理由?可是,如此两个问题是互相对立的。因此,我一方面拒斥着孔子"文在兹"、孟子"舍我其谁",以及张载"立心立命"的英雄主义论调,另一方面又珍视哲思自身的教化责任与使命。

现在呈现出来的《古典儒学的生存论阐释》,是我关于孟子哲学研究的一个准备性的外围思考成果。今后,以孟子哲学为主题的内容,将以"性善的证成及其展开——孟子与告子的哲学论辩及其历史衍化"①为题,另出一书。两者结合起来,可以大约呈现近几年来我的哲思关注所在。

不管我思深思浅,我会一直思考着而活。我活着的每一个自觉的时刻,我都感谢我的父亲和母亲,谢谢王麟秋校长和我的三姑婆,谢谢敬邦新老师,谢谢王龙道老师,谢谢杨国荣老师。他们构成了我今天反省自己生存历程的几个不同阶段的本质,而在连为一体的生命流变中,他们在我内心深处彼此激荡而渗透在我生命的每一环节。

2014 年 7 月 16 日凌晨

---

① 书名后经调整。《性善论与人的存在:孟子与告子之争及其历史衍化》于 2024 年 12 月由广西师范大学出版社出版。

增订本后记

　　《古典儒学的生存论阐释》初版于 2014 年。尽管书中的思考并不完善，但是，我毕竟有些敝帚自珍的心理，所以就一直挂记着将当时尚缺的一些内容补充上去出版一个增订本，这样就显得形式上让自己舒服一些。

　　时间过得很快，转眼 10 年已经过去了，我也年过半百。本来以为，等到那些在开放境域里成长起来的年轻人成为时代中坚的时候，这个世界会变得更可欲一些。孟子说："可欲之谓善，有诸己之谓信。充实之谓美，充实而有光辉之谓大，大而化之之谓圣，圣而不可知之谓神。"（《孟子·尽心下》）可是，这个世界并不可欲，"善-信-美-大-圣-神"勾连一体的理想之境依然只是一个乌托邦。对哲思者而言，困境也好，顺境也罢，其间的区别并非本质性的。但是，对这个境域的整体而言，一种绚然的生机总是可欲的。也许，哲思者的致思活动，就是在养护生机，养护孟子所说的那种等待时机的萌发之端。

　　近 10 年间，我的个体性生存境域有很多变化。2015 年，我很愉悦地想要与妻子再造一个新生命。可是，由于生活的压力，尤其因为年龄与健康原因，这个愿望一直未能实现。2013 年，母亲出现幻视幻听，我带母亲到上海市第六人民医院就医，医生说这是老年痴呆症（阿尔茨海默病）的先兆,不可逆转。2014 年,经过华山医院诊疗,再到上海市精神卫生中心总院救治,母亲一步步走向一个幽暗不明的世界。2015 年,母亲还能笑,还能与儿子们有所交流。这一年她摔倒了一次,在曙光医院检查出来有一些脑梗,慢慢丧失了正常的意识。2016 年春节,记得初患病的时候母亲说过要叶落归根,我把她从上海送回老家请人照料。请的人是母亲娘家侄儿媳妇,我的表嫂,她很尽心,母亲受到了很好的照料。2020 年 10 月 5 日 20:15,母亲走完了她一生的行程。走的时候,她眼角噙着泪。因为是国庆节,我恰好回老家了。母亲的离世,将我的人生划分成了两个不同的阶段——有母亲的阶段和没有母亲的阶段。母亲平凡而素朴的一生,几十年的耳濡目染,造就了我生活与思考的本源之基。

这 10 年间,另一位对我人生至关重要的长辈,初版后记提到的王麟秋校长,在 2017 年 11 月 29 日 13:50 去世了。我得知他生病且拒绝手术而卧床在家的时候,特地回县城去看他。我去看他的时候,他已经长时间处于昏迷状态,家属守候在身边,等待着他最后的时刻。表叔把他的手放在我手里,跟他说:"美华回来看您,你知道不?"他手指轻轻用力,微微地点了点头。我们确信他是知晓的,他知晓他作为教育者,身后有无数的孩子成长起来。那种用心倾尽在教育上而培育出来的生机,将永远绵延。

这 10 年间,女儿成长为青春少女,2022 年进入了大学。女儿从小有些正义感和对细微之事的敏锐感,她的愿望有过许多变化,从幼儿园园长到律师,从作家到大学老师,到现在也没有最终决定。但是,女儿说她不喜欢过那种没有内容的日子,不喜欢机械的重复生活。这种不满足和拒斥,是一个读大学的良好心态。我私下里想,女儿这个心态读哲学就不错。不过,女儿刚大学一年级,她自己会去选择。

近 10 年来,我一方面在仔细地阅读、思考《孟子》,对孟子突出主体性选择与主体性行动以完善自身的道德生存论,有着真诚的喜爱。不过,对孟子将横逆于己之人视为禽兽,乃至于其先知先觉论与自圣化的倾向,有着本能的警惕。所以,阅读《孟子》的同时,我另一方面也开始阅读和思考

《庄子》。我对庄子哲学中凸显天地整体外在性、天地秩序的自在性以及他者差异性、自然与自由等，有着沦肌浃髓之感。于是，我尝试着《庄子》与《孟子》的对比阅读与对照思考。这种对照思考，在有的学者看来是毫无意义的。不过，事情正在起变化。最近，我在巴黎东方语言文化学院访学，王论跃教授请我做一个汉语的讲座，我选择了一个比较庄子与孟子哲学思想的题目，即"普遍主义的两条进路及其意义——以孟子和庄子的比较为中心"，王论跃教授、毕游塞教授以及汲喆教授等汉学家都表现出很大的兴趣。当时海报使用了一张我从百度里面搜来的图片，我以为是柯小刚兄绘的图，跟他说了一下，小刚兄顺便说起他最近也对《庄子》和《孟子》的比较感兴趣。看来，时代境况的变迁，使得对《庄子》和《孟子》进行深入的比较得以可能，甚至迫切起来。所以，这次在广西师范大学出版社出版《古典儒学的生存论阐释（增订本）》的同时，我也把关于《孟子》阅读和思考的一个成果《性善论与人的存在：孟子与告子之争及其历史衍化》与关于《庄子》解读的一个成果《超越仁义-政治之境——〈庄子·外篇〉解读之一：从〈骈拇〉到〈天地〉》一起出版。由于宋立林兄的约稿，关于《庄子·内篇》的解读，以《迈向自由而深邃之境——〈庄子·内篇〉的生存论解读》为题，写成一书，另由山东教育出版社出版。而关于《庄子》的问题化与专题化研究，也在同时展开。我觉得，将《庄子》与《孟子》加以对照思考，不但可以更加深入地理解中国古典哲学的源初意蕴，而且可以让自己的思考避免很多主观情绪性的偏颇。

哲学致思是否也为物理-生物的时间性变化所决定，人到中年的时候可能会有越来越深的体会。少涵兄说，这个年龄是时候将自己真正的哲学创见加以整理了，年龄越大，思想的创造性和深邃性就会越来越弱。我很羞愧，自己没有这样一个创见。已经过去的日子不可留住，尚未到来的日子不可预期，生命的终结在一种不可确定的状态中日益逼近，现在只能是心思与行动都"止于至善"罢了——生命的至善之境永远不可到来，行走便永不止歇。

　　与初版相比,增订本增加了三章和一个附录。其中,《守义与知命——〈论语〉中君子人格的两个基本规定及其意义》,刊于《社会科学》2019 年第 7 期。《"明"的展开与天人之间的分合——荀子"明于天人之分"新论》,是我与赵帅锋博士合作撰写的论文,刊于《思想与文化》2019 年第 25 辑。《个体道德与普遍政治秩序的一体化及其缺失——〈大学〉的政治哲学解读》(收入本书改为《个体性道德与普遍性政治秩序的一体化及其缺失——〈大学〉的政治生存论解读》),是我与陈昱哲博士合作撰写的论文,刊于《周易研究》2021 年第 1 期。附录《论冯契哲学自由个性之本体论意义的三重维度》,也是我与陈昱哲博士一起撰写的论文,刊于《福建论坛》(人文社会科学版)2021 年第 4 期。陈张露博士为本书做了很多工作,并编制了参考文献。广西师范大学出版社的编辑为本书出版付出了很多辛勤的劳动。在此,一并表示诚挚的谢意。

　　最后,《古典儒学的生存阐释(增订本)》的出版,受到了华东师范大学中国现代思想文化研究所的支持。

2024 年 6 月 12 日